Gugel • Methoden-Manual I: »Neues Lernen«

Die Reihe „Neue Lehrerbildung und Schulentwicklung“ wird herausgegeben von Dagmar Hänsel, Dieter Jöden, Peter E. Kalb, Hilbert Meyer, Reinhold Miller, Jürgen Oelkers, Botho Priebe, Ursula Schaeffer, Michael Schratz, Anton Strittmatter, Ulrich Vossen und Hartmut Wenzel.

Die Schule der Zukunft braucht Lehrerinnen und Lehrer sowie Leitungspersonen, die Schülerinnen und Schüler für die anstehenden Herausforderungen vorbereiten. Hochschulen, Studienseminare und Fortbildungsinstitute werden damit konfrontiert, ihr Selbstverständnis zu überdenken sowie Lehrerbildung und Schulentwicklung neu zu gestalten. Praxisforschung, Professionalisierung und Selbstentwicklung sind gefragt. In Verbindung mit der Frage, was Schülerinnen und Schüler lernen müssen, ist vergleichbar zu fragen: Was und wie müssen Lehrerinnen und Lehrer lernen und wie muss Lehrerbildung sie unterstützen, um sich und ihre Schule weiterzuentwickeln?

Günther Gugel

Methoden-Manual I: »Neues Lernen«

Tausend Praxisvorschläge für Schule und Lehrerfortbildung

4. Auflage

Beltz Verlag • Weinheim und Basel

Günther Gugel, Jg. 1949, Dipl.-Pädagoge,
Geschäftsführer des Instituts für Friedenspädagogik Tübingen e.V.
www.friedenspaedagogik.de

4., überarbeitete Auflage 2004
Lektorat: Peter E. Kalb

www.beltz.de
Layout, Satz: Medienstudio Christoph Lang, Rottenburg a. N.
Druck: Druckhaus Beltz, Hemsbach
Umschlagabbildung: Veit Mette, Bielefelder Fotobüro
Printed in Germany

Bildnachweis:
Burkhard Pfeifroth S. 9, 45, 59, 75, 81, 89, 113, 151, 199
Siegfried Scholz S., 77, 83, 101
S. 94: Jan Roeder; S. 105: Günther Gugel; S. 110: Martin Kozlowski, Time;
Vladimir Rencin, Die Zeit; Mester, Cartoon-Caricature-Contor; S. 120: Der Spiegel;
S. 123: Haizinger; S. 153: Günther Gugel; S. 201: Scientific American, Inc.
Alle übrigen Illustrationen und Schaubilder Christoph Lang.
Zu einigen Texten konnten die Rechte nicht ermittelt werden. Sollten sich Inhaberinnen
und Inhaber von Nutzungsrechten nachträglich melden, wird der Verlag das übliche
Nutzungshonorar nachzahlen.

ISBN 3-407-25286-2

Inhalt

Inhalt

Inhalt

Rätsel, Quiz und Ratespiele

Zum Umgang mit der Methodensammlung

Dieser Methodenband enthält sehr unterschiedliche methodische Anregungen, z. B.:

- ▲ Arbeitsblätter und Spiele,
  die sofort ohne große Vorbereitung und Vorkenntnisse angewendet werden können;
- ▲ Übungen,
  die einer gewissen Vorerfahrung bedürfen;
- ▲ Rätsel,
  deren Lösung nur wenige Minuten dauern;
- ▲ Analyseraster,
  deren Anwendung auch mehrere Stunden beanspruchen kann.

Die verschiedenen methodischen Anregungen können in unterschiedlichen Sozialformen, z. B. in Einzel- oder Gruppenarbeit, angewendet werden. Um dies kenntlich zu machen, finden sich am Ende jeder Methodenbeschreibung Piktogramme:

Einzelarbeit

Partnerinnen- und Partnerarbeit

Kleingruppen

Plenum

Piktogramme weisen auch darauf hin, für welche Seminarsituation die Methode u. a. geeignet erscheint:

Anfang

Vertiefung

Auflockerung

Schluss

Die Auswahl einer Methode kann über das Inhaltsverzeichnis, das Register am Schluss des Bandes oder auch einfach durch Blättern und Schmökern erfolgen.

Was zu beachten ist

- ▲ Nicht jede Methode passt zu jeder Lehrerin
  bzw. jedem Lehrer, zu jeder Fortbildungs- oder Schülergruppe. Deshalb muss gezielt ausgewählt werden.
- ▲ In vielen Fällen ist es sinnvoll, die Methode
  zunächst selbst als Teilnehmerin oder Teilnehmer zu erleben, bevor sie in der Rolle der Leitung angewendet wird.
- ▲ Die Methoden sind zwar vielfältig
  angewendet und erprobt, dennoch bieten sie für sich alleine genommen keine Gewähr, dass sie immer „gelingen“ und zu den gewünschten Lernerfolgen führen.

Grundlagen

Die Anwendung der in diesem Buch beschriebenen Methoden erfordert ein Grundwissen über:

- ▲ Grundsätze der Methodenauswahl,
- ▲ gruppendynamische Prozesse,
- ▲ Ergebnisse der Kleingruppenforschung,
- ▲ Regeln der zwischenmenschlichen Kommunikation und
- ▲ günstige Vorgehensweisen bei der Seminargestaltung.

Der Grundlagenteil vermittelt hierzu die wichtigsten Informationen und bietet gleichzeitig Materialien an, die in die Seminargestaltung einbezogen werden können.

Grundsätzliches zu Methoden in der Lehrerfortbildung – I

Die Wirksamkeit und Attraktivität von Bildungsarbeit ist nicht zuletzt eine Frage der Methoden. Ansprechende und attraktive Methoden können die Teilnehmerinnen und Teilnehmer motivieren und sie zu einer Auseinandersetzung mit ansonsten häufig als trocken (oder gar langweilig) empfundenen Themen und Problemen veranlassen.

Methoden in der Bildungsarbeit lassen sich grundsätzlich in zwei Formen einteilen:

- ▲ in Methoden,
  die sich auf die sozialpsychologische Ebene beziehen (u. a. auch Interaktion und Kommunikation in Gruppen), und
- ▲ in Methoden,
  die sich auf die Inhaltsvermittlung beziehen.

Methoden sind dabei keine Tricks und Kniffs, um die Teilnehmerinnen und Teilnehmer bei der Stange zu halten. Sie sind auch kein Allheilmittel gegen eine langweilige Seminargestaltung.
Methoden sind Verfahren, mit deren Hilfe sich alle Beteiligten mit einem Thema so auseinander setzen, dass sie zu neuen Einsichten und Kompetenzen gelangen können.
Für die Anwendung möglichst vielfältiger und abwechslungsreicher Methoden spricht eine Reihe von Gründen:

- ▲ Lernen gelingt vor allem dann,
  wenn Konzentrations- und Entspannungsphasen sich abwechseln. Die Anwendung unterschiedlicher Methoden kann hierzu einen wichtigen Beitrag leisten.
- ▲ Nicht alle Teilnehmerinnen und Teilnehmer
  setzen sich auf die gleiche Weise mit einem Thema auseinander. Methodenvielfalt kann hier unterschiedliche Lernarten berücksichtigen.
- ▲ Eintönigkeit und Gleichförmigkeit
  (z. B. immer nur reden) ist ermüdend und wirkt demotivierend. Ein Methodenwechsel kann hier neue Impulse bringen.
- ▲ Nicht nur die Leitung,
  sondern auch die Teilnehmerinnen und Teilnehmer tragen Verantwortung für das Seminargeschehen. Nur die Anwendung vielfältiger teilnehmerorientierter Methoden ermöglicht eine starke Einbeziehung der Teilnehmerinnen und Teilnehmer.

Methoden sind keine Manipulationsinstrumente

Methoden dürfen nicht für Indoktrination oder Manipulationszwecke verwendet werden. Die grundlegenden Prinzipien der (politischen) Bildungsarbeit müssen sich auch in den angewandten Methoden niederschlagen:

- ▲ Das Indoktrinationsverbot:
  Es ist nicht erlaubt, die Teilnehmerinnen und Teilnehmer – mit welchen Mitteln auch immer – im Sinne erwünschter Meinungen zu überwältigen und damit an der Gewinnung eines selbstständigen Urteils zu hindern.
- ▲ Das Kontroversegebot:
  In der Wissenschaft und Politik ausgetragene Kontroversen müssen auch in der Bildungspraxis kontrovers behandelt werden.
- ▲ Die Teilnehmerzentrierung:
  Die Teilnehmerinnen und Teilnehmer müssen in die Lage versetzt werden, sowohl die politische Situation als auch ihre eigene Situation und Interessenlage zu analysieren sowie nach Mitteln und Wegen zu suchen, die politische Situation im Sinne ihrer Interessenlage zu beeinflussen.

In methodischer Hinsicht folgt daraus, dass Lernformen, die Selbstständigkeit und Eigenarbeit fördern, Vorrang haben müssen vor Formen des Belehrens.

Schlüsselkompetenzen für Lehrerinnen und Lehrer

„Das Lehrerbild, das bislang der Lehreraus- und fortbildung zu Grunde liegt, bringt in erster Linie Experten für die jeweiligen Fächer hervor. Die Lehreraus- und -fortbildung muss daher grundsätzlich neu konzipiert werden. Die fachliche Ausbildung muss entscheidend ergänzt werden um eine systematische didaktisch-methodische Ausbildung. Diese muss den umfangreichen Erwerb von Schlüsselkompetenzen für Lehrer wie erzieherische Kompetenzen, Kooperationsfähigkeit, Konfliktfähigkeit und Medienkompetenz ebenso ins Zentrum rücken wie den Erwerb eines umfangreichen Methodenrepertoires für die gleichermaßen abwechslungsreiche und anspruchsvolle Gestaltung von Lernprozessen für Schüler unterschiedlicher Leistungsstärke."

Bertelsmann Stiftung (Hrsg.): Wir brauchen eine andere Schule! Konsequenzen aus PISA. Posititionen der Bertelsmann Stiftung. Güterloh 2002, S. 11.

Grundsätzliches zu Methoden in der Lehrerfortbildung – 2

Methodenkompetenz als Kern des handlungsorientierten Unterrichts

Ein handlungsorientiertes Vorgehen, setzt bei Lehrerinnen und Lehrern ebenso wie bei Schülerinnen und Schülern Offenheit und Experimentierfreudigkeit voraus. Sicherheit im Umgang mit neuen Lernarrangements und Methoden ist nur durch den Erwerb von Methodenkompetenz auf beiden Seiten zu erreichen. Methodenkompetenz beinhaltet dabei mehr als über Kenntnisse einzelner Methoden zu verfügen. Sie umfasst mindestens fünf Bereiche:

Methoden kennen und gezielt einsetzen
Methodenkompetenz bedeutet die Fähigkeit, vielfältige Methoden kritisch und gezielt zur Initiierung, Unterstützung und Auswertung von Lernprozessen einzusetzen. Dies erfordert Kenntnisse über ein breites Spektrum von Methoden sowie deren Wirkungsbereich aber auch deren Grenzen.

Mit Emotionen umgehen können
Viele Methoden unterstützen Lernprozesse, bei denen nicht nur die Kognition, sondern ebenso starke emotionale Anteile angesprochen werden. Von den Lehrerinnen und Lehrern und den Schülerinnen und Schülern wird hier also verlangt, auch mit ihren emotionalen Anteilen förderlich umgehen zu können.

Mit Gruppensituationen umgehen können
Handlungsorientierte Methoden sind sehr häufig (klein-)gruppenorientierte Methoden. Wenn die Frontalsituaton in der Klasse aufgelöst wird, bekommt die Klasse als Gruppe eine andere Dynamik. Diese macht den Umgang miteinander oft spannender, wenngleich nicht unbedingt einfacher.

Kommunikation verstehen
Bei handlungsorientierten Methoden steht die intensive Kommunikation unter- und miteinander im Mittelpunkt. Dies bedeutet u. a. auch das Verstehen und Durchschaubarmachen der Kommunikationsabläufe. Eine wichtige Dimension des Lernprozesses ist also kommunikative Kompetenz zu unterstützen und gezielt zu fördern.

Das Thema nicht aus den Augen verlieren
Methoden entwickeln oft eine Eigendynamik die so spannend ist, dass man den eigentlichen Zweck aus den Augen verlieren könnte. Methoden haben stets „dienende Funktion“. Sie unterstützen den Erwerb von Grundqualifikationen, von politischer und sozialer Kompetenz und sind deshalb im Rahmen des Unterrichts im Zusammenhang mit dem Thema zu sehen.

Methodenlernen im Unterricht

Nicht nur Lehrerinnen und Lehrer, sondern auch Schülerinnen und Schüler sollen Methodenkompetenz erwerben. Dies bedeutet, sie sollen befähigt werden, selbstständig Informationen zu beschaffen und zu überprüfen, mit Texten und Bildern kritisch umzugehen, grundlegende Regeln in der Gruppenarbeit selbstständig anzuwenden, Ergebnisse von Partner- oder Gruppenarbeit anschaulich und verständlich in der Klasse zu präsentieren usw.

Das Ziel von Methodenlernen ist,

- ▲ Grundtechniken des Umgangs mit Informationen und Ereignissen in verschiedenen Situationen anwenden zu können,
- ▲ mit und in verschiedenen Gruppen selbstständig arbeiten und handeln zu lernen sowie
- ▲ vielfältige Methoden als Hilfsmittel für den eigenen und gemeinsamen Erkenntnisgewinn einzusetzen, um auf diesem Hintergrund zu einem bewusst reflektierten und verantwortungsbewussten politischen Handeln zu gelangen.

Dabei stehen auch bei Schülerinnen und Schülern nicht nur die Inhalte im Vordergrund, sondern auch und wesentlich die Art der (Unterrichts-)Kommunikation. Ein wesentliches Element des Methodenlernens ist die gemeinsame Reflexion (Metakommunikation) des Unterrichtsgeschehens.

Methodenlernen zielt auf die Entwicklung der eigenen Persönlichkeit der Schülerinnen und Schüler sowie auf die Praktizierung von Selbst- und Mitbestimmung.

Anforderungen an Methoden – I

Auswahl und Anwendung von Methoden müssen in drei Bereichen Mindeststandards erfüllen: auf der fachlichen, der pädagogischen und der methodenkritischen Ebene.

1. Fachliche Ebene

Methoden sind nicht inhaltsneutral einsetzbar. Ihre Auswahl und Anwendung wird zum einen durch die Teilnehmergruppe, zum anderen durch die zu vermittelnden Inhalte und Ziele bestimmt. Auf der inhaltlichen (fachlichen) Seite müssen die angewendeten Methoden gewährleisten, dass sie nicht verfälschen und auch nicht zu sehr verkürzen.

Deshalb ist zu fragen:

- ▲ Entsprechen die Inhalte dem Stand der Wissenschaft?
- ▲ Werden Gegenpositionen ausdrücklich und fair einbezogen?
- ▲ Werden Begründungszusammenhänge und Ableitungen mitgeliefert?
- ▲ Wird die Abhängigkeit der Inhalte von Weltbildern (ideologischen Systemen) durchschaubar gemacht?

2. Pädagogische Ebene

Auf der pädagogischen Ebene müssen die Grundsätze einer emanzipatorischen Bildungsarbeit berücksichtigt werden:

- ▲ Knüpfen die Inhalte und Methoden an Vorwissen, Einstellungen und Verhaltenserwartungen der Teilnehmerinnen und Teilnehmer an?
- ▲ Werden die spezifischen Bedingungen der Zusammensetzung der Teilnehmerinnen und Teilnehmer bei der Methodenauswahl berücksichtigt?
- ▲ Tragen die Methoden dazu bei, Lernbereitschaft zu wecken und zu erhalten?
- ▲ Fördern die Methoden Eigeninitiative und selbst organisierte Lernprozesse?
- ▲ Ermöglichen die Methoden Selbstreflexion und Handeln?
- ▲ Fördern die Methoden eine mehrdimensionale Sichtweise von Fragestellungen und Problemen?
- ▲ Sind die Methoden auf Dialog und Diskurs ausgerichtet?
- ▲ Berücksichtigen die Methoden, dass Lernen mit „Kopf, Herz und Hand" geschehen soll?
- ▲ Ermöglichen die Methoden eigene Kompetenzerlebnisse?
- ▲ Sind die Methoden mit der Offenheit von Lernprozessen anstelle von geschlossenen Lernmodellen vereinbar?
- ▲ Tragen die Methoden dazu bei, Methodenkompetenz bei den Teilnehmerinnen und Teilnehmern zu entwickeln?

3. Methodenkritische Ebene

Bei aller Vielfalt der Methoden gibt es doch grundlegende Prinzipien, die bei der Vorbereitung und Anwendung zu beachten sind. Hierzu gehören u. a.:

- ▲ Die Reduzierung der Komplexität von Wirklichkeit (exemplarisches Lernen). Die vielfältigen, oft undurchschaubaren Zusammenhänge der Wirklichkeit werden in der Bildungsarbeit exemplarisch auf ihren Grundgehalt zurückgeführt (ohne die Wirklichkeit zu verfälschen).
- ▲ Das Prinzip der Kontrastierung bzw. Pointierung. Durch Hervorhebung oder Überbetonung lenken Methoden die Aufmerksamkeit der Teilnehmerinnen und Teilnehmer auf bestimmte Gesichtspunkte oder Fragestellungen des Themas.
- ▲ Das Prinzip der Verfremdung (gedanklichen Distanzierung). Gewohnte oder verfestigte Sichtweisen werden durch ungewohnte Betrachtungsweisen aufgebrochen.
- ▲ Das Prinzip der Anschaulichkeit (Konkretisierung, Visualisierung). Inhalte, Sachverhalte oder Probleme werden aus abstrakten Zusammenhängen gelöst und unmittelbar auf vertraute Sichtweisen und den schon vorhandenen Erfahrungshintergrund bezogen.
- ▲ Das Prinzip des eigenen Tuns (Handelns). Inhalte werden aufgrund von aktivitäts- (oder erlebnis-)bezogenen Formen der Auseinandersetzung handhabbar.
- ▲ Das Prinzip der Handlungsorientierung. Bildung soll durch Inhalte und Methodik letztlich zu kritischem, politischem und gesellschaftlichem Handeln motivieren und befähigen.

Anforderungen an Methoden – 2

Grenzen der Anwendung von Methoden

Methoden können fehlende Inhalte nicht ersetzen.
Sowohl in der Fortbildung als auch im Unterricht stehen natürlich nicht die Methoden, sondern die Inhalte im Vordergrund. Methoden haben „dienende" Funktionen. Sie müssen die Auseinandersetzung mit dem Thema forcieren und dürfen nicht selbst im Mittelpunkt stehen. Die Anwendung vielfältiger und abwechslungsreicher Methoden darf nicht vom Thema ablenken, sondern muss sich immer im Hinblick auf die Arbeit mit und am Thema messen lassen.

Methoden können bestehende Konflikte nicht überspielen.
Konflikte zwischen Moderatorinnen/Moderatoren bzw. Lehrerinnen/Lehrern und Schülerinnen/Schülern tauchen immer wieder auf. Die Anwendung arbeitsintensiver oder spielerischer Methoden darf nicht zu einer Ablenkung oder Überspielung solcher Konflikte führen. Vielmehr müssen in einer solchen Situation Methoden dazu dienen, die Konflikte greifbar und begreifbar und damit bearbeitbar zu machen.

Methoden können mangelnde Kompetenz nicht ausgleichen.
Der Zugriff auf vielfältige Methoden und deren Einsatz im Bildungsbereich kann nicht über mangelnde inhaltliche und methodische Kompetenz hinwegtäuschen. Auch unkonventionelle Methoden garantieren nicht per se eine gelungene Fortbildung oder einen guten Unterricht. Nur der gekonnte und reflektierte methodische Einsatz, verbunden mit fundierten thematischen Kenntnissen, lässt eine Bildungssituation planbar werden.

Methoden sind kein Selbstzweck.
Die Anwendung von kreativen Methoden (vor allem im gestaltenden Bereich) kann u. U. schnell zu einer Gruppeneuphorie oder zu gruppendynamischen Prozessen führen, die von Laien nicht mehr oder nur sehr schwer beherrschbar sind. Um eine solche Eigendynamik zu vermeiden, sollten solche Methoden nie um ihrer selbst willen verwendet werden.

Literaturhinweise

Beer, Wolfgang / Will Cremer (Red.): Politische Erwachsenenbildung. Ein Handbuch zu Grundlagen und Praxisfeldern. Bundeszentrale für politische Bildung, Bonn 1999.

Breit, Gotthard / Siegfried Schiele (Hrsg.): Werte in der politischen Bildung. Schwalbach/Ts. 2000.

Brühwiler, Herbert: Methoden der ganzheitlichen Jugend- und Erwachsenenbildung. Opladen 1994.

Geißler, Karlheinz A.: Anfangssituationen. Was man tun und besser lassen sollte. 7. Aufl. Weinheim und Basel 1997.

Gugel, Günther: Politische Bildung praktisch. Seminarmodelle und Materialien. Tübingen/Düsseldorf 2002.

Hentig, Hartmut von: Bildung. München/Wien 1996.

Kiefer, Franz / Georg Weißeno (Red.): Politikunterricht im Informationszeitalter. Medien und neue Lernumgebungen. Bundeszentrale für politische Bildung, Schwalbach/Ts. 2002.

Klippert, Heinz: Methodentraining. 11. Aufl. Weinheim und Basel 2000.

Kuhnt, Beate / Roert R. Müllert: Moderationsfibel Zukunftswerkstätten: verstehen – anleiten – einsetzen; das Praxisbuch zur sozialen Problemlösungsmethode Zukunftswerkstatt. Münster 1996.

Mickel, Wolfgang W. (Hrsg.): Handbuch zur politischen Bildung. Bundeszentrale für politische Bildung. Bonn 1999.

Miller, Reinhold: Lern-Wanderung. Basiswissen, Reflexionen und Trainingselemente zum Thema Lernen und Lehren. Weinheim und Basel 2001.

Sander, Wolfgang (Hrsg.): Handbuch politische Bildung. Schwalbach/Ts. 1999.

Schräder-Naef, Regula: Lerntraining in der Schule. Voraussetzungen – Erfahrungen – Beispiele. Weinheim und Basel 2002.

Vester, Frederic: Denken, Lernen, Vergessen. Aktualisierte Neuausgabe. München 1996.

Wiechmann, Jürgen: Zwölf Unterrichtsmethoden. Vielfalt für die Praxis. 2. Aufl. Weinheim und Basel 2000.

Kriterien der Methodenauswahl

Sich ein Bild von der Gruppe machen

- Wie groß ist die Gruppe?
- Wie ist das Alter der Teilnehmerinnen und Teilnehmer? Gibt es große Altersunterschiede?
- Setzt sich die Gruppe nur aus Frauen oder nur aus Männern zusammen, oder ist sie geschlechtsgemischt?
- Welche Vorerfahrungen bringen die Teilnehmerinnen und Teilnehmer mit?
- Aus welchen sozialen Bezügen stammen die Teilnehmerinnen und Teilnehmer?
- Haben die Teilnehmerinnen und Teilnehmer einen gemeinsamen (sozialen, weltanschaulichen, politischen) Hintergrund?

Sich ein Bild vom Umfeld machen

- Wie viel Zeit steht zur Verfügung?
- Welche Räumlichkeiten stehen zur Verfügung?
- Welche technische Ausstattung ist vorhanden?
- Was bietet die Umgebung des Hauses?

Die Methode und das Thema

- Mit welchen Inhalten, Fragestellungen, Problemen soll umgegangen werden?
- Welche Aspekte des Inhalts werden durch die geplante Methode besonders hervorgehoben?
- Welche Lernziele werden angestrebt?
- Welche Lernleistungen werden von den Teilnehmerinnen und Teilnehmern erwartet?
- In welcher Phase der Veranstaltung sollen welche verschiedenen Methoden eingesetzt werden?
- Bestehen Erfahrungen mit der Anwendung der verschiedenen Methoden?

Was soll die Methode leisten?

- Soll sie zur Auflockerung oder zur Vertiefung beitragen?
- Soll sie Einzel-, Gruppen- oder Plenumsarbeit unterstützen und fördern?
- Soll sie motivieren oder zusammenfassen?
- Welche Lernleistungen soll sie unterstützen?

Lernleistungen und Methoden

Die Teilnehmerinnen und Teilnehmer können (und müssen) während einer Bildungsveranstaltung eine Reihe von Lernleistungen vollziehen. Diesen (notwendigen) Lernleistungen, die in jeder Bildungsveranstaltungen anders gewichtet sein können, lassen sich jeweils spezifische Methoden zuordnen (siehe Register).

Lernleistung	Methoden u. a.
Informationen beschaffen	
Informationen aufnehmen	
Eigene Empfindungen formulieren	
Argumente, Entwicklungen, Zusammenhänge nachvollziehen	
Ursachen und Hintergründe analysieren	
Entscheidungskriterien nachvollziehen, eigene entwickeln	
Folgen vorausdenken	
Aussagen prüfen und bewerten	
Eigene Standpunkte und Stellungnahmen entwickeln	
Sich und andere kennenlernen	
Eigene Entscheidungen treffen	
Politisches Handeln ermöglichen	

Zur Rolle der Leitung – I

Die Leitung ist mit vielfältigen Anforderungen konfrontiert und muss deshalb über spezifische Kenntnisse, Fähigkeiten und Eigenschaften verfügen.
Der Einsatz von und der Umgang mit Methoden kann nicht isoliert gesehen werden, sondern ist Teil des Gesamtverhaltens der Leitung.
Lernen findet nur dann statt, wenn die Beteiligten darin keine Bedrohung für ihr Selbst (eigene Person) sehen. Nur solche Dinge werden angenommen und gelernt, die als Erhaltung, Stabilisierung oder Weiterentwicklung der eigenen Person wahrgenommen werden.

Die Grundlagen des Leiterinnen- und Leiterverhaltens

Grundlage des Leiterinnen- und Leiterverhaltens ist die Bereitschaft, sich in einer Bildungssituation zu engagieren, sich den Teilnehmerinnen und Teilnehmern mit Geduld und Freundlichkeit zuzuwenden, sich auf sie einzustellen und mit ihnen zusammenzuarbeiten. Ebenso gehört dazu, konstruktive Kritik äußern und solche auch annehmen zu können.

Zusammengefasst:

- ▲ Auf der emotionalen Ebene
  geht es um die gefühlsmäßige Bejahung der Situation und der Teilnehmerinnen und Teilnehmer.
- ▲ Auf der kognitiven Ebene
  geht es um das Anbieten von Erklärungen und das gemeinsame Lösen von Problemen und Suchen nach Antworten.
- ▲ Auf der Gruppenebene
  geht es um das Erfassen der Gruppenstruktur und die Dynamik der Gruppe, um diese bewusst für den Arbeitsprozess nutzen zu können.

Die Kenntnis und der Einsatz vielfältiger Methoden ist ein Schlüssel für einen guten Seminarverlauf.
Eine wichtige Fähigkeit der Leitung ist die Offenheit für Anregungen und andere Meinungen: Offenheit, auch Fehler und Lücken einzugestehen, ohne Angst haben zu müssen, das Gesicht zu verlieren. Eine weitere wichtige Fähigkeit ist „Machtverzicht“, also die eigenen Einflussmöglichkeiten zu Gunsten eines demokratischen Verhaltens zurückzunehmen.

Natürlich haben die Teilnehmerinnen und Teilnehmer für ihre Lernprozesse eigenständig Verantwortung. Die Leitung hat jedoch die Verantwortung für eine sorgfältige Planung und Durchführung, für die fachliche Fundierung und die optimale Förderung der Teilnehmerinnen und Teilnehmer.

Aufgaben der Gruppenleitung

Auf die Organisation bezogen

Die Leitung sollte sich vergewissern, ob alles Notwendige verfügbar ist:

- ▲ Sind entsprechende Räumlichkeiten
  (Zahl und Ausstattung der Gruppenräume) vorhanden?
- ▲ Sind die benötigten Geräte
  (Overhead, Video usw.) verfügbar?
- ▲ Welche weiteren Gruppen sind noch im Haus?
- ▲ Steht der Rahmenzeitplan
  (u. a. Essenszeiten) mit den Seminaranforderungen im Einklang?

Denn eine mangelnde Organisation schlägt sich unmittelbar auf die Arbeit der Teilnehmerinnen und Teilnehmer nieder.

Auf die Teilnehmerinnen und Teilnehmer bezogen

Da Lernen immer dann am besten gelingt, wenn eine persönliche Beziehung zwischen den Teilnehmerinnen bzw. Teilnehmern und der Leitung aufgebaut werden kann, ist der Kontakt zu den Teilnehmerinnen und Teilnehmer von großer Wichtigkeit. Kenntnisse über die Herkunft und die Vorerfahrungen der Teilnehmerinnen und Teilnehmer erleichtern hier nicht nur die Vorbereitung, sondern ermöglichen auch ein gezieltes Anknüpfen an die jeweilige Situation.
Während des Seminars muss die Leitung neben dem Thema (dem Arbeitsprozess) und der Gesamtgruppe auch die einzelne Teilnehmerin und den einzelnen Teilnehmer im Auge haben. Sie muss dabei Angegriffenen und Minderheiten dort, wo es notwendig ist, Unterstützung und Schutz gewähren können. Sie muss die Vielrednerinnen und Vielredner stoppen und die Schweigerinnen und Schweiger einbeziehen. Sie muss Einzelnen zuhören und Anderen etwas erklären können. Nur Teilnehmerinnen und Teilnehmer, die sich akzeptiert fühlen, werden sich für Lernprozesse öffnen können.

Leitfragen könnten u. a. sein:

- ▲ Welchen Teilnehmerinnen und Teilnehmern
  fühle ich mich besonders verbunden?
- ▲ Kann ich fair mit allen umgehen?

Zur Rolle der Leitung – 2

Gruppenleitung

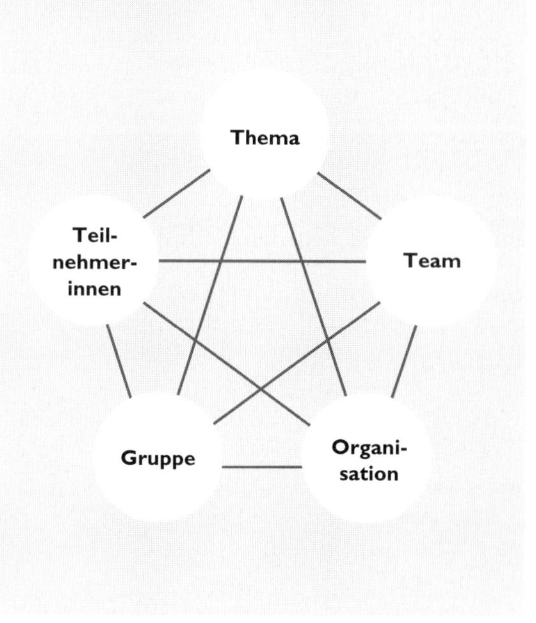

Auf die Gruppe bezogen
Die Leitung muss den Zusammenhalt und die gemeinsame Arbeit der Gruppe fördern, also die emotionalen Grundlagen für die gemeinsame Arbeit schaffen. Dies geschieht vor allem dadurch, dass der Austausch zwischen den Teilnehmerinnen und Teilnehmern ermöglicht und gefördert wird.
Gruppen bedürfen i. d. R. eines klaren Rahmens, um konstruktiv tätig werden zu können. Dieser Rahmen kann nicht nur vorgegeben, sondern (in einem fortgeschrittenen Stadium der Veranstaltung) auch mit den Teilnehmerinnen und Teilnehmern bewusst gestaltet werden (Anfangszeiten, klare Räumlichkeiten, klare Pausenregelungen usw.).
Lernwiderstände, die sich häufig in Zuspätkommen, Unruhe, häufigen Pausen usw. äußern, sollten erkannt, mit den Teilnehmerinnen und Teilnehmern besprochen und nach Möglichkeit beseitigt werden.
Die Mitglieder der Gruppe müssen nicht nur das Gefühl, sondern auch die Gelegenheit haben, sich an Entscheidungen zu beteiligen, die sie betreffen.

Für die Leitung ist es nicht wichtig „Gruppenguru" zu sein oder zu werden, sondern der Gruppe bei ihrem Lernprozess Hilfestellungen zu geben.

Auf das Thema bezogen
Die Leitung sollte sich in den Grundzügen des Themas gut auskennen und zu einzelnen Teilbereichen über fundierte Kenntnisse verfügen. Für Spezialbereiche können Expertinnen und Experten herangezogen werden.
Die wichtigste Aufgabe der Leitung ist es, das aufgabenzentrierte Arbeiten zu fördern. Störungen dieses Arbeitsprozesses müssen dabei aufgegriffen und bearbeitet werden, um wieder zu einer konzentrierten Arbeitsatmosphäre zurückfinden zu können.
Besonders wichtig für das Begreifen von Zusammenhängen ist es, die Beziehungen zwischen verschiedenen thematischen Teilbereichen herzustellen sowie diese in größere (z. B. historische, interkulturelle) Perspektiven einzuordnen und auch langfristige Entwicklungen deutlich zu machen.
Es kann in der Bildungsarbeit nicht darum gehen, die Meinungen und Einstellungen der Leitung als Maßstab für die Diskussion und das Geschehen zu nehmen. Die Leitung muss bereit sein, eigene Vorstellungen zur Diskussion zu stellen und Toleranz gegenüber anderen zu üben.
Fragen zu stellen ist oft wichtiger, als sie zu beantworten, Interesse an einem Thema zu wecken wichtiger, als die Fakten zu vermitteln, Denken zu stimulieren und Kreativität zu fördern wichtiger als zu belehren.
Das gemeinsame Lernen sollte als Suche nach Erkenntnis verstanden werden und nicht als Vermittlung letzter Wahrheiten.

Nicht jedes Thema, das die Leitung für wichtig und interessant hält, wird auch von den Teilnehmerinnen und Teilnehmern so gesehen. Aber ein Thema, das von der Leitung nicht voll akzeptiert wird, hat auch bei den Teilnehmerinnen und Teilnehmern wenig Chancen, auf Gegenliebe zu stoßen.

Leitfragen für die Leitung könnten u. a. sein:
▲ Warum interessiert mich gerade dieses Thema?
▲ Welchen persönlichen Bezug habe ich dazu?
▲ Welche Vorerfahrungen habe ich damit gemacht?
▲ Mit welchen thematischen Aspekten muss ich mich noch befassen?

Zur Rolle der Leitung – 3

Auf das Team bezogen
Wenn Lehrerfortbildung über einen längeren Zeitraum geplant ist, wird sie i. d. R. von einem Team geleitet. Auch in der Schule ist Team-Teaching (z. B. bei fächerübergreifendem Unterricht oder bei der Durchführung von Projektwochen) eine wünschenswerte Kooperationsform.

In beiden Fällen ist es sinnvoll, sich mit folgenden Fragen zu befassen:

- ▲ Wie setzt sich das Leitungsteam zusammen? Kennen sich die Beteiligten?
- ▲ Wo liegen meine Stärken und Schwächen, wo die der anderen?
- ▲ Wie komme ich mit den anderen Teammitgliedern zurecht?
- ▲ Welche Differenzen und Konflikte (z. B. Konkurrenz) können beim Leitungsteam entstehen?
- ▲ Lassen sich unterschiedliche Arbeitsauffassungen der Leitung aufeinander abstimmen?
- ▲ Ist die Möglichkeit einer gemeinsamen Reflexion gegeben?
- ▲ Wer übernimmt welche Teile des Seminars (welche Inhalte, Freizeitangebote usw.)?
- ▲ Wer übernimmt wann die Moderation?
- ▲ Wer ist wann anwesend?

Schwierigkeiten und Konflikte in einem Leitungsteam sind eher normal. Es kommt nicht darauf an, sie zu unterdrücken oder nicht zu zeigen, sondern sie konstruktiv auszutragen.

Die Leitung, eine oder ein …

Gruppenmotor

Showmadam und Showmaster

Gesprächsleiterin und Gesprächsleiter

Organisatorin und Organisator

Expertin und Experte

Kollegin und Kollege

Klagemauer

Stimmungsmacherin und Stimmungsmacher

Partnerin und Partner

Informationsvermittlerin und -vermittler

Ratgeberin und Ratgeber

Sündenziege und Sündenbock

Blitzableiter

Imitatorin und Imitator

Besserwisserin und Besserwisser

Protokollantin und Protokollant

Lotse

Dirigentin und Dirigent

Prügelmädchen und Prügelknabe

Dienstbotin und Dienstbote

Kontrolleurin und Kontrolleur

Wanderpredigerin und Wanderprediger

Spielleiterin und Spielleiter

Künstlerin und Künstler

Vgl.: Landesinstitut für Schule und Weiterbildung (Hrsg.): Beiträge zur Methodik der Lehrerfortbildung. Soest 1990, S. 18.

Literaturhinweise

Arnold, Rolf / Horst Siebert: Konstruktivistische Erwachsenenbildung. Von der Deutung zur Konstruktion von Wirklichkeit. Hohengehren 1995.
Klein, Irene: Gruppenleiten ohne Angst. Ein Handbuch für Gruppenleiter. Donauwörth 2002.
Meueler, Erhard: Lob des Scheiterns. Methoden- und Geschichtenbuch zur Erwachsenenbildung an der Universität. Hohengehren 2001.
Stahl, Eberhard: Dynamik in Gruppen. Handbuch der Gruppenleitung. Weinheim und Basel 2002.
Vopel, Klaus W.: Handbuch für Gruppenleiter/innen. Salzhausen 2000.

Die Teilnehmerinnen und Teilnehmer – I

Motive zur Teilnahme an Bildungsveranstaltungen

Die Teilnahme an Arbeitskreisen, Einzelveranstaltungen oder Seminaren entspringt vielfältigen Motivationen und hat nicht allein mit dem Thema oder der Auseinandersetzung mit einem Problem oder einer Fragestellung zu tun.

Mindestens fünf Motivlagen, die sich gegenseitig verschränken und überlagern, sind zu berücksichtigen:

▲ Das Qualifizierungsmotiv:
Die Veranstaltung wird primär unter dem Aspekt der Weiterbildung und der beruflichen Verwertbarkeit gesehen.

▲ Das Persönlichkeitsbildungsmotiv:
Die Teilnahme an Bildungsveranstaltungen dient der Entwicklung und Entfaltung der eigenen Interessen der Persönlichkeit.

▲ Das Problemlösemotiv:
Bestimmte persönliche, gesellschaftliche und politische Fragestellungen und Problembereiche sind so drängend geworden, dass aktiv nach Antworten gesucht wird.

▲ Das Kontaktmotiv:
Andere Leute kennen zu lernen und/oder mit bereits Bekannten Kontakte zu intensivieren, ist hier die treibende Kraft zur Teilnahme.

▲ Das Erlebnismotiv:
Bildung wird hier zu einem Ereignis, das aus dem Alltag herausragen und etwas Außergewöhnliches bieten soll.

In der Lehrerfortbildung ist immer wieder ein weiteres Teilnahmemotiv festzustellen:

▲ Das Delegationsmotiv:
Die Schulleitung oder Kolleginnen und Kollegen haben die Teilnahme „dringend empfohlen“ oder gar eine Abordnung ausgesprochen.

Unsicherheiten

„Zu Hause, im Verein und Beruf hat jeder sein Verhaltensschema, die Re-Aktion auf Personen und Ereignisse sind erprobt und weitgehend festgelegt. Jetzt sieht sich der Erwachsene neuen Reizen, Menschen und Anforderungen ausgesetzt. Es macht ihn unsicher, nicht zu wissen, ob Privates und Schonräume respektiert werden. Zweifel machen sich breit, ob das, was er bislang weiß und kann, auch weiter Bestand haben wird. Vor allem gibt es eine Scheu, abgefragt zu werden, sich vor Publikum entblößen zu müssen, sich zu blamieren. Können Schwächen, Mängel, Versagen, Ängste eingestanden werden? Je mehr ein Teilnehmer im Voraus erfährt, was auf ihn zukommt, wie es – methodisch – zugehen wird, desto positiver wird er sich innerlich einstellen.“

Günther H. Ruddies: Erfolgreiche Erwachsenenbildung. Praxis, Reflexion, Ratgeber. Villingen-Schwenningen 1991, S. 25.

Was berücksichtigt werden sollte:

▲ Welche Kompetenzen und Erfahrungen
bringen die Teilnehmerinnen und Teilnehmer mit?

▲ In welchen Rollen sind
die Teilnehmerinnen und Teilnehmer anwesend (Ehrenämter, Beruf, Geschlecht usw.)?

▲ In welcher Lebensphase mit welchen
spezifischen Problemen befinden sich die Teilnehmerinnen und Teilnehmer?

▲ Wo finden die Teilnehmerinnen
und Teilnehmer konkrete Anknüpfungspunkte zum Thema (beruflich, persönlich usw.)?

▲ Welche (Verhaltens-)Änderungen
sind den Teilnehmerinnen und Teilnehmern in der Bildungsveranstaltung zumutbar?

Die Teilnehmerinnen und Teilnehmer – 2

Ältere lernen anders

Ältere lernen anders als jüngere Teilnehmerinnen und Teilnehmer. Sie lernen oft schlechter, weil sie „aus der Übung" sind oder weil sie sich weniger zutrauen.

Lernen bedeutet für Erwachsene meist Umlernen. Das ist schwieriger als Neulernen, da die vorhandenen Kenntnisse und Einstellungen in Frage gestellt werden. Dies bringt Verunsicherungen mit sich, da das eigene Selbstverständnis und die eigene Identität als vorübergehend bedroht scheinen.

In der Erwachsenenbildung wird – stark vereinfacht – festgestellt,

- ▲ dass Ältere langsamer lernen, aber sorgfältiger;
- ▲ dass sie sich weniger beteiligen, weil sie mehr Angst vor Fehlern haben;
- ▲ dass sie einen rezeptiven (nachvollziehenden) Stil bevorzugen und nicht so kritik- und mitbestimmungsfreudig sind;
- ▲ dass sie mehr Hemmungen haben, ihre Gefühle und Probleme in einer Gruppe zu äußern;
- ▲ dass sie sich nicht mehr so flexibel auf neue Arbeitsformen umstellen können;
- ▲ dass sie in ihren Deutungen und Haltungen stärker festgelegt sind;
- ▲ dass sie Gelerntes eher mit eigenen Erfahrungen verbinden können;
- ▲ dass sie aufmerksam zuhören können;
- ▲ dass sie eher zufrieden mit Lernangeboten sind.

Vgl. Horst Siebert: Lernen in der Erwachsenenbildung. Fernuniversität Gesamthochschule Hagen. Hagen 1979, S. 39–49.

Selbst verantwortlich

Teilnehmerinnen und Teilnehmer sind für ihre Lernprozesse sowie für ihr Wohlergehen in einem Seminar zum größten Teil selbst verantwortlich.

Es ist also für den Lernerfolg sinnvoll und notwendig, wenn die Seminarleitung Fragen und Änderungsvorschläge von Teilnehmerinnen und Teilnehmern nicht als persönliche Kritik oder Angriff auffasst, sondern als notwendige Schritte in einem gemeinsamen Lernprozess mit den Teilnehmerinnen und Teilnehmern.

Solche Anfragen können z. B. sein:

- ▲ „Können Sie das nicht etwas intensiver behandeln?"
- ▲ „Können Sie nicht etwas deutlichere Beispiele aus der Praxis anführen?"
- ▲ „Kann mir das mal jemand in einfacheren Worten erklären?"
- ▲ „Kann mal jemand aus seiner Schule ein Beispiel bringen?"
- ▲ „Das weiß ich eigentlich schon alles."
- ▲ „Ich halte dieses Problem für recht unwichtig!"

Wie das Gehirn lernt

„Wissen im Gehirn zu verankern ist, anders als beim Computer, kein reiner Abspeicherungsprozess, sondern ein Einordnungsprozess. Jede neue Information muss einen sinnvollen Platz im bereits vorhandenen Wissen einnehmen und sich entsprechend damit vernetzen. Dabei müssen die Informatinen hierarchisch geordnet vermittelt werden, vom Wichtigen zum Unwichtigen. Denn nur, was als wichtig empfunden wird, vernetzt sich ausreichend im Langzeitgedächtnis. Setzen Lehrer ihren Schülern alles als gleichwertige Information vor, entsteht Chaos im lernenden Gehirn."

Henning Scheich, Hirnforscher in: Spiegel special Nr. 3/2002: Lernen zum Erfolg, S. 98.

Seminarregeln

1. Damit Sie lernen,

was für Sie das Beste, Wirkungsvollste und Notwendigste ist, müssen Sie Ihre Lernbedürfnisse (und Ihre Interessen) äußern.

2. Die Verantwortung für das,

was Sie lernen, liegt zu einem großen Teil bei Ihnen selbst. Sie müssen aktiv werden, damit Sie etwas lernen und der Unterricht wenigstens zum Teil Ihre Bedürfnisse befriedigen kann.

3. Es ist sinnvoll und notwendig

für Ihren Lernerfolg, wenn Sie darauf hinweisen, wenn Ihnen etwas zu schnell geht, wenn Sie etwas nicht verstanden haben oder wenn Sie etwas unwichtig finden oder ganz anderer Meinung sind.

4. Ziehen Sie sich nicht zurück,

wenn Sie merken, dass auf Ihre Probleme und Bedürfnisse nicht eingegangen wird, sondern äußern Sie sich und überlegen Sie mit den anderen und der Lehrerin bzw. dem Lehrer, wie der Zustand verändert werden kann. Es reicht oft schon zu sagen: „Ich habe mir das anders vorgestellt“, oder: „Könnte mir hier jemand weitere Informationen geben“ etc.

5. Es ist für das Lernen sinnvoller,

Langeweile oder Ärger nicht zu unterdrücken oder außerhalb des Unterrichts abzureagieren, sondern die eigenen Empfindungen zu äußern und den anderen Schülerinnen und Schülern mitteilen. Vielleicht sind die anderen in einer ähnlichen Lage. Verändert werden kann eine solche oder ähnliche Situtation nur, wenn sie sichtbar, d. h. angesprochen wird.

6. Lernen geschieht immer auf zwei Ebenen:

Einmal, indem Inhalte (Stoff) vermittelt und ausgetauscht werden (= Inhaltsebene), und zum anderen, indem durch diese Vermittlung auch Gefühle geprägt und verändert werden (= Gefühlsebene). So z. B. kann Sie manchmal die Art und Weise ärgern, in der eine Lehrerin bzw. ein Lehrer oder eine Mitschülerin bzw. ein Mitschüler redet; oder Sie freuen sich über die Tatsache, dass Sie jemand anspricht oder fragt. Wenn Sie aber ärgerlich sind, können Sie den Lerninhalten nicht mehr so weit folgen, wie Sie es dann könnten, wenn Sie ausgeglichen wären. Deshalb ist es wichtig, auch über die Stimmungen Aussagen zu machen, die beim Lernen auftreten.

7. Meist ist den Teilnehmerinnen und Teilnehmern klar,

dass die Leiterin oder der Leiter für sie wichtig ist, es ist ihnen aber nur selten bewusst, dass auch die Leiterin / der Leiter in jeder Kurssituation neue Erfahrungen macht und von den Stimmungen der Teilnehmerinnen und Teilnehmer beeinflusst wird.

Vgl. Kh. Geißler / M. Hege: Konzepte sozialpädagogischen Handels. 2. Auflage, München 1991, S. 249 f.

Achtung

Dieses Blatt ist für die Hand der Teilnehmerinnen und Teilnehmer bestimmt.

Warum ich teilnehmen möchte

Ich habe mir dieses Seminar ausgesucht, weil …

Mich reizt an diesem Thema, dass …

Mich interessiert an der Referentin bzw. dem Referenten …

Ich erwarte von der Themenbearbeitung, dass …

Ich erwarte von der Seminarleitung, dass …

Ich erwarte von den Teilnehmerinnen und Teilnehmern, dass …

Ich kann zum Thema und zur Seminargestaltung Folgendes beitragen …

„Das Seminar war vergeudete Zeit", würde ich sagen, wenn …

Achtung

Dieses Blatt ist für die Hand der Teilnehmerinnen und Teilnehmer bestimmt.

Zwischenmenschliche Kommunikation und Bildungsarbeit

Bildungsarbeit setzt nicht nur themenspezifische Fachkenntnisse und Kenntnisse über Didaktik und Methodik voraus, sondern auch die Beherrschung grundlegender Formen zwischenmenschlicher Kommunikation. Diese Kommunikationsformen bilden die Basis, auf der alle Methoden aufbauen.

Drei Gründe, warum sich Gruppenleiterinnen und Gruppenleiter in der Bildungsarbeit mit den Grundlagen zwischenmenschlicher Kommunikation und dem Gruppenverhalten in der Bildungsarbeit vertraut machen sollten:

1. Das eigene Werkzeug

Sich selbst das eigene Werkzeug zu sein heißt, nur das, was zu einem festen Bestandteil der eigenen Persönlichkeit der Leiterin bzw. des Leiters geworden ist, kann in zwischenmenschlichen Beziehungen bzw. der Bildungsarbeit eingesetzt werden. Dies setzt voraus, sich selbst mit den eigenen Reaktionsweisen, Ängsten und Wünschen zu kennen. Sich selbst besser kennen zu lernen ist nur auf dem (scheinbaren) Umweg über andere möglich, also durch Auseinandersetzung mit den anderen.

2. Umgang mit Belastungssituationen

Teilnehmerinnen und Teilnehmer sind Menschen mit Sorgen, Nöten, Stimmungen etc. und nicht nur mit einem „Bildungsinteresse". Das heißt, dass neben dem Thema und der Sache immer auch Emotionen und Beziehungen eine Rolle spielen.
Auch Bildungsarbeit hat deshalb einen hohen Anteil an Emotionalität, bedeutet Konfrontation mit Konflikten, Gefühlen, Ängsten etc., wenngleich diese Dimension häufig nicht direkt (bzw. nur als Störung) wahrgenommen wird.
Hinzu können Spannungen im Leitungsteam kommen, was dazu führt, dass solche Situationen und Erlebnisse stark in den eigenen „Privatbereich" hineinwirken und als belastend erlebt werden können.
Zu klären wäre deshalb, wie mit diesen Belastungssituationen adäquat umgegangen werden kann, wo es Möglichkeiten der Aufarbeitung und Entlastung gibt.

3. Bildungsarbeit findet immer in Gruppensituationen statt

Bildungssituationen sind immer Gruppensituationen. Um Gruppensituationen für Bildungszwecke richtig einschätzen und nutzen zu können, bedarf es der bewussten Erfahrung und des Wissens über Gruppenstrukturen und Gruppenentwicklungen (also über die Ergebnisse der Kleingruppenforschung) sowie über eigene Reaktionsweisen in Gruppen.

Das wichtigste Medium im Unterricht ist der Körper des Lehrers

„Der Lehrer sollte seinen Körper häufiger und bewusster als Lehr-Mittel einsetzen: indem er selbst etwas vorträgt, vormacht, vorsingt, vorzeigt, indem er mit seinem Körper und dem der Schüler ein „Standbild" baut, mit dem die eigene Haltung (z. B. zum Thema Rechtsradikalismus) sinnlich-handgreiflich ausgedrückt wird; indem er durch Blickkontakte, durch Gestik, Mimik und Bewegung im Klassenraum provoziert und dramatisiert."

Hilbert Meyer: Das wichtigste Medium im Unterricht ist der Körper des Lehrers. In: Friedrich Verlag (Hrsg.): Friedrich Jahresheft 1993, S. 37.

Grundfunktionen der Kommunikation

Ausloten der Macht

In vielen Kommunikationssituationen (also auch im politischen Unterricht) versuchen die Schülerinnen und Schüler, die Kontrolle über die Situation und die anderen zu erlangen. Dies geschieht durch (bewusste oder unbewusste, verbale oder nonverbale) Beeinflussung der anderen.
Solche Kontrollversuche können sich ausdrücken in:

- ▲ viel reden,
- ▲ viel fragen,
- ▲ wenig von sich zeigen,
- ▲ direktem (demonstrativem) Blickkontakt,
- ▲ betont lockerer Haltung,
- ▲ starker Steuerung des Gesprächs,
- ▲ Unterbrechen des Gegenübers,
- ▲ abrupter Beendigung des Gesprächs,
- ▲ ...

Auch soziale Sprachstile unterstützen solche Kontrollversuche: Ein großer und differenzierter Wortschatz, hohe Sprechgeschwindigkeit, gute Aussprache sowie eine korrekte Hochsprache werden z. B. allgemein mit Kompetenz und hohem sozialem Status in Verbindung gebracht. Dies heißt auch, dass diese Merkmale bewusst zur Beeinflussung der anderen eingesetzt werden (können).

Die richtige Nähe finden

Die mit der Kommunikation verbundene Aufnahme sozialer Beziehungen hat immer auch eine Dimension von Nähe und Distanz, von Zuneigung und Ablehnung. Dies kommt u. a. durch Blickkontakt (oder Vermeidung von Blickkontakt), offene (oder geschlossene) Körperhaltung, das Einbeziehen (oder Vermeiden) privater Themen zum Ausdruck. Welches Maß an Nähe bzw. Distanz als „normal" betrachtet wird, hängt dabei von der Art der Beziehung ab (Eltern–Kind, Lehrer–Schüler, Freund–Freundin ...).
Nähe drückt sich oft darin aus, dass jemandem bewusst Informationen über sich selbst zur Verfügung gestellt werden, die dem anderen normalerweise in dieser Situation nicht zur Verfügung stehen (z. B. durch erzählen, Zimmer zeigen, Freunde vorstellen, ins Elternhaus mitnehmen etc.).
Diese Selbstenthüllung ist jedoch mit der Forderung nach angemessener Erwiderung verbunden. Die dahinter stehende Absicht ist, eine positive Wertschätzung für das eigene Selbst zu schaffen.

Vgl. J. M. Wiemann / H. Giles: Interpersonelle Kommunikation als Grundlage aller Beziehungen des Lebens. In: Wolfgang Stroebe u. a.: Sozialpsychologie. Berlin u. a. 1990, S. 209–231.

Merke:

Die gemeinsame Definition (Einigung) über die Fragen der Kontrolle und der Nähe entscheiden darüber, ob eine Kommunikationssituation als befriedigend (gelungen) erlebt wird.

Literaturhinweise

Birkenbihl, Vera F.: Kommunikationstraining. Zwischenmenschliche Beziehungen erfolgreich gestalten. München/Landsberg 2000.
Birkenbihl, Vera F.: Kommunikation für Könner ... schnell trainiert. Die hohe Kunst der professionellen Kommunikation. München/Landsberg 2000.
Demmer, C. / K. Langer: Alles, was Sie schon immer über Kommunikation wissen wollten. Wiesbaden 1994.
Frey, Siegfried: Die Macht des Bildes. Der Einfluß der nonverbalen Kommunikatioin auf Kultur und Politik. Bern u. a. 1999.
Hartkemeyer, Martina & Johannes F. / L. Fremman Dhority: Miteinander Denken. Das Geheimnis des Dialogs. Stuttgart 1998.
Kaiser, Constanze: Körpersprache der Schüler. Lautlose Mitteilungen erkennen, bewerten, reagieren. Neuwied 1998.
Klippert, Heinz: Kommunikations-Training. Weinheim und Basel 2000.
LeMar, Bernd: Menschliche Kommunikation im Medienzeitalter. Im Spannungsfeld technischer Möglichkeiten und sozialer Kompetenz. Berlin 2001.
Rosenberg, Marshall B.: Gewaltfreie Kommunikation. Paderborn 2002.
Miller, Reinhold: „Halt's Maul du dumme Sau!" Schritte zum fairen Gespräch. Lichtenau 1999.
Schulz von Thun, Friedemann: Miteinander reden 1–3. Reinbek 2001
Thomann, Christoph / Friedemann Schultz von Thun: Klärungshilfe. Handbuch für Therapeuten, Gesprächshelfer und Moderatoren in schwierigen Gesprächen. Reinbek 1993.
Tannen, D.: Das hab' ich nicht gesagt! Kommunikationsprobleme im Alltag. Hamburg 1992.
Watzlawick, Paul u. a.: Menschliche Kommunikation. Formen, Störungen, Paradoxien. Göttingen 2000.

Hinweis:
CD-ROM „Konflikte XXL. Konfliktbearbeitung als Gewaltprävention". Tübingen/Bonn 2002. Für Win und Mac.
Bezug: Institut für Friedenspädagogik Tübingen e.V., Corrensstr. 12, 72076 Tübingen.
kontakt@friedenspaedagogik.de,
www.friedenspaedagogik.de

Dimensionen von Kommunikation

Immer wenn wir mit anderen zusammen sind, teilen wir diesen (bewusst oder unbewusst, gewollt oder ungewollt) etwas mit und empfangen gleichzeitig von ihnen Mitteilungen.

Als grundlegende Eigenschaften von Kommunikation kann man folgende Punkte sehen:

Es ist unmöglich, nicht zu kommunizieren

Wer redet, teilt etwas mit, wer schweigt ebenfalls. Verhalten hat kein Gegenteil, man kann sich nicht „nicht" verhalten. Auch wer sich zurückzieht und nicht angesprochen werden möchte, vermittelt eine Botschaft, nämlich: „Ich möchte in Ruhe gelassen werden."

Kommunikation hat immer zwei Ebenen

Der Inhalt, das was gesagt wird, wird gewöhnlich mit Worten ausgedrückt. Gleichzeitig vermittelt jedoch das gesamte Ausdrucksverhalten, die Mimik und Gestik und der Tonfall, wie das Gesagte aufgefasst werden soll. Der Inhaltsaspekt bezeichnet also das „Was" der Kommunikation, der Beziehungsaspekt das „Wie".
Wenn der Inhalts- und Beziehungsaspekt mit ihren Botschaften nicht übereinstimmen, gibt es Störungen und Probleme. (In einem gelangweilten Tonfall alle Teilnehmerinnen und Teilnehmer zu diesem spannenden Seminar herzlich willkommen zu heißen zeigt z. B. allen, wo die Leitung emotional steht.)
Häufig kommt es gerade in Bildungsveranstaltungen vor, dass Beziehungsprobleme über Sachfragen ausgetragen werden. Die Hintergründe einer scheinbar sachlichen Auseinandersetzung können z. B. in einer ungeklärten (Konkurrenz-)Beziehung liegen.

Menschliche Kommunikation ist doppelgleisig

Wenn Menschen sich austauschen, so geschieht dies normalerweise über Sprache (Worte und Begriffe). Gleichzeitig drücken sie sich jedoch auch nonverbal durch ihre Mimik und Gestik, durch ihre Art zu sprechen, zu sitzen, zu gehen aus. Diese Ausdruckssprache ist unmittelbarer als die Begriffssprache mit Worten. Sie vermittelt vor allem Stimmungen und Gefühle. Sie gibt der Leitung viele Informationen über das, was wirklich geschieht, was bei den Teilnehmerinnen und Teilnehmern wirklich vor sich geht.

**Was verschweigt man,
wenn man etwas sagt?**

**Was sagt man,
um etwas verschweigen zu können?**

**Wie kann man von Gesagtem
auf Verschwiegenes schließen?**

Martin Walser: Brandung. Frankfurt/M. 1985.

Kommunikationsabläufe sind symmetrisch oder komplementär

Wenn Menschen symmetrisch kommunizieren, tun und sagen sie in etwa das, was die andere bzw. der andere auch tut und sagt. Symmetrische Kommunikation ist Ausdruck eines Strebens nach Gleichheit.
Komplementäre Kommunikation beruht dagegen auf Unterschieden. Das Verhalten der Partnerinnen und Partner ergänzt sich gegenseitig. Beide Seiten können und dürfen sich nicht auf der gleichen Ebene begegnen. Eine Schülerin oder ein Schüler kann z. B. mit einer Lehrerin bzw. einem Lehrer i. d. R. nicht auf die gleiche Art und Weise sprechen, wie diese bzw. dieser mit ihr oder ihm. Das Verhalten des einen ist also für den anderen nicht möglich.
Während in symmetrischen Beziehungen Konflikte offen angesprochen und ausgetragen werden können, ist dies bei komplementären Beziehungen oft nur schwer möglich.

Vgl. Paul Watzlawik u. a.: Menschliche Kommunikation. Formen, Störungen, Paradoxien. Bern 1969.
Otto Marmet: Ich und du und so weiter. Kleine Einführung in die Sozialpsychologie. Weinheim und Basel 2000, S. 13–18.

Die vier Seiten der Nachricht – I

Jede Nachricht (Information, Kommunikation) beinhaltet neben der Inhalts- und Beziehungsseite noch zwei weitere wichtige Aspekte, die Selbstoffenbarung und den Appell.

Dieses Modell wurde von dem Hamburger Kommunikationswissenschaftler Friedemann Schulz von Thun entwickelt.

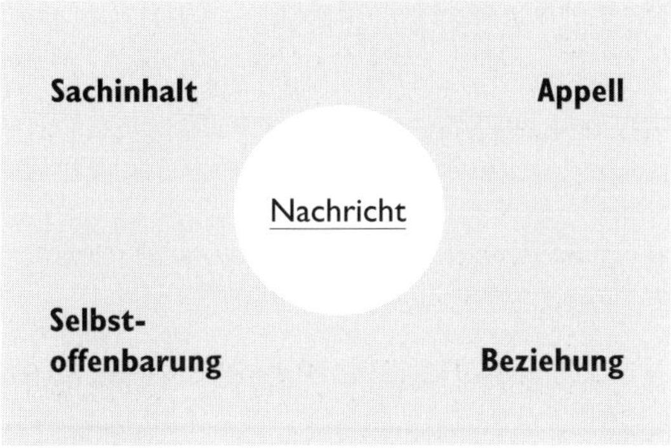

Der Sachinhalt

Zunächst beinhaltet eine Nachricht eine Sachinformation (Darstellung von Sachverhalten). Dies ist der auf ein Sachziel bezogene Austausch von Informationen und Argumenten, das Abwägen und Entscheiden.

Frage:
Wie kann ich Sachverhalte klar und verständlich darstellen?

Die Selbstoffenbarung

In jeder Nachricht stecken nicht nur Informationen über die mitgeteilten Sachinhalte, sondern auch Informationen über die Person, die spricht. Mit dem Begriff Selbstoffenbarung soll sowohl die gewollte Selbstdarstellung als auch die unfreiwillige Selbstenthüllung eingeschlossen werden.

Frage:
Wie kann ich echt und authentisch mit anderen umgehen?

Die Beziehung

Aus jeder Nachricht geht hervor, wie der Sender zum Empfänger steht, was er von ihm hält. Oft zeigt sich dies in der gewählten Formulierung und im Tonfall und anderen nicht-sprachlichen Begleitsignalen. Für diese Seite der Nachricht ist der Empfänger besonders empfindlich; denn hier fühlt er sich als Person in bestimmter Weise behandelt (oder misshandelt).

Frage:
Wie kann ich die Beziehung zu den anderen formulieren?

Der Appell

Es wird kaum etwas nur so gesagt – fast alle Nachrichten haben den Zweck oder die tatsächliche Wirkung, auf den anderen Einfluss zu nehmen. Der Appell-Aspekt ist vom Beziehungsaspekt zu unterscheiden. Denn den gleichen Appell kann man ganz verschieden senden: der Empfänger kann sich vollwertig oder herabsetzend behandelt fühlen.

Frage:
Sind mir meine eigenen Appelle an die anderen klar?

Da alle vier Seiten immer gleichzeitig im Spiele sind, muss der „kommunikationsfähige Sender" sie sozusagen alle beherrschen. Einseitige Beherrschung stiftet Kommunikationsstörungen. So nützt es z. B. wenig, sachlich Recht zu haben, wenn man gleichzeitig auf der Beziehungsseite Unheil stiftet.

Die vier Seiten der Nachricht – 2

Die Sicht des Gegenübers

Betrachtet man die vier Seiten der Nachricht aus der Sicht des Gegenübers, so ist, je nachdem auf welcher Seite er/sie hört, seine/ihre Empfangstätigkeit eine andere:

- ▲ Er/Sie versucht, den Sachinhalt zu verstehen.
- ▲ Sobald er/sie die Nachricht auf die Selbstoffenbarungsseite hin abklopft, ist er/sie personaldiagnostisch tätig: „Was ist das für einer?“
- ▲ Durch die Beziehungsseite ist die Empfängerin bzw. der Empfänger persönlich betroffen: „Wie steht der Sender zu mir?“
- ▲ Die Auswertung der Appell-Seite schließlich geschieht unter der Fragestellung: „Wo will er/sie mich hinhaben?”

Was zwischenmenschliche Kommunikation so kompliziert macht, ist: Der Empfänger hat prinzipiell die freie Auswahl, auf welche Seite der Nachricht er reagieren will.

Auch Schülerinnen und Schüler haben diese Wahl, „nur“ auf eine Seite der Nachricht zu hören. Wird im Unterricht nur und ausschließlich über Inhalte gesprochen, so wird man der Komplexität menschlicher Kommunikation nicht gerecht.

Vgl. Friedemann Schultz von Thun: Miteinander reden: Störungen und Klärungen. Psychologie der zwischenmenschlichen Kommunikation. Reinbek 1981.
Ders.: Miteinander reden 2. Stile, Werte und Persönlichkeitsentwicklung. Reinbek 1989.
Ders.: Miteinander reden 3. Das „innere Team“ und situationsgerechte Kommunikation. Reinbek 1998.

Ein Beispiel

Eine Schülerin fragt: „Was heißt Axiom?“ Die Lehrerin antwortet: „Mein Gott, wenn du das nicht weißt, bist du hier fehl am Platze!“
Nehmen wir an, die Schülerin habe eine reine Informationsfrage stellen wollen (der Begriff ist ihr unbekannt). Die Antwort der Lehrerin war jedoch auf den Beziehungsteil der Nachricht gerichtet.
Komplizierter wäre es gewesen, wenn die Lehrerin – innerlich wütend und verletzt, da die betreffende Schülerin schon öfter scheinbar unpassende Fragen stellte, aber dennoch bemüht, sachlich zu bleiben – knapp geantwortet hätte: „Das heißt Grundannahme“. Weder für die Schülerin noch für die Lehrerin, noch für einen Außenstehenden wäre offenkundig, dass sich hier ein Missverständnis ereignet hat.

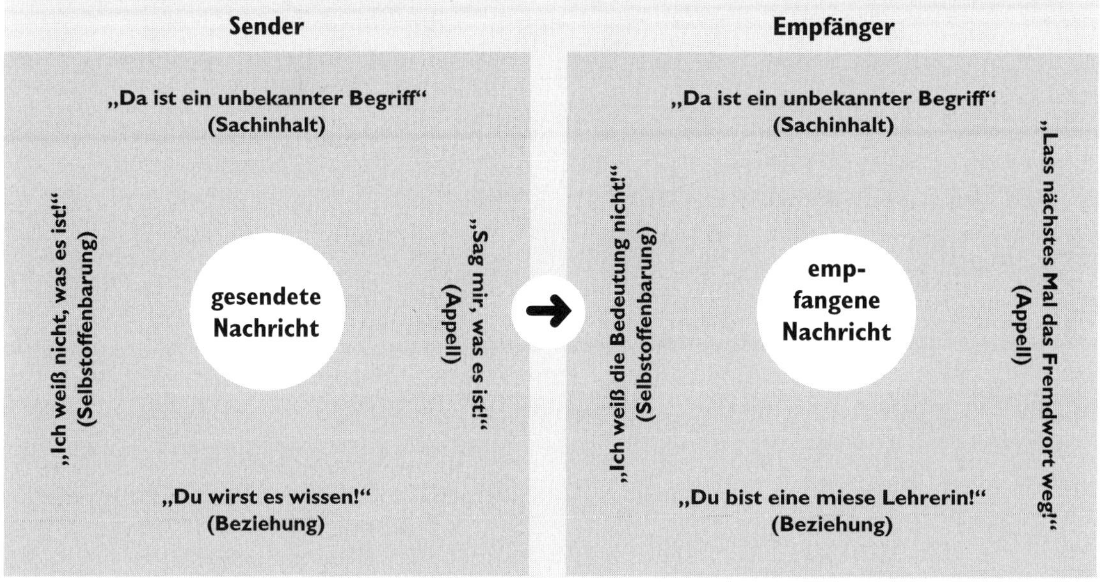

Aufmerksamkeit und Desinteresse

Nonverbale Signale wahrnehmen

Signale, die Aufmerksamkeit anzeigen

- ▲ Den Körper zuwenden
- ▲ Kopfnicken
- ▲ Blickkontakt
- ▲ Freundliches Lächeln
- ▲ Äußerungen, wie „ja“ und „hm“
- ▲ Wiedergabe einer Aussage mit eigenen Worten
- ▲ Verbalisierung emotionaler Anteile einer Aussage

Signale, die Desinteresse und Nichtverstehen anzeigen

- ▲ Blick abwenden
- ▲ Sich zurückziehen
- ▲ Arme verschränken, sich zurücklehnen
- ▲ Andere ausfragen
- ▲ Mit anderen tuscheln
- ▲ Permanentes Aufs-Klo-Gehen
- ▲ Längeres oder sich wiederholendes Zum-Fenster-Hinausschauen
- ▲ Wiederholtes Zuspätkommen

Was Teilnehmerinnen und Teilnehmer bei Seminarleiterinnen und Seminarleitern als störend empfinden

- ▲ Schaut dauernd auf die Uhr
- ▲ Wirkt unter Zeitdruck
- ▲ Wirkt abgelenkt / blättert in Papieren
- ▲ Vermeidet Blickkontakt
- ▲ Ablehnender Gesichtsausdruck/Körperhaltung
- ▲ Weiß auf jede Frage eine Antwort
- ▲ Beantwortet alle Fragen gleich selbst
- ▲ Themen werden ohne Erklärung gewechselt
- ▲ Stellt Fragen, ohne Begründungen mitzuliefern
- ▲ Redet selbst am meisten
- ▲ Wertet, moralisiert, interpretiert

Kriterien der Beobachtung

Haltung:
momentane Körperhaltung sowie Bewegungen, die diese verändern (z. B. Verlagerung des Körpergewichts, Wippen auf den Zehenspitzen).

Mimik:
Erscheinungen, die im Gesicht eines Menschen beobachtbar sind (z. B. Zusammenziehen der Augenbrauen, erröten).

Gestik:
Gebärden der Arme, die „Sprache der Hände“ (z. B. Verschränken der Arme vor der Brust, Spielen mit einem Bleistift).

Abstand:
Distanz, die zu Personen und Gegenständen eingenommen und verändert wird (z. B. plötzliches Zurückweichen).

Tonfall:
Sprachmelodie, Sprechpausen, Lautstärke, Sprachrhythmus (z. B. stöhnen, seufzen).

Vgl. Vera F. Birkenbühl: Signale des Körpers. Körpersprache verstehen. 10. Auflage, München/Landsberg 1995, S. 44 ff.

Vorsicht beim Sprachgebrauch – I

Der Sprachgebrauch sollte von einem sensiblen Umgang mit Bezeichnungen und Begriffen gekennzeichnet sein.

Insbesondere sollte auf vier Phänome besonders geachtet werden:

1. Vermeidung sexistischer Wendungen;
2. Vermeidung einer gewaltförmigen Ausdrucksweise;
3. unkritische Übernahme von Begriffen und Definitionen;
4. Vermeidung von „Killerphrasen".

1. Vermeidung sexistischer Wendungen

Die Sensibilität für die sprachliche Behandlung von Frauen und Männern ist in den letzten Jahren erheblich gestiegen. Bei der Lehrerfortbildung und im Unterricht sollten entweder geschlechtsneutrale Formulierungen oder Formulierungen verwendet werden, die Frauen und Männer gleich ansprechen und behandeln.

Zu beachten ist z. B., dass

- ▲ bei Personenbezeichnungen beide Gruppen angesprochen werden: Teilnehmerinnen und Teilnehmer,
- ▲ diskriminierende und ausschließende Wörter vermieden werden: z. B. Fräulein,
- ▲ bei Titel und Berufsbezeichnungen nicht nur die männlichen Formen verwendet werden: Doktor, Professor, Techniker ...,
- ▲ bei Pronomen wie „man", „jemand" usw. nicht nur die männliche Seite benannt wird.

2. Vermeidung gewaltförmiger Ausdrucksweisen

Immer noch werden auch im schulischen Bereich militärische Begriffe verwendet, die in einer demokratischen, zivilen Gesellschaft nichts mehr zu suchen haben. All diese Begriffe lassen sich auch anders, positiver ausdrücken, und zudem wird durch eine andere Ausdrucksweise den Schülerinnen und Schülern gegenüber eine Wertschätzung vermittelt. Die Lehrerin bzw. der Lehrer sollte sich also beobachten, welchen Wortschatz sie bzw. er unbewusst benützt und nach entsprechenden Korrekturen suchen.

Begriffe wie Frontalangriff, Preiskampf, Schnellschuss, Untergebener, Verteidigungsstellung, Vorstoß, Werbefeldzug, Zielgruppe, ein schweres Geschütz auffahren, gut gerüstet sein, gezielt zurückschlagen, bombardieren, todsicher, in den Clinch gehen, gut geschlagen haben usw. sollten nicht verwendet werden.

3. Vermeidung unkritischer Übernahme von Begriffen und Definitionen

Im Alltagssprachgebrauch ebenso wie im politischen Sprachgebrauch haben sich eine Reihe von Begriffen eingebürgert, die eher Stimmungen vermitteln als genau beschreiben. Diese Begriffe sollten untersucht und vermieden bzw. korrekt benannt werden.

So ist es z. B. üblich, aber unkorrekt bzw. diskriminierend, wenn Asylbewerber als Asylanten oder Sinti und Roma als Zigeuner bezeichnet werden.

Vorsicht bei Begriffen wie z. B.:

„Humane Waffen"
„Rest-Risiken"
„Kollateralschaden"
„Entsorgung"
„Sondermüll"
„Sondertechnik"
„Finaler Rettungsschuss"
„Harmonisierung von Gesetzen"
„Freisetzung"
„Altlast"

Alles Rosa

Auf die Frage der Europaliste an die Frankfurter Stadtregierung, „Welche sozialen Brennpunkte" dem Magistrat in Frankfurt bekannt seien, antwortet dieser, dass es zwar „Wohngebiete mit verdichteten sozialen Problemlagen" gebe, aber soziale Brennpunkte seien in Frankfurt nicht bekannt. Die Frankfurter Rundschau meinte hierzu: Soziale Brennpunkte? „Oh, la la, denkt sich da die Verwaltung. Tststs. So ein schmutziges Wort. so was benutzen wir doch gar nicht in unserem schönen Frankfurt. (...) Interessant, das. In der Marketingsprache heißt so was wohl „no, no": Was nicht sein darf ..."

Vgl. Frankfurter Rundschau, 12. 12. 2002.

Vorsicht beim Sprachgebrauch – 2

4. Vermeidung von Killerphrasen

Killerphrasen verhindern einen Austausch und ein echtes Gespräch, indem sie die andere bzw. den anderen abblocken. Solche Killerphrasen sind z. B.:

Das geht hier nicht.

Dafür ist die Zeit zu knapp.

Das kann ich jetzt nicht erklären.

Dafür ist die Gruppe zu neu.

Das haben wir schon oft versucht.

Davor müssen wir aber noch erledigen ...

Was soll da schwierig sein?

Das war noch nie so.

Das können wir den anderen nicht zumuten.

Das ist doch gar nicht erlaubt.

Das macht zu viel Arbeit

Das kann ich mit meinen Schülerinnen und Schülern nicht machen.

Das ist gegen die Schulordnung.

Killerphrasen und sprachliche Entgleisungen sind oft Hilferufe in Situationen, die als unübersichtlich oder überfordernd empfunden werden.
Die Sprache und Ausdrucksweise muss der inneren Einstellung entsprechen. Nur dann kommt sie auch so an, wie sie gemeint ist.

Nur Entgleisungen?

Setz dich!

Dreh dich um!

Lass das sein!

Hör auf!

Ruhe!

Pass besser auf!

Die nächste Arbeit kommt bestimmt!

Ich werfe dich gleich raus!

Es ist immer dasselbe!

Deine Meinung ist nicht gefragt!

„Asylant" – ein Schimpfwort

Der Begriff „Asylant" wird zwar in der öffentlichen Diskussion laufend verwendet, ist jedoch nicht nur diskriminierend, sondern auch unpräzise, da er nicht genügend zwischen Asylbewerbern, Asylberechtigten und anderen Flüchtlingsgruppen unterscheidet. Laut Duden bezeichnet der Begriff **Asylant** den Asylbewerber. Der Begriff **Flüchtling** stellt eine moralische und soziale Aufgabe und Herausforderung dar. Der Begriff **Asylant** (häufig verbunden mit „Schwemme") suggeriert eine unzumutbare, nicht mehr zu verkraftende Belastung.
Entstanden ist der Begriff **Asylant** anstelle von **Flüchtling** und **Verfolgter** vermutlich 1973 im Dienstgebrauch der Ausländerbehörden und wurde seit Ende der 70er-Jahre zunehmend von der Presse aufgegriffen, bis er sich in allen gesellschaftlichen Bereichen, vor allem aber in der Politik durchsetzte. Das neue Wort rief von Anfang an negative Assoziationen und Bilder hervor: Asylantenströme, Asylantenfluten, Asylantenschwemme usw.

Vgl. Jürgen Link: Asylanten – ein Schimpfwort. In: Heiko Kauffmann (Hrsg.): Kein Asyl bei den Deutschen. Reinbek 1986, S. 55–59.

Literaturhinweise

Charvet, Shelle: Wort sei Dank. Von der Anwendung und Wirkung effektiver Sprachmuster. Paderborn 1998.

Evang. Oberkirchenrat / Die Frauenbeauftragte (Red.): Für eine Sprache, die Frauen anspricht – Empfehlungen. Stuttgart 1996.

Müller, Sigrid / Claudia Fuchs: Handbuch zur nichtsexistischen Sprachverwendung in öffentlichen Texten. Frankfurt/M. 1993.

Oppermann, Kathrin / Erika Weber: Frauensprache, Männersprache. Die verschiedenen Kommunikationsstile von Männern und Frauen. München/Landsberg 1997.

Pusch, Luise F.: Das Deutsche als Männersprache. Aufsätze und Glossen zur feministischen Linguistik. Frankfurt/M. 1996.

Schmidt, Antje: Kommunikationsverhalten und Geschlecht. Rollenuntypische Gesprächsstile von Studentinnen. Opladen 1998.

Schramm, Hilde: Frauensprache – Männersprache. Ein Arbeitsbuch zur geschlechtsspezifischen Sprachverwendung. Frankfurt/M. 1998.

Tröml-Plötz, Senta: Frauensprache. Sprache der Veränderung. Frankfurt/M. 2000.

Das Geschlechterverhältnis berücksichtigen – I

Männer und Frauen gleichmäßig beachten und einbeziehen

Schülerinnen und Schüler sind keine geschlechtsneutralen Wesen. Das Wissen über und die Beachtung von unterschiedlichen Weltsichten, Verarbeitungsweisen und Verantwortlichkeiten von Männern und Frauen ist für den politischen Unterricht von großer Bedeutung.
Deshalb ist eine aufmerksame und bewusste Haltung gegenüber ihren jeweiligen spezifischen Beiträgen, Eigenarten und Interessen von Frauen und Männern angezeigt.

Schülerinnen und Schüler können dabei lernen, die ihnen gesellschaftlich zugewiesenen Muster und Rollen bewusst wahrzunehmen, diese zu reflektieren und gegebenenfalls zu verändern.

Bildungsarbeit kann hierzu einen Beitrag leisten, wenn bestehende Rollen und Verhaltensmuster und die mit ihnen verbundenen Probleme für Männer und Frauen in die Fortbildung bzw. den Unterricht einbezogen und sichtbar (gemacht) werden, sodass eine bewusste Auseinandersetzung und Bearbeitung möglich wird.

Die Teilnehmerin bzw. der Teilnehmer sollte sich dabei zunächst auch über die eigenen Sichtweisen klar werden. Dies kann nur geschehen, wenn man sich auch die Relativität des eigenen Wertesystems vergegenwärtigt.

Gibt es zwischen Männern und Frauen Unterschiede im Sozialcharakter?

Im gesamten Bereich des Denkens, Handelns und Fühlens sind Unterschiede zwischen den Geschlechtern festzustellen. Untersuchungen weisen darauf hin,

- ▲ dass weibliche Formen des Denkens und der Erkenntnis eher auf sinnlicher Erfahrung beruhen und weniger auf abstrakten Gedankengebäuden. Frauen lassen es eher zu, dass Denken und Gefühl gleichzeitig stattfinden können und dass auch (scheinbare) Gegensätze nebeneinander existieren; damit sind sie ganzheitlicher in ihrem Denken und in ihrer Weltsicht.
- ▲ Im Bereich der sozialen Beziehungen agieren Männer anders als Frauen: Männer erleben soziale Beziehungen zu andern eher als ein Verhältnis von Konkurrenz bis Feindschaft, so lange, bis die Frage von Dominanz oder Unterordnung geklärt ist. Frauen sind eher darin trainiert auszugleichen.
- ▲ In der Moralentwicklung sind gravierende Unterschiede festzustellen: Untersuchungen über weibliche Moralvorstellungen haben gezeigt, dass Frauen in konflikthaften Situationen ihre Entscheidung eher aufgrund von Empathie und Mitgefühl sowie mit Rücksicht auf Verantwortung und Bindungen innerhalb eines Beziehungsgeflechts treffen. Männer entscheiden dagegen eher nach einer Moral des formalen Rechts und orientieren sich an hierarchischen Ordnungen.

Geschlechtsspezifische Stereotypen

In Medien, Politik und Gesellschaft werden die Männer- und Frauenrollen in weiten Bereichen von Stereotypen geprägt. Männer gelten als diejenigen, die Schlachtpläne entwerfen, das Vaterland verteidigen, die über (militärische und wirtschaftliche) Macht verfügen und auch die Ausdrucksformen in der Sprache dominieren. Sie gelten als Täter, die Gewalt anwenden und Kriege anzetteln. Frauen hingegen sorgen für das Wohlergehen zu Hause und sind für die Kinder zuständig. Sie sind es, die Konflikte schlichten, Streitereien ausgleichen und auf Harmonie und Fürsorge bedacht sind. Und: Sie gelten als Opfer, die unter Gewalt und Krieg leiden.

Die friedfertige Frau: Nur ein Mythos?

Bei allen körperlichen Formen aggressiven Verhaltens sind Männer eindeutig als Täter erheblich öfter beteiligt, während Frauen bei Gewaltakten tatsächlich in der Opferrolle sind. Doch dies ist noch kein Beleg dafür, dass Männer tatsächlich aggressiver sind. Denn ebenso gut wäre es möglich, dass Frauen nur andere, subtilere Formen der Gewalt anwenden oder ihre Aggressionshandlungen weniger nach außen als vielmehr gegen sich selbst richten. Trotz dieses Einwandes ist heute in der Psychologie nicht die These strittig, dass es Geschlechtsunterschiede im aggressiven Verhalten gibt, sondern die Frage, wodurch diese zu Stande kommen. Verschiedene Autorinnen und Autoren nehmen biologisch festgelegte Unterschiede an, da Männer in allen Kulturen aggressiver seien als Frauen. Andere bringen diese Unterschiede zu Recht in Verbindung mit geschlechtsrollenspezifischen Erwartungen und Sozialisationseinflüssen. Von Jungen werden aggressive Handlungen erwartet und belohnt, während zum Rollenverständnis der Mädchen eher Hilfsbereitschaft und Sanftmut gehören. Dabei muss auch gesehen werden, dass traditionelle Frauenrollen die Möglichkeit bieten andere für sich kämpfen zu lassen.

Das Geschlechterverhältnis berücksichtigen – 2

Die „Mittäterschaft“ der Frauen

Männer sind in Wirtschaft und Politik die eigentlichen Entscheidungsträger und haben die Entwicklungen im technischen, wirtschaftlichen, militärischen und ökologischen Bereich wesentlich zu verantworten. Doch sind Frauen deshalb nur die Marionetten in einem von Männern inszenierten Theater der Zerstörung, oder haben auch sie Anteil daran?

Eine Reihe von Untersuchungen über die Rolle der Frauen bei der Inszenierung von Gewalt kommt zu dem Ergebnis, dass diese zwar nicht die eigentlichen „Täter“ sind, aber durchaus eine Mittäterinnenschaft zu verantworten haben. Diese These stößt in verschiedenen Kreisen der Frauenbewegung auf heftige Ablehnung, wird jedoch von Seiten der feministischen Friedensforschung als wichtige Sichtweise so akzeptiert und formuliert.

Ausgangspunkt dieser Betrachtungsweise ist die Feststellung, dass Frauen in dieser Gesellschaft (und überhaupt im Patriarchat) kein ab- (oder aus-)gegrenztes Eigenleben führen (können), sondern ihre Verquickung mit den Männerinteressen eben diese Mittäterinnenschaft herstellt. Dies geschieht, indem Frauen ergänzende und stützende Funktionen übernehmen oder aber auch sich die „männlichen Errungenschaften“ aneignen anstelle die Politik der Männer zu bekämpfen und zu verhindern. Hierzu gehört die geschlechtliche Arbeitsteilung ebenso wie der freiwillige (oder erzwungene) Gehorsam gegenüber Männern.

Die Kategorie Mittäterinnenschaft dient nicht der Schuldzuschreibung, sondern soll dazu beitragen, Verantwortlichkeiten zu klären.

Literaturhinweise

Batscheider, Tordis: Friedensforschung und Geschlechterverhältnis. Zur Begründung feministischer Fragestellungen in der kritischen Friedensforschung. Marburg 1993.

Dehne, Brigitte: Geschichte – für Mädchen und Jungen. In: Gerold Niemetz (Hrsg.) Vernachlässigte Fragen der Geschichtsdidaktik. Hannover 1992, S. 84 ff.

Cordes, Mechthild / Elke Begander: Berufsbezogene Weiterbildung: Gleichstellungsarbeit für Frauen. Die Frauenfrage. Tübingen 1993.

Oppermann, Kathrin / Erika Weber: Frauensprache, Männersprache. Die verschiedenen Kommunikationsstile von Männern und Frauen. München/Landsberg 1997.

Beobachten Sie ...

Beobachten Sie, welche Rollen und Aufgaben in Fortbildungsveranstaltungen und der Schule von Männern (Jungen), welche von Frauen (Mädchen) wahrgenommen werden.

Stellen Sie fest ...

Stellen Sie fest, in welchen Positionen Frauen an ihrer Schule vertreten sind ...

- ▲ Wie viele Vollzeitstellen (Teilzeitstellen) sind von Frauen, wie viele von Männern besetzt?
- ▲ Wie viele Frauen sind in leitenden Funktionen an der Schule (Schulleitung, stellvertretende Schulleitung, Fachbereichsleitung etc.) tätig?
- ▲ Wie viele Frauen sind bislang befördert worden (Studienrätin, Oberstudienrätin, Studiendirektorin etc.)?
- ▲ Wie viele Frauen sind verbeamtet, wieviele sind angestellt?
- ▲ Gibt es einen Hausmeister oder eine Hausmeisterin?
- ▲ Sind es Männer oder Frauen, die in der Schule putzen?

Überprüfen Sie ...

Überprüfen Sie, ob folgende Beobachtung auch auf Ihre Klassen zutrifft:

„Unsere Beobachtungen und Analysen von Unterricht in großstädtischen, mittelstädtischen und ländlichen Gebieten Hessens, in Grundschulen, Hauptschulen, Realschulen, Gymnasien und Einrichtungen der Erwachsenenbildung zeigen, dass das Klassenzimmer für Mädchen und Jungen nicht denselben Erfahrungsraum beinhaltet, dass Jungen und Mädchen nicht in der gleichen Weise unterrichtet werden und dass ihre kommunikativen Kompetenzen nicht in der gleichen Weise bewertet werden und in die Kommunikationsnormen des Klassenzimmers eingehen.“

Claudia Fuchs: Interaktionen im Unterricht. In: Diskussion Deutsch, Heft 105, Februar 1989, S. 92.

Stichworte zum Thema „Gruppe“

Handlungsorientierter Politikunterricht findet beinahe ausschließlich in (Klein-) Gruppen statt. Die Klasse als Plenum ist als Großgruppe zu werten. Schulklassen zeigen von der psychosozialen Seite her gesehen die gleichen Merkmale und Entwicklungen wie andere Gruppen auch.

Einige Ergebnisse der Gruppenforschung

- Kleingruppen sind Gruppen bis zu einer Größe von ca. 12–14 Teilnehmerinnen und Teilnehmern. Werden Gruppen größer, so zerfallen sie in Untergruppen. Je größer eine Gruppe, desto instabiler und unbeweglicher ist sie.
- In Kleingruppen geht es vor allem um zwei Konfliktbereiche: Um Orientierung gegenüber der Autorität (Umgang mit und Verteilung von Macht und Einfluss) und um Orientierung der Mitglieder untereinander (Intimität, Nähe und Distanz).
- In Großgruppen dominiert der Konfliktbereich der Rivalität von Teilgruppen und Einzelnen um Einfluss und Macht.
- Gruppen bedürfen einer äußeren klaren Struktur (Raum, Zeit, Größe, Dauer, Ziel, Aufgabe ...).
- Gruppen entwickeln (oft unbewusst) Standards für das Verhalten, die für alle Gültigkeit haben.
- In Gruppen (die längere Zeit bestehen) besteht eine Tendenz zur Kleinhaltung der Unterschiede in Denken und Handeln.
- Erwartungen der Gruppe(nteilnehmerinnen und -teilnehmer) beeinflussen stark das Verhalten, die Leistung und das De-facto-Können der Einzelnen in der Gruppe. Dies führt oft zu Spannungen zwischen dem Anliegen der Einzelnen und dem Erwartungsdruck der Gruppe.
- Sympathie, Kontakt und Aktivität hängen in einer Gruppe voneinander ab.
- Die grundlegenden Bedürfnisse der Teilnehmerinnen und Teilnehmer in Gruppen sind: Zugehörigkeit, Einflussnahme und Wertschätzung.
- Da diese Bedürfnisse in Großgruppen (also auch in Schulklassen) nur unzureichend befriedigt werden können, tendieren Großgruppen zur Bildung von überschaubareren Untergruppen.
- Des Weiteren ist in Großgruppen häufig eine Tendenz zur Paarbildung (Pairing) zu beobachten. Zwei (manchmal auch drei) Gruppenmitglieder schließen sich zusammen, um sich gemeinsam gegenüber anderen sowie gegen die Lehrerin / den Lehrer besser durchsetzen zu können. Solche „Paare“ denken und fühlen gemeinsam.
- Das Gefühl der Geborgenheit in einer Gruppe fördert die Tendenzen der Mitglieder, sich miteinander zu identifizieren und ein „Wir-Gefühl“ zu entwickeln.
- Mitglieder in Gruppen mit einem starken Zusammengehörigkeitsgefühl (Kohäsion) sind zufriedener als solche in Gruppen mit einem schwachen.
- Gruppen entwickeln eine Rangordnung. Diese gefährdet nicht den Zusammenhalt der Gruppe, sondern legt den sozialen Status der Einzelnen in der Gruppe fest. Rangdifferenzierungen können nach Leistung oder nach Beliebtheit geschehen.
- Gruppen differenzieren des Weiteren Rollen aus, die die einzelnen Teilnehmerinnen und Teilnehmer übernehmen. Hierzu gehören auch gruppeneigene Führungsrollen, die mit der formellen Gruppenleitung (Lehrerin/Lehrer) rivalisieren.
- Untergruppen innerhalb einer Großgruppe differenzieren eigene Rangordnungen und Rollen aus, die mit denen der Großgruppe in Konkurrenz stehen können.
- Außenseiterinnen bzw. Außenseiter und abweichende Meinungen sind für Gruppen wichtig.
- Gruppen durchlaufen bestimmte Entwicklungsphasen. (Vgl. hierzu die folgenden Seiten.)

Was bei Arbeitsgruppen zu beachten ist

Problematisch sind ...

- zu große (über 10 Teilnehmerinnen und Teilnehmer) oder zu kleine Arbeitsgruppen (nur 3 oder 4 Teilnehmerinnen und Teilnehmer).
- Unklarheiten über die äußeren Bedingungen (z. B. wechselnde Gruppenräume, laufend wechselnde Zusammensetzung).
- Unklarheiten über die inneren Bedingungen (z. B. unklare Arbeitsaufgaben, unklare Ziele).
- Bedingungen, unter denen die Teilnehmerinnen und Teilnehmer kein Vertrauen und kein Wohlbefinden entwickeln können.

Die psychosoziale Ebene

Gruppenentwicklung und Programmablauf

Alle Gruppen, auch Arbeitsgruppen, entwickeln sich in bestimmten Phasen. Der Phasenablauf erfolgt dabei nicht linear, sondern die Gruppe kommt immer wieder auch auf frühere Phasen zurück, besonders wenn Einschnitte im Programmablauf vorhanden sind (z. B. ein neuer Tag). Die Phasen können dabei unterschiedlich lange dauern (von Stunden bis zu Tagen oder Monaten).

Klärung für die Leitung

- ▲ Entspricht das geplante Programm dem Wissen um die phasenspezifischen Verläufe von Arbeitsgruppen?
- ▲ Welches sind die phasenspezifischen Bedürfnisse und Wünsche der Teilnehmerinnen und Teilnehmer?
- ▲ Welche Themen sind der jeweiligen Phase angemessen?
- ▲ Welche typischen Schwierigkeiten tauchen in den einzelnen Phasen auf?

Sachebene und/oder psychosoziale Ebene

Neben der Sachebene muss in einem Seminar auch die psychosoziale Ebene Berücksichtigung finden.
Die Sachebene ist i. d. R. die vordergründig sichtbare Ebene des Geschehens:

- ▲ Diskussion von Themen;
- ▲ Arbeit an Texten;
- ▲ Vermittlung von Informationen;

Die psychosoziale Ebene bestimmt jedoch häufig das eigentliche Geschehen in der Gruppe. Es geht dabei um das Lernen von sozialer Kompetenz:

- ▲ Wahrnehmen von Wünschen und Ängsten;
- ▲ Ausdruck von Sympathie und Antipathie;
- ▲ Anbahnung von Vertrauen;
- ▲ Umgang mit Tabus.

Aufgabe der Gruppenleitung ist es, beide Bereiche in einer Balance zu halten.

In vielen Fortbildungsveranstaltungen dominiert häufig die psychosoziale Ebene, ohne dass dies von den Moderatorinnen und Moderatoren so geplant oder gewollt ist. Sie müssen deshalb diese Ebene im Auge behalten und in den Seminarablauf Elemente aufnehmen, die Begegnungen und Erfahrungen jenseits der Sachauseinandersetzung zulassen.

Die Gruppe – ein Eisberg

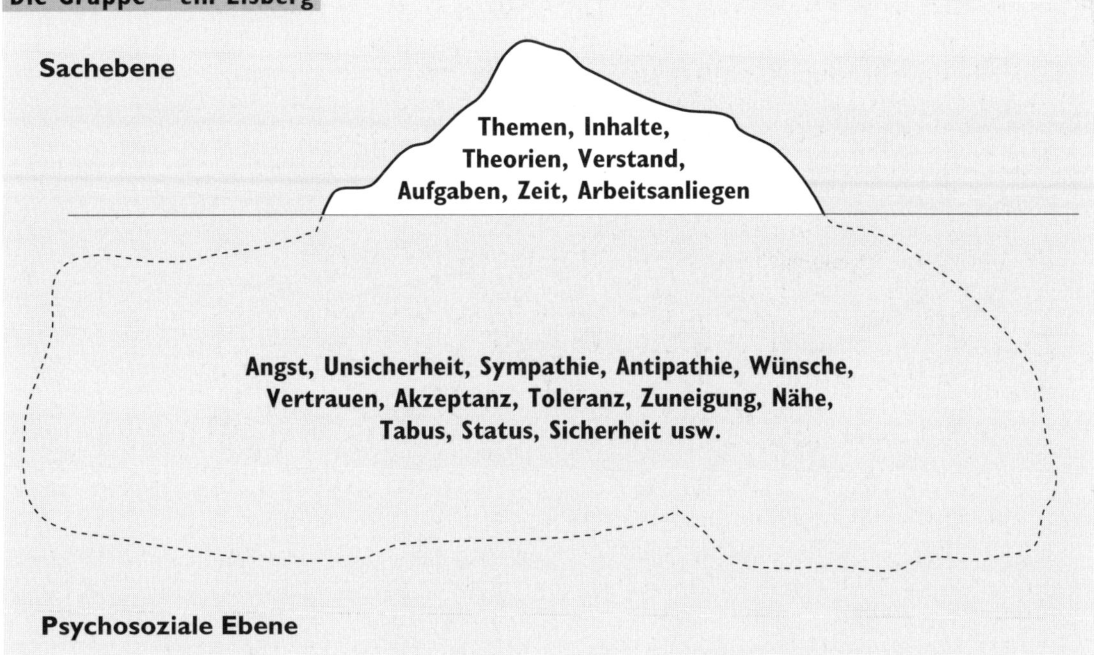

Nach: B. Langmaack / M. Braune-Krickau: Wie die Gruppe laufen lernt. München 1989, S. 67.

Gruppenphasen

Idealtypisch lassen sich als Gruppenphasen unterscheiden:

1. Ankommen, auftauen, sich orientieren

- ▲ Suche nach Billigung und Annahme.
- ▲ Schaffung eines Sicherheitsgefühls.
- ▲ Suche nach Ordnung und Struktur.
- ▲ Hohe Erwartungen an die Leitungsfunktion.

2. „Gärung und Klärung“

- ▲ Herausbildung einer sozialen Rangordnung.
- ▲ Macht- und Positionskämpfe zwischen Gruppenmitgliedern und Untergruppen.
- ▲ Anfragen an und Angriffe auf die Leitungsfunktion.
- ▲ Zunahme kritischer Fragen.
- ▲ Versuche, die Gruppe zu strukturieren.

3. „Arbeitslust und Produktivität“

- ▲ Erkennen der Gemeinsamkeiten.
- ▲ Anerkennung von Unterschieden als für die Gruppe nützlich.
- ▲ Eigenverantwortliches Arbeiten.
- ▲ Klima des gegenseitigen „Gebens“ und „Nehmens“.
- ▲ Die Leiterin bzw. der Leiter kann sich stark zurücknehmen.
- ▲ Fantasie, dass die Gruppe unbegrenzt weitergehe.

4. „Ausstieg und Transfer“

- ▲ Auflösung wird als unangenehm und schmerzlich erlebt.
- ▲ Zum Teil Leugnen des Seminar-Endes.
- ▲ Außeninteressen nehmen wieder zu.
- ▲ Rückschau und Auswertung.
- ▲ Die Leiterin bzw. der Leiter wird für die Strukturierung wieder wichtig.

Ziel muss es sein, mit der Gruppe in das Stadium der „Arbeitslust und Produktivität“ zu gelangen. Damit die Gruppe dahin kommt, muss sie sich über Ziele verständigen und ein Klima von Vertrauen und Akzeptanz entwickeln.

Typischer Gruppenverlauf innerhalb eines Unterrichtsprojektes

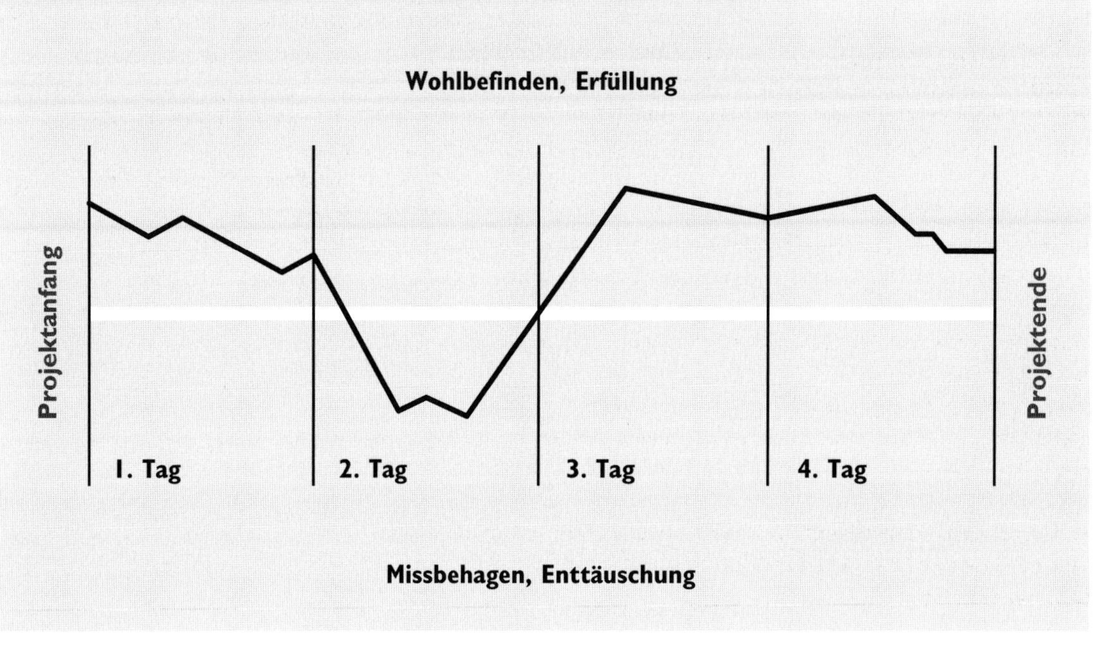

Vgl. B. Langmaack a. a. O.

Rollenfunktionen in der Gruppe – I

Was sind Rollen?

Rollen sind Verhaltenserwartungen (bzw. Verhaltensvorschriften), die von außen an die betreffenden Rollenträgerinnen und -träger herangetragen werden. Die Inhalte dieser Vorschriften werden nicht vom Einzelnen, sondern von Gruppen oder der gesamten Gesellschaft bestimmt.
Die in Rollen gebündelten Verhaltenserwartungen begegnen dem/der Einzelnen mit einer gewissen Verbindlichkeit des Anspruchs, sodass er/sie sich ihnen nicht ohne Schaden entziehen kann.

Rollenfunktionen in der Gruppe

In jeder Gruppe entwickeln sich bestimmte Rollenfunktionen, die den unausgesprochenen Zielen der Gruppe dienen, damit diese ihre Arbeit fortsetzen kann. Es lassen sich dabei deutlich eine Reihe von Rollen herauskristallisieren, die sich aus der Bemühung des Einzelnen ergeben, das jeweilige entstehende soziale System einer Gruppe weiterzuentwickeln. Rollen werden unterschieden in Rollen, die vorwiegend Aufgabenrollen sind, und solche, die vorwiegend Erhaltungs- und Aufbaurollen sind. Darüber hinaus gibt es auch störende Rollen, die gegen jede konstruktive Beteiligung an der Gruppenarbeit gerichtet sind.

Aufgabenrollen

▲ Initiative und Aktivität:
Lösungen vorschlagen, neue Ideen vorbringen.

▲ Informationssuche:
Frage nach genauerer Klärung von Vorschlägen, Forderung nach ergänzenden Informationen oder Tatsachen.

▲ Meinungserkundung:
Versuche, bestimmte Gefühlsäußerungen von Mitgliedern zu bekommen, die sich auf die Abklärung von Werten, Vorschlägen oder Ideen beziehen.

▲ Informationen geben:
Angebote von Tatsachen oder Generalisierungen.

▲ Meinungen geben:
Äußerung einer Meinung oder Überzeugung, einen oder mehrere Vorschläge betreffend.

▲ Ausarbeiten:
Abklären, Beispiele geben, versuchen sich vorzustellen, wie ein Vorschlag sich auswirkt, wenn er angenommen wird.

▲ Koordinieren:
Aufzeigen der Beziehungen zwischen verschiedenen Ideen oder Vorschlägen; Versuch, diese zusammenzubringen.

▲ Zusammenfassen:
Zusammenziehen verwandter Ideen und Vorschläge.

Erhaltungs- und Aufbaurollen

▲ Ermutigung:
Freundlichsein, Wärme, Antwortbereitschaft gegenüber anderen.

▲ Regeln bilden:
Formulierung von Regeln für die Gruppe, die für Inhalt, Verfahrensweisen oder Bewertungen gebraucht werden.

▲ Folge leisten:
Den Gruppenentscheidungen folgen.

▲ Ausdruck der Gruppengefühle:
Zusammenfassung, welches Gefühl innerhalb der Gruppe zu spüren ist.

▲ Auswerten:
Überprüfen der Gruppenentscheidungen.

▲ Vermitteln:
Harmonisieren, verschiedene Standpunkte miteinander versöhnen.

▲ Spannung vermindern:
Negative Gefühle durch einen Scherz ableiten, beruhigen.

Negative Rollen

▲ Aggressives Verhalten:
Arbeiten für den eigenen Status, indem andere kritisiert oder blamiert werden.

▲ Blockieren:
Durchkreuzen der Weiterentwicklung der Gruppen durch Ausweichen auf Randprobleme.

▲ Rivalisieren:
Die größte Rolle spielen, die Führung an sich reißen.

▲ Clownerie:
Jux veranstalten, Witzeln, Nachäffen.

▲ Beachtung suchen:
Versuche, die Beachtung auf sich zu ziehen.

▲ Sich zurückziehen:
Passives Verhalten, Tagträumen.

Vgl. Klaus Antons: Praxis der Gruppendynamik. Göttingen u. a. 1975, S. 226 ff.

Rollenfunktionen in der Gruppe – 2

Beobachten Sie ...

Beobachten Sie bei Ihrem nächsten Unterrichtsprojekt, welche Rollen und Aufgaben von Jungen, welche von Mädchen wahrgenommen werden:

- ▲ Wer übernimmt eher Aufgabenrollen?
- ▲ Wer übernimmt eher Erhaltungs- und Aufbaurollen?
- ▲ Wer übernimmt eher negative Rollen?

Verwenden Sie hierfür das von Klaus Antons entwickelte Raster der Rollenfunktion in der Gruppe.

Zwei Situationen, die viel über das Rollenverhältnis aussagen können:

- ▲ Wer redet als Erste/r in einer Gruppe?
- ▲ Wer übernimmt es, Arbeitsgruppenberichte vorzutragen?

Jede Person kann in verschiedenen Gruppen auch verschiedene Rollen und Positionen einnehmen.

Entscheidend für die Fähigkeit zu lernen ist die Flexibilität oder die Rigidität, mit der jemand eine Position einnimmt, wechselt oder beibehält. Optimales Lernen geschieht dann, wenn jemand positionsflexibel ist, wenn also jemand in der Lage ist, seine Position in der Gruppe seinen Bedürfnissen entsprechend zu ändern.

Vgl. A. Heigl-Evers / F. Heigl: Gruppenposition und Lernmotivation. In: A. Heigl-Evers: Gruppendynamik. Göttingen 1983, S. 37–48.

Gruppenpositionen – eine Übersicht

Gruppen bilden eine Rangordnung aus. Die wichtigsten Positionen in dieser Rangordnung sind:

Alpha

Führerin/Führer – Erhaltungs- und Aufbaurollen

- ▲ Gruppeneigene/r Führerin/Führer
- ▲ Gruppensprecherin/Gruppensprecher
- ▲ Initiatorin/Initiator (von Akitivitäten)
- ▲ Vertreterin/Vertreter von Gruppenwerten
- ▲ Jemand, der für Ausgleich und Entspannung sorgt

Beta

Fachfrau/Fachmann – Aufgabenrollen

- ▲ Sachverständige/Sachverständiger
- ▲ Ideenträgerin/Ideenträger
- ▲ Initiatorin/Initiator (eines Denkprozesses)
- ▲ Organisatorin/Organisator
- ▲ Realistin/Realist
- ▲ Kontrolleurin/Kontrolleur

Gamma

Mitglied, Mitläuferin/Mitläufer

- ▲ Stille Treue
- ▲ Humorvolle/r
- ▲ Mitläuferin/Mitläufer
- ▲ Helferin/Helfer

Omega

Prügelmädchen/Prügelknabe – Negative Rollen
Schwache Gegner

- ▲ Außenseiterin/Außenseiter
- ▲ Sündenziege/Sündenbock
- ▲ Gruppenclown
- ▲ Schweigerin/Schweiger

Gegenalpha

- ▲ Vertreterin/Vertreter der Gegenaktion

Das Zusammenleben regeln

Eines der ersten Themen nach dem Ankommen der Teilnehmerinnen und Teilnehmer und dem sich Bekanntmachen ist die gemeinsame Arbeitsorganisation. Es ist also die Frage, welche gemeinsamen Verabredungen während des Seminars gelten sollen, damit effektiv und in einem guten Klima gearbeitet werden kann. Eine Seminargruppe formulierte für sich folgende Verabredungen:

Verabredungen, die Eigenbestimmung fördern

Ich möchte ...

- ▲ mir Zeit für mich nehmen, Zeit zum Verdauen;
- ▲ selbst bestimmen, wann ich was aktiv tun will;
- ▲ mich konfrontieren lassen;
- ▲ meine persönlichen Interessen bekannt geben und verabreden, wann sie besprochen werden können;
- ▲ laut denken dürfen;
- ▲ die Freiheit haben, „dumme" Fragen stellen zu dürfen;
- ▲ mitsteuern, indem ich sage, was mir wichtig ist.

Verabredungen, die mögliche Störungen zum Inhalt haben

- ▲ Wenn ich abgelenkt bin, möchte ich es sagen.
- ▲ Ich möchte mich melden, wenn ich Einwände oder Vorbehalte habe, und zwar gleich.
- ▲ Ich möchte Konflikte aufgreifen und klären helfen.
- ▲ Ich möchte eigene Bedürfnisse anmelden.

Verabredungen, die sich um den Körper kümmern

Ich möchte ...

- ▲ mir Zeit nehmen, um Sport zu treiben und Schlaf nachzuholen;
- ▲ sagen, wenn ich eine Pause brauche;
- ▲ mal überlegen, wie es mir eigentlich geht.

Verabredungen, die sich auf Fragen beziehen

- ▲ Ich möchte Verständnisfragen einbringen.
- ▲ Ich möchte mich nicht ausfragen lassen.
- ▲ Der andere soll mir ehrlich sagen, was er wissen will.

Verabredungen untereinander

Ich möchte ...

- ▲ Meinungen anderer anhören und stehen lassen;
- ▲ mitsteuern;
- ▲ darauf achten, dass wir uns nicht verzetteln;
- ▲ ernst genommen werden und andere ernst nehmen;
- ▲ offenen Austausch, aber auch die Verantwortung dafür übernehmen, was ich sage.

Verabredungen mit Leiterinnen und Leitern

Die Leiterinnen und Leiter sollen ...

- ▲ helfen, Entscheidungsprozesse herbeizuführen;
- ▲ klare Zielformulierungen vorgeben und die Arbeitsschritte für den Themenablauf festlegen;
- ▲ helfen, aus dem Generellen das Individuelle herauszuarbeiten, Bedürfnisse abklären und die Vorgehensweise transparent machen;
- ▲ den Prozessablauf zur Diskussion stellen;
- ▲ Möglichkeiten zur Reflexion anbieten;
- ▲ dafür sorgen, dass niemand verletzt wird.

Die Verabredungen basieren auf den Grundannahmen und Regeln der Themenzentrierten Interaktion von Ruth Cohn.

Vgl. Barbara Langmaack: Themenzentrierte Interaktion. Einführende Texte rund ums Dreieck. Weinheim 1991, S. 105 ff.

Problemsituationen vorausdenken

Was tun, wenn eine Teilnehmerin oder ein Teilnehmer ...

- „kämpfen" möchte, Streit sucht?
- helfen möchte?
- nicht aufhört zu reden?
- sich nicht zu reden traut?
- kein Interesse zeigt?
- sich als Leiterin, als Leiter aufspielt?
- zeigen möche, wie schlau sie/er ist?
- dauernd den Raum verlässt?
- laufend das Thema wechselt?

...

Befürchtungen in Gruppen

Das Bedürfnis der Teilnehmerinnen und Teilnehmer nach spontanem Kontakt in Gruppen wird durch vielfältige Befürchtungen blockiert. Jede bzw. jeder möchte sicher gehen, ob sie bzw. er es „richtig" macht. Nicht jede Teilnehmerin und jeder Teilnehmer hat dieselben Befürchtungen. Nicht bei jeder bzw. jedem sind sie gleich stark ausgeprägt.

Befürchtungen, die oft – und vor allem in Anfangssituationen – in Gruppen vorhanden sind:

▲ Wie wichtig **darf** ich mich machen, damit man mich wahrnimmt?
Wie wichtig **muss** ich mich machen, um nicht als anspruchslos zu gelten?

▲ Wie dicht **darf** ich an die anderen herangehen, um meine Kontaktwünsche zu befriedigen?
Wie fern **muss** ich mich halten, um nicht bedrängend zu wirken?

▲ Wie offen **darf** ich widersprechen, um mich zu behaupten?
Wieviel **muss** ich widerspruchslos hinnehmen, um nicht aggressiv zu wirken?

▲ Wie viel **darf** ich von meinen persönlichen Schwächen zeigen, um die Last des Versteckspielens loszuwerden?
Wie viel **muss** ich von meinen persönlichen Schwächen verdecken, um mir unerträgliche Blamage zu ersparen?

▲ Wie dumm **darf** ich sein, um dringend erwünschte Informationen zu bekommen?
Wie klug **muss** ich sein, um nicht den Anschluss an das intellektuelle Niveau der Gruppe zu verlieren?

▲ Wie locker und spontan **darf** ich sein, um mich von innerer Spannung zu befreien?
Wie kontrolliert **muss** ich sein, um nicht zu impulsiv zu wirken?

▲ Wie viel **darf** ich von meinen Einstellungen verraten, damit die anderen mich „richtig" kennen lernen?
Wie viel **muss** ich von meinen Einstellungen zurückhalten, um nicht zu provozierend auf andere mit abweichenden Einstellungen zu wirken?

▲ Wie ungleichmäßig **darf** ich meine Zuwendung verteilen, um mein unterschiedliches Interesse an den einzelnen Gruppenmitgliedern ausdrücken zu können?
Wie gleichmäßig **muss** ich meine Zuwendung verteilen, um nicht solche Gruppenmitglieder zu enttäuschen, die sich von mir vernachlässigt fühlen könnten?

Vgl. H. E. Richter: Lernziel Solidarität. Reinbek 1974, S. 81f.

Literaturhinweise

Antons, Klaus: Praxis der Gruppendynamik. Übungen und Techniken. 8. durchgesehene und ergänzte Auflage, Göttingen u. a. 2000.

Bachmann, Claus Henning (Hrsg.): Kritik der Gruppendynamik. Grenzen und Möglichkeiten sozialen Lernens. Frankfurt/M. 1981.

Birkenbihl, Michael: „Train the Trainer". Arbeitshandbuch für Ausbilder und Dozenten. 17. Auflage, Landsberg 2002.

Brocher, Tobias: Gruppendynamik und Erwachsenenbildung. Braunschweig 1967.

Cohn, Ruth C.: Von der Psychoanalyse zur Themenzentrierten Interaktion. Von der Behandlung einzelner zu einer Pädagogik für alle. 11. Auflage, Stuttgart 1992.

König, Oliver: Macht in Gruppen. Gruppendynamische Prozesse und Interventionen. Stuttgart 2002.

Langmaack, Barbara / Michael Braune-Krickau: Wie die Gruppe laufen lernt. Anregungen zum Planen und Leiten von Gruppen. Weinheim und Basel 2001.

Langmaack, Barbara: Themenzentrierte Interaktion. Einführende Texte rund ums Dreieck. Weinheim und Basel 2001.

Löhmer, Cornelia / Rüdiger Standhardt: Themenzentrierte Interaktion. TZI. Die Kunst, sich selbst und die Gruppe zu leiten. Mannheim 1994.

Rechtien, Wolfgang: Angewandte Gruppendynamik. Ein Lehrbuch für Studierende und Praktiker. Weinheim 1999.

Standhard, Rüdiger / Cornelia Löhmer (Hrsg.): Zur Tat befreien. Gesellschaftspolitische Perspektiven der TZI-Gruppenarbeit. Mainz 1994.

Was Lernprozesse begünstigt – I

Im Dreischritt vorgehen

Beim Aufbau von Bildungsveranstaltungen empfiehlt es sich, drei Lernschritte zu unterscheiden:

Informations- und Wahrnehmungsphase:
Worum geht es? Was wissen wir? Wie ist die Informationslage?

Reflexions- und Analysephase:
Warum ist das so? Welche Prinzipien und Faktoren sind erkennbar?

Anwendungsphase:
Was folgt daraus? Welche Handlungskonsequenzen sind denkbar?

Ergebnisse der Lernpsychologie berücksichtigen

- ▲ Bildungsarbeit (Lernen) sollte aktiv sein und nicht nur auf passives Zuhören oder Zusehen ausgerichtet.
- ▲ Wichtige Themen (Inhalte) sollten wiederholt dargestellt und bearbeitet werden, nur dann prägen sie sich ein.
- ▲ Die Themen sollen in verschiedenen Variationen und unterschiedlichen Situationszusammenhängen dargestellt werden, dann lassen sich Erfahrungen auch auf andere Bereiche übertragen.
- ▲ Die Themenbereiche sollten so strukturiert dargeboten werden, dass die wesentlichen Merkmale erkennbar und zugänglich sind.
- ▲ Die Themenbearbeitung sollte sich von vereinfachten Zusammenhängen zu komplizierten Zusammenhängen bewegen.
- ▲ Es geht nicht um mechanisches Einprägen von Begriffen oder Zusammenhängen, sondern um das Verstehen von Grundprinzipien.
- ▲ Weniger Themenbereiche und/oder Aspekte intensiver zu bearbeiten ist sinnvoller als möglichst viele Themen nur „anzureißen".
- ▲ Die Seminarleitung sollte der Gruppe Rückmeldung über die Arbeit und die Arbeitsergebnisse geben.
- ▲ Die Teilnehmerinnen bzw. Teilnehmer und die Seminargruppe sollten sich möglichst konkrete Ziele setzen. Dabei sollte überprüft werden, ob diese Ziele auch die Ziele der Seminarleitung sind.

Mehrere Sinne ansprechen

Informationen (Inhalte), die nur über das gesprochene Wort vermittelt werden, werden kaum aufgenommen und wenig behalten. Wichtig ist, dass möglichst mehrere Sinne (neben dem Ohr das Auge, die Hand usw.) gleichzeitig angesprochen werden. Die Visualisierung von Informationen, das eigene Verändern und Gestalten fördern nicht nur die Lust an der Auseinandersetzung mit einem Thema, sondern führen auch schneller zu Lernerfolgen.

Lernerfolge ermöglichen

- ▲ Nur diejenigen werden sich „Lernanstrengungen" unterziehen, die das Thema interessiert und denen das Lernen Erfolg versprechend und nutzbringend erscheint.
- ▲ Das selbstständige Lösen von Aufgaben, das Bewältigen von gestellten Problemen oder auch einfach die Einsicht in bestimmte Zusammenhänge steigern erheblich die Motivation an einer weiteren Auseinandersetzung.
- ▲ Wer das Gefühl hat, dass ihm eine Veranstaltung nichts nützt („bringt"), der wird auch kaum Interesse und Beteiligung (und damit auch keine „Lernerfolge") zeigen.
- ▲ Lernen findet dann eher statt, wenn nicht nur die Seminarleitung, sondern auch die Bezugsgruppe der Teilnehmerinnen und Teilnehmer die jeweiligen Lernanstrengungen honoriert.

Aufnehmen und behalten

10 % beim Lesen
20 % beim Hören
30 % beim Sehen
40 % beim Hören und Sehen
60 % beim darüber Reden
80 % beim eigenen Entdecken und Formulieren
90 % beim eigenen Entdecken und Überwinden von Schwierigkeiten

Was Lernprozesse begünstigt – 2

Zeiten der Entspannung einplanen

Die Seminarleitung darf die Teilnehmerinnen und Teilnehmer nicht durch permanente lernintensive Arbeitsformen überfordern. Es müssen auch Zeiten der Entspannung angeboten und dem Kontaktbedürfnis Raum gegeben werden. Für die Informationsvermittlung, die Informationsverarbeitung und das Geselligkeitsbedürfnis sollten jeweils in etwa gleich viel Zeit zur Verfügung stehen.

Gefühle und Stimmungen einbeziehen

In jeder Gruppe laufen nicht nur Prozesse auf der Sachebene (kognitive Ebene), sondern auch auf der emotionalen Ebene ab: Teilnehmerinnen und Teilnehmer fühlen sich gehemmt, reagieren aggressiv, haben Angst, ärgern sich usw. Diese Gefühle und Stimmungen müssen bewusst in die Veranstaltung einbezogen werden, denn negative Gefühle und unangenehme Erfahrungen wirken demotivierend.

So sollte die Zeit aufgeteilt sein

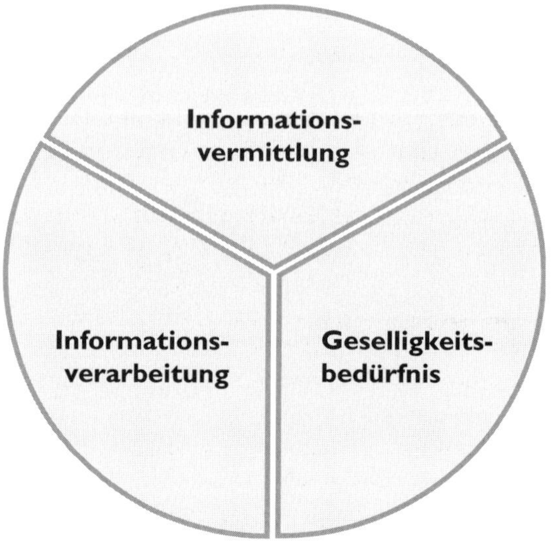

Merke

Die Ergebnisse des Lernens sind weniger wichtig als der Prozess, der zu weiteren Fragen führt.
Lernen, das auf Eigeninitiative beruht, die ganze Person des/der Lernenden mit einbezieht, das stark selbststbestimmt und wenig fremdkontrolliert ist, hat den am längsten anhaltenden Lernerfolg.
Am Ende eines Seminars sollen nicht alle dasselbe gelernt haben, sondern jede/r soll das gelernt haben, was ihr/ihm am besten weiterhilft.

Günstige Lernbedingungen schaffen

Die Bedingungen für soziales Lernen sind dann besonders günstig,

- ▲ wenn die/der Lernende sich sicher fühlt und den Menschen, mit denen sie/er zusammen ist, vertrauen kann;
- ▲ wenn er/sie neugierig und bereit ist, ein Risiko einzugehen;
- ▲ wenn sie/er neues Verhalten in einer entspannten Atmosphäre handelnd erproben kann;
- ▲ wenn sie/er alternative Möglichkeiten des Verhaltens bei anderen beobachten kann;
- ▲ wenn sie/er eigene Schwächen und Unvollkommenheiten akzeptiert und nicht krampfhaft perfekt werden will;
- ▲ wenn auch die anderen sie/ihn so akzeptieren, wie sie/er ist.

Als unvollkommene Person akzeptiert zu werden und Fehler machen zu dürfen sind ebenso wichtige Voraussetzungen für soziales Lernen wie Neugierde und die Bereitschaft, ungewohntes Verhalten spielerisch zu erproben.

Otto Marmet: Ich und du und so weiter: Kleine Einführung in die Sozialpsychologie. 2. Auflage, München/Weinheim 1988, S. 78.

Projekte und Unterrichtsreihen – I

Im Folgenden werden in knapper Form allgemeine Grundsätze der Projektplanung und -durchführung vorgestellt. Dabei bleiben die Ausführungen in verschiedenen Bereichen auf Stichworte beschränkt; sie sollen mehr eine Denkrichtung angeben und weniger eine direkte Übernahme des Ablaufes ermöglichen. Die thematische Ausdifferenzierung und Vertiefung muss anhand themenspezifischer Materialien erfolgen.

Die Schülerinnen und Schüler

- ▲ An wen wendet sich das Projekt?
- ▲ Welche Interessen und Bedürfnisse bringen die Schülerinnen und Schüler mit?
- ▲ Welche Gemeinsamkeiten, welche Unterschiede bestehen?
- ▲ Wie können die Schülerinnen und Schüler bereits in die Vorbereitung einbezogen werden?

Die Räumlichkeiten

- ▲ Soll das Projekt in Schulräumen oder außerhalb durchgeführt werden?
- ▲ Sind ausreichend viele und genügend große Räume vorhanden?
- ▲ Sind Exkursionen vorgesehen?
- ▲ Welche anderen Projekte finden parallel in angrenzenden Räumen statt?

Die thematische Vorbereitung

- ▲ Was soll vermittelt werden?
- ▲ Welche Erfahrungen sollen ermöglicht werden?
- ▲ Welche Möglichkeiten und Grenzen der Bearbeitung setzt das Thema?
- ▲ Welche Lernprozesse ermöglicht das Thema?
- ▲ Hat das Thema einen persönlichen Bezug zur realen Welt der Schülerinnen und Schüler?
- ▲ Spricht das Thema ein gemeinsames Interesse aller Schülerinnen und Schüler an?
- ▲ Welche Themen erlauben ein fächerübergreifendes Vorgehen?
- ▲ Welche Produktformen (Art der Ergebnispräsentation) sollen gewählt werden (Wandbild, Videoclip, Plastik, Gedicht, Hörspiel usw.)?
- ▲ Wie werden die Schülerinnen und Schüler bei der Themenfindung beteiligt?

Fragen für die Anfangssituation

Zu Beginn jedes Projektes stellen sich eine Reihe immer wiederkehrender Fragen.

- ▲ Welche Sitzordnung ist sinnvoll? (Rechteck mit Tischen, Stuhlkreis ohne Tische usw.)?
- ▲ Sind die Arbeitszeiten (Anfang und Ende) klar vorgegeben oder von den Schülerinnen und Schülern mit beeinflussbar?
- ▲ Wann und wie oft sollen Pausen eingelegt werden? Soll über Pausen spontan entschieden werden oder sind sie fest eingeplant?
- ▲ Wie können die typischen Ängste der Schülerinnen und Schüler in Anfangssituationen konstruktiv aufgefangen werden?
- ▲ Wie kann mit Vielrednern, wie mit Schweigern umgegangen werden?
- ▲ Wie können die Unsicherheiten und Ängste der Lehrerinnen und Lehrer zu Beginn fruchtbar genutzt werden?
- ▲ Greift die Lehrerin / der Lehrer das Bedürfnis der Schülerinnen und Schüler nach Struktur und Eindeutigkeit in Anfangssituationen auf?
- ▲ Werden die Schülerinnen und Schüler ausführlich über die Lernziele sowie die Lehr- und Lernformen informiert?
- ▲ Erhalten die Schülerinnen und Schüler schriftliche Unterlagen zur Vorbereitung?

Projekte und Unterrichtsreihen – 2

Lernziele und Lerninhalte

- ▲ Welche Lernziele sind mit dem Projekt verbunden?
- ▲ Welche Lernziele sind dabei wünschenswert, welche realistisch und erreichbar?
- ▲ Sind die Lernziele nur für die Lehrerin / den Lehrer gedacht oder werden sie den Schülerinnen und Schülern mitgeteilt oder gar mit ihnen besprochen?
- ▲ Welche Inhalte und Methoden können zur Realisierung dieser Ziele beitragen?

Materialien und Methoden

- ▲ Eine detaillierte Projektbeschreibung erstellen.
- ▲ Geeignete Filme, Videos, Dias auswählen, bestellen und vor dem Projekt sichten.
- ▲ Tabellen, Schaubilder zusammenstellen und vervielfältigen, auf Folien kopieren ...
- ▲ Sollen Expertinnen oder Experten eingeladen werden?
- ▲ Texte für die Arbeitsgruppen auswählen und kopieren.
- ▲ Spiele für die Einstiegs- und Vertiefungsphasen auswählen.
- ▲ Geräte und Materialien für die gewählte Produktform bereitstellen.
- ▲ Fragebogen für die Auswertung entwerfen und vervielfältigen.

Kurz vor dem Beginn

- ▲ Sich auf das Projekt ein- und umstellen.
- ▲ Mit den Kolleginnen / den Kollegen die letzten Absprachen treffen.
- ▲ Die Räume (nochmals) sehen, das Material und die Geräte überprüfen.
- ▲ Die Sitzordnung für den Beginn endgültig festlegen.

Eventuell eine Vorstellrunde einplanen

Falls sich die Schülerinnen und Schüler nicht oder nur zum Teil kennen, sollte eine Vorstellrunde (in spielerischer Form) eingeplant werden.

Erwartungen

Die Erwartungen der Schülerinnen und Schüler sind für den weiteren Projektverlauf zentral. Sie zu sammeln und mit den Möglichkeiten des Projektes zu konfrontieren bzw. in den Projektablauf zu integrieren, ist für das weitere Vorgehen wichtig.

Erster thematischer Zugang zum Thema

Hier werden Weichen für den Ablauf in Bezug auf Arbeitsstil und Interesse der Schülerinnen und Schüler gestellt.
Zum eigentlichen thematischen Einstieg in das Thema eignet sich am besten ein Spiel. Diese Methoden müssen jeweils thematisch angepasst werden.

Die Pausenbilanz

Ein wichtiges Instrumentarium für die Lehrerin/den Lehrer ist die so genannte Pausenbilanz. Darunter versteht man eine gemeinsame Reflexion über den bisherigen Verlauf des Projektes, um so das konkrete weitere Vorgehen bestimmen zu können.

- ▲ Was entwickelt sich gerade in der Klasse? Was davon sollte in Ruhe gelassen werden, was verstärkt oder gebremst werden?
- ▲ Was oder wer in der Klasse fiel (mir) auf?
- ▲ Im Vergleich zur vorgesehenen Planung: Welche Korrektur am Thema oder an der Bearbeitungsform ist notwendig?

Schlussphase

Die thematische Abrundung

- ▲ Was bleibt offen?
- ▲ Welche Fragen können noch geklärt werden?
- ▲ Wie lautet das Resümee?

Der persönliche Abschied

- ▲ Wie kann der Transfer vom Projekt zum Alltag geleistet werden?
- ▲ Welche Anregungen haben die Schülerinnen und Schüler für ihren Alltag bekommen?
- ▲ Wie können die Erfahrungen aus dem Projekt weitergegeben werden?
- ▲ Wie können mögliche Konflikte, die sich daraus ergeben, konstruktiv aufgegriffen werden?
- ▲ Wo bestehen Möglichkeiten, die begonnenen Auseinandersetzungen weiterzuführen?
- ▲ Was erwartet die Schülerinnen und Schüler, wenn sie zu Hause oder in ihrer Arbeitsstelle ankommen?

Die Auswertung

Neben einer mündlichen Auswertung empfiehlt sich das Ausfüllen eines Fragebogens. Auf diese Weise erhält die Lehrerin / der Lehrer mehr und detailliertere Meinungen über das Projektgeschehen. Diese Informationen stehen jedoch nicht unmittelbar den Projektteilnehmerinnen und -teilnehmern zur Verfügung.

Die Nachbesprechung

Eine Nachbesprechung der beteiligten Lehrerinnen und Lehrer stellt ein wichtiges Instrumentarium zur Auswertung, zum Austausch der Erfahrungen sowie zur weiteren Planung dar. Ein schriftlicher Auswertungsbericht ist hier hilfreich. Auch bei der Nachbesprechung sollte überlegt werden, interessierte Schülerinnen und Schüler zu beteiligen.

Merke

Handlungsorientierte Projekte sollten eine offene Herangehensweise der Schülerinnen und Schüler an ein Problem ermöglichen. Die Ergebnisse sollten möglichst in Produktform dargestellt und veröffentlicht werden.

Offenheit fördern

Eine offene und ehrliche Diskussion wird dort gefördert, wo Vertrauen und Akzeptanz erlebbar wird.
Sie kann u. a. erschwert werden, wenn

- ▲ die Lehrerin / der Lehrer zu direkt und fordernd vorgeht.
- ▲ eine Etikettierung von Schülerinnen und Schülern oder Teilgruppen anstatt einer Einfühlung in Personen stattfindet.
- ▲ eine Teilgruppe das Gefühl entwickelt, sie würde nicht fair behandelt, sondern einseitig (z. B. durch die Auswahl des Materials und der Medien) benachteiligt.
- ▲ die Lehrerin / der Lehrer sich offensichtlich auf die Seite einer Teilgruppe stellt.
- ▲ Sachthemen zu „theoretisch“ angegangen werden und für die persönlichen Erfahrungen der Schülerinnen und Schüler zu wenig Platz bleibt.
- ▲ zu wenig Raum für informelle Begegnungen und Gespräche bleibt.

Literaturhinweise

Bastian, Johannes: Theorie des Projektunterrichts. Hamburg 1997.
Frey, Karl: Die Projektmethode. Der Weg zum bildenden Tun. 8. Aufl. Weinheim und Basel 1998.
Goetze-Emer, Brigitte u. a.: Projektunterricht in altersgemischten Lern-Gruppen. Baltmannweiler 2000.
Gudjons, Herbert: Handlungsorientiert lehren und lernen. Schüleraktivierung. Selbsttätigkeit. Projektarbeit. Bad Heilbrunn 2001.
Hänsel, Dagmar (Hrsg.): Projektunterricht. Weinheim und Basel 1999.
Heimlich, Ulrich: Gemeinsam lernen in Projekten. Bausteine für eine integrationsfähige Schule. Bad Heilbrunn 1999.

Internet
www.projektemachen.info

Anfangssituationen

Vier-Ecken-Spiel

99 Fragen

Porträts als Schattenriss

Körperumrisse

Motivationsplakat

Zeitleiste

Presseschau

Mein T-Shirt

Anfangsmethoden müssen mehrere Aufgaben erfüllen:

- ▲ sie sollen mithelfen,
  die Teilnehmerinnen und Teilnehmer untereinander bekannt zu machen, insofern sollen sie erste Informationen über die Teilnehmerinnen und Teilnehmer, ihren persönlichen Hintergrund, ihre Interessen usw. liefern;
- ▲ sie sollen die Erwartungen an
  Thema und Seminarverlauf sichtbar machen;
- ▲ sie sollen das Interesse
  der Teilnehmerinnen und Teilnehmer am Thema wecken, indem sie eigene Einstellungen dazu verdeutlichen, erste Probleme und Fragestellungen aufwerfen;
- ▲ sie sollen, wo immer dies möglich ist,
  einen ersten Zugang zum Thema schaffen.

Viele Anfangsmethoden können nur eine dieser Anforderungen erfüllen. Die Leitung muss deshalb entscheiden, ob der Schwerpunkt mehr im thematischen Zugang oder mehr im Kennenlernbereich liegen soll.

Für die Teilnehmerinnen und Teilnehmer ist es zu Beginn eines Seminars hilfreich und wichtig, wenn

- ▲ sie etwas über die anderen
  Teilnehmerinnen und Teilnehmer erfahren: Was sind das für Leute? Woher kommen sie? Welche Ansichten haben sie? Gibt es Cliquen, die gekommen sind? Wo stehe ich dabei? usw.
- ▲ sie etwas über die Leitung erfahren:
  Wie verhält sich die Seminarleitung? Was wird von den Teilnehmerinnen und Teilnehmern erwartet? Wie ist der Arbeitsstil? usw.
- ▲ sie etwas über den geplanten Seminarverlauf
  und den gemeinsamen Arbeitsstil erfahren: Welche thematischen Aspekte sollen aufgegriffen werden? Wie sind die Arbeitszeiten? Wie wird das Thema erarbeitet? usw.

Vier-Ecken-Spiel

Beim Vier-Ecken-Spiel geht es darum, eine Auswahl aus jeweils vier verschiedenen Antwortmöglichkeiten zu treffen, die der eigenen Meinung am nächsten kommt.

Zum Spielablauf

- ▲ Alle Teilnehmerinnen und Teilnehmer befinden sich in der Mitte des Raumes. Der Raum ist so hergerichtet, dass man sich darin relativ frei bewegen kann.
- ▲ Die Spielleitung stellt eine Frage und nennt vier gleichwertige Antwortalternativen zur Entscheidung.
  Zum Beispiel: „Meine Lieblingsfarbe ist ...“
  Jeder Teilanwort wird eine Ecke des Zimmers zugeordnet: z. B. „rot = 1. Ecke, blau = 2. Ecke, gelb = 3. Ecke, grün = 4. Ecke“.
- ▲ Die Teilnehmerinnen und Teilnehmer begeben sich in die Ecke, für die sie sich entschieden haben. Wer sich für keine Alternative entscheiden kann, bleibt in der Mitte stehen.
- ▲ Die Personen, die sich in der jeweiligen Ecke treffen, sollen sich dort kurz vorstellen und evtl. über ihre Entscheidung austauschen.

Das Spiel hat eine kurze Einstiegsphase und dann mehrere Durchgänge.
Der erste Teil der Fragen sollte relativ allgemein gehalten werden. Im zweiten können die Entscheidungsprobleme auf das Seminarthema zugeschnitten werden.
Das Spiel schafft eine entspannte Atmosphäre und ermöglicht neben dem Kennenlernen bereits einen ersten thematischen Zugang, ohne dass sich einzelne Teilnehmerinnen und Teilnehmer zu weit vorwagen müssen.

Variation

Das Spiel kann nicht nur in Anfangssituationen, sondern als „Vertiefung“ verwendet werden. Die Fragen und Antwortmöglichkeiten müssen dann genau auf den Seminarinhalt abgestimmt sein.

Vorbereitung

Zur Vorbereitung müssen die Fragen und die Antwortmöglichkeiten auf die jeweilige Seminargruppe und das jeweilige Thema vorformuliert werden.
Des Weiteren muss der Tagungsraum entsprechend hergerichtet werden.

ca. 20

Vier-Ecken-Spiel

Beispiel

		Ecke I	Ecke 2	Ecke 3	Ecke 4
1.	**Ich habe für die Anreise folgendes Verkehrsmittel benutzt**	Pkw	Bus, Straßenbahn, Zug	Fahrrad	zu Fuß
2.	**Ich esse am liebsten**	Fleischgerichte	Nudelgerichte	Gemüse	Rohkost
3.	**Im Fernsehen sehe ich am liebsten**	Fußball	Krimi	Nachrichten	Spielfilme
4.	**Die größte globale Bedrohung ist**	ökologische Katastrophe	Kriege und Bürgerkriege	Hunger und Unterentwicklung	Terrorismus
5.	**Was nützt zur Durchsetzung von Interessen am meisten?**	Demonstration	Unterschriften	Hearing	Klage
6.	**Warum sind so wenig Bürger aktiv?**	Bequemlichkeit	Uninformiertheit	Enttäuschung	fehlende Gelegenheit
7.	**Wer oder was hat Ihr Denken am meisten beeinflusst?**	Eltern	Freunde	Fernsehen	Literatur
8.	**Zu wem haben Sie am meisten Vertrauen?**	Journalisten	Polizisten	Politiker	Richter
9.	**Wie sehr interessieren Sie sich für Politik?**	gar nicht	schwach	mittel	stark
10.	**Verantwortlich für Jugendgewalt sind**	Gewaltdarstellungen der Medien	mangelnde Zukunftsperspektiven	gesellschaftliche Umbrüche	Erlebnisarmut, Langeweile

99 Fragen

Zu Beginn eines Seminars besteht jeweils die Situation, dass die Teilnehmerinnen und Teilnehmer nichts oder nur wenig voneinander wissen. Eine Möglichkeit, dies zumindest z. T. zu ändern, ist, an die gesamte Gruppe Fragen zu stellen, die nur mit Handzeichen beantwortet werden.

Die Fragen können eine Mischung aus persönlichen und politischen Themen sein und sind besonders dann spannend, wenn sie Außergewöhnliches beinhalten. Die Fragen müssen natürlich der jeweiligen Zielgruppe und dem Thema angepasst werden.
Für diese Runde sollte viel Zeit eingeplant werden, sodass bei den einzelnen Antworten nachgefragt oder um Erläuterungen gebeten werden kann. Wichtig ist es, eine Atmosphäre zu schaffen, bei der niemand das Gefühl hat, sich bloßzustellen.

Vorgehensweise

▲ Alle Teilnehmerinnen und Teilnehmer sitzen in einem Kreis.

▲ Die Seminarleitung liest jeweils eine Frage vor.

▲ Die Teilnehmerinnen und Teilnehmer antworten mit „Ja", indem sie ein Handzeichen geben.

▲ Die Seminarleitung (oder auch Teilnehmerinnen oder Teilnehmer) können zu den einzelnen Antworten noch nachfragen oder um Erläuterungen bitten.

▲ Einzelne Teilnehmerinnen und Teilnehmer können z. B. Hintergründe o. Ä. erzählen und sollten dabei auch nochmals ihren Namen nennen.

Erfahrungen

Es kommt sehr schnell eine lockere, aber konzentrierte Atmosphäre zu Stande, in der Interesse an Einstellungen und Verhaltensweisen anderer wächst und eine Menge Informationen über die anderen Teilnehmerinnen und Teilnehmer ausgetauscht werden.

Variationen

▲ Bewegter wird das Spiel, wenn alle Teilnehmerinnen und Teilnehmer sich am Rande eines alten Fallschirmes aufstellen und diesen mit ihren Händen am Rande fassen. Die einzelnen Fragen werden vorgelesen. Danach wird der Fallschirm in die Höhe geschleudert (aber mit den Händen immer festgehalten), sodass ein Luftraum unter ihm entsteht. Wer die jeweilige Frage bejahen kann, lässt den Fallschirm los und begibt sich kurz unter den schwebenden Fallschirm. Bevor der Schirm wieder zu Boden sinkt, müssen die betreffenden Personen wieder am Rande des Fallschirmes stehen. Diese Art des Spieles hat allerdings den Nachteil, dass über die jeweiligen Punkte nicht sofort geredet werden kann.

▲ Der Raum wird in zwei Teile aufgeteilt: einen „Ja"-Teil und einen „Nein"-Teil. Die Fragen werden nun vorgelesen. Diejenigen, auf die die Aussagen zutreffen, stellen sich in den „Ja"-Teil.

40–60

99 Fragen

Beispiel

Fragenkatalog

1. Wer ist mit dem Fahrrad gekommen?
2. Wer war noch nie in Ostdeutschland?
3. Wer war schon mit einer Schulklasse / einem Kurs in einer Bundeswehrkaserne?
4. Wer hat keinen Führerschein?
5. Wer kauft bei „Aldi“ ein?
6. Wer hat zu Hause mindestens drei Energiesparlampen?
7. Wessen Auto verbraucht weniger als 5 Liter Kraftstoff?
8. Wer hat zu Hause eine Katze?
9. Wer ist Raucherin bzw. Raucher?
10. Wer ist (war schon) arbeitslos?
11. Wer war schon schwer krank?
12. Wer hatte schon einen schweren Verkehrsunfall?
13. Wer von den Männern war bei der Bundeswehr?
14. Wer hat schon Horror-Videos gesehen?
15. Wer hat zu Hause einen Internetzugang?
16. Wer hat schon ein Buch über Gandhi gelesen?
17. Wer hat noch nie auf einer Kirmes (einem Jahrmarkt) an einem Schießstand geschossen?
18. Wer benützt ausschließlich Umweltschutzpapier?
19. Wer hat eine ausländische Zeitung abonniert?
20. Wer war schon in einem Atomschutzbunker?
21. Wer hat schon eine Unterrichtsreihe zum Thema Rechtsextremismus durchgeführt?
22. Wer war schon in eine Schlägerei verwickelt?
23. Wer hat seinen Kindern schon einmal Gewaltspielzeug verboten?
24. Wer hat in diesem Jahr an einem Marathonlauf teilgenommen?
25. Wer hat schon einen Preis bei einer Sportveranstaltung gewonnen?
26. Wer kann alle drei Strophen des Deutschlandliedes aufsagen (singen)?
27. Wer hat zu Hause kein Geschirrspülgerät?
28. Wer hat schon eine Kuh gemolken?
29. Wer trinkt keinen Alkohol?
30. Wer hat Verwandte in Osteuropa?
31. Wer war schon bei einem Ostermarsch dabei?
32. Wer ist schon länger als zehn Jahre an der gleichen Schule tätig?
33. Wer ist nicht in der Kirche?
34. Wer hat keine Uhr dabei?
35. Wer spricht ein slawische Sprache?
36. Wer war noch nie bei einem Fußball-Bundesliga-Spiel?
37. Wer hat einen Stein von der Berliner Mauer?
38. Wer hat Kinder?
39. Wer hat zu Hause keinen Computer?
40. In wessen Schule gibt es einen Energiesparplan?
41. Wer hat eine Ausländerin / einen Ausländer zum/zur Freund/in?
42. Wer isst kein Fleisch?
43. Wer hat schon mal einen Leserbrief geschrieben?
44. Wer war bei einer Demonstration gegen Ausländerfeindlichkeit?
45. Wer meint, dass die Gewalt an seiner Schule in den letzten Jahren zugenommen hat?
46. Wer hat zurzeit rechtsextreme Schülerinnen oder Schüler in seinem Unterricht?
47. Wessen Schule hat eine Partnerschaft mit einer Schule aus einem Land des Südens?
48. Wer hat Schülerinnen oder Schüler aus Osteuropa in seinem Unterricht?
49. Wer hat in seiner Schule schon eine Zukunftswerkstatt durchgeführt?
50. Wer hat im Unterricht schon den Film „Die Welle“ vorgeführt?
51. Wer möchte im Ausland lieber nicht als Deutscher erkannt werden?
52. Wessen Eltern kommen aus zwei Nationen?
53. Wer ist in einem Land außerhalb Europas geboren?
54. Wer treibt eine asiatische Sportart (Judo, Aikido, Tai Chi, Taek Won Do)?

Porträts als Schattenriss

Mit Hilfe einer Lampe wird von den Köpfen der Teilnehmerinnen und Teilnehmer ein Schattenbild an die Wand projiziert, das dann abgemalt und ausgeschnitten wird.

Das Silhouettenschneiden kam Mitte des 18. Jahrhunderts in Europa in Mode. Erst die Fotografie verdrängte das Schnellporträt per Schattenriss. Der Rückgriff auf dieses vorindustrielle Abbildungsverfahren bietet sich für die Eröffnungsphase von Seminaren an. In Kleingruppen lassen sich Schattenporträts der einzelnen Teilnehmer produzieren, die man zu einer „Kursgalerie“ zusammenstellen kann.

Eine „Kursgalerie“ erstellen

Beim Schattenriss handelt es sich um eine relativ leichte Technik, die keine besonderen Fertigkeiten erfordert und doch zu vorzeigbaren Ergebnissen führt.

Aus der Produktion von Schattenrissen ergibt sich die Möglichkeit und die Notwendigkeit, in kleinen Gruppen zusammenzuarbeiten. Man lernt sich in den Kleingruppen über gemeinsames Tun kennen. Man spricht nicht nur miteinander, sondern kommt sich auch „näher“, da man beim gemeinsamen Arbeiten die übliche Gesprächsdistanz überwinden muss.

Die Teammitglieder haben in der ersten Phase, in der es darum geht, die Arbeit zu organisieren, die Möglichkeit, mit vielen Teilnehmerinnen und Teilnehmern „hilfreiche“ Kontakte herzustellen. Daneben können sie sich wie alle anderen an der Produktion der „Kursgalerie“ beteiligen.

Die an der Wand zur „Kursgalerie“ zusammengestellten Schattenrisse bedeuten auch, dass sich die Teilnehmerinnen und Teilnehmer den Tagungsraum ausschmücken und dadurch aneignen.

Material

- ▲ Großformatige Papierbögen (DIN A2)
- ▲ Verschiedenfarbige Kartons
- ▲ Bleistifte
- ▲ Scheren
- ▲ Klebeband
- ▲ Pro Gruppe eine Lampe (z. B. Schreibtisch- oder Nachttischlampen)
- ▲ Wenn nötig: Mehrfachsteckdosen und Verlängerungskabel

Arbeitsschritte

- ▲ Erklären der Aufgabe
- ▲ Aufteilen der Gruppe in Paare oder Kleingruppen (3 bis 5 Personen)
- ▲ Bereitstellen und Aufteilen der Materialien
- ▲ Betreuen und Hilfestellungen bei der Anfertigung der Schattenrisse
- ▲ Weiterarbeit

Die Schatten lassen sich auf weißem Hintergrund am besten umreißen. Man kann diese Schattenrisse dann entweder ausschneiden und auf andersfarbigen Karton aufkleben oder sie (mit Hilfe von Pauspapier) auf Kartons übertragen. Durch die Verwendung unterschiedlicher Farbtöne entsteht ein buntes Bild der Köpfe.

Möglichkeiten der Weiterarbeit

- ▲ Je nach der zur Verfügung stehenden Zeit und der Anzahl der Teilnehmerinnen und Teilnehmer kann man nach der Produktionsphase die Schnellporträts einsammeln, mischen und verteilen, um die dazu „passenden Köpfe“ suchen zu lassen.
- ▲ Die Schattenrisse können als Galerie an die Wand geheftet werden und die gesamte Gruppe sucht die dazugehörigen Personen. Sind diese gefunden, stellen sie sich kurz vor.
- ▲ Die Schattenrisse können in Partnerinnen- und Partnerinterviews mit Stichworten zur Person ergänzt werden, um sie dann als „Ausstellung“ an die Wand zu hängen.

Achtung

Bei der Anfertigung der Schattenrisse ist darauf zu achten, dass der Abstand zur Wand (zum Papier) bei allen in etwa gleich groß ist, sodass die Porträts dann auch alle die gleiche Größe haben.

Die Leitung sollte sich sehr aufmerksam umschauen, wo Probleme auftauchen und dort sofort unterstützend eingreifen.

Vgl. Wolf-Rüder Wagner: Porträts per Schattenriss. Themenbezogener Einstieg in Medienseminare. In: Medien Praktisch, 3/83, S. 50 f.

30–40

Körperumrisse

Das Auf- bzw. Abzeichnen von Körperumrissen eignet sich gut dazu, einen persönlichen Zugang zur Gruppe und zum Thema herzustellen.

Vorgehensweise

- Die Teilnehmerinnen und Teilnehmer teilen sich in Paare oder Kleingruppen auf.
- Jedes Paar bzw. jede Kleingruppe verfügt über genügend großes Papier, um die Körperumrisse der Teilnehmerinnen und Teilnehmer im Maßstab 1 : 1 aufzeichnen zu können.
- Das Papier wird auf dem Boden ausgebreitet.
- Die Teilnehmerinnen und Teilnehmer legen sich nun abwechselnd auf das Papier. Die anderen zeichnen möglichst genau die Körperumrisse nach.
- Die Umrisse können nun noch in vielfältigster Form ausgestaltet werden.
- Themenbezogene Fragen bzw. Aussagen können in die Umrisse eingetragen werden: z. B. „Was mir durch den Kopf geht“, „Was mir im Magen liegt“, „Wo ich mir die Finger verbrannt habe“ usw.
  Es ist aber auch möglich, Fähigkeiten und/oder Eigenschaften der jeweiligen Person in die Umrisse einzutragen.
- Die Teilnehmerinnen und Teilnehmer stellen sich nun im Plenum mit ihrem Porträt vor bzw. die Gesamtgruppe kann zunächst erraten, welcher Umriss zu welcher Person gehört.

Materialien

- Große Papierrolle
- Wachsmalkreide
- Pinnnadeln

Vorsicht

Erwachsene legen sich oft nicht so gerne auf den Boden. Bei ihnen kann das Papier an die Wand gepinnt werden, und die Umrisse können im Stehen abgezeichnet werden.

Variationen

Anstatt die Umrisse abzuzeichnen, kann auch ein vorgefertigtes Bild mit einem Körperumriss ausgeteilt werden. Die Aufgabe ist nun, dieses Bild zu vervollständigen, ihm individuelle Züge zu geben.

30–40

Körperumrisse

Arbeitsmaterial

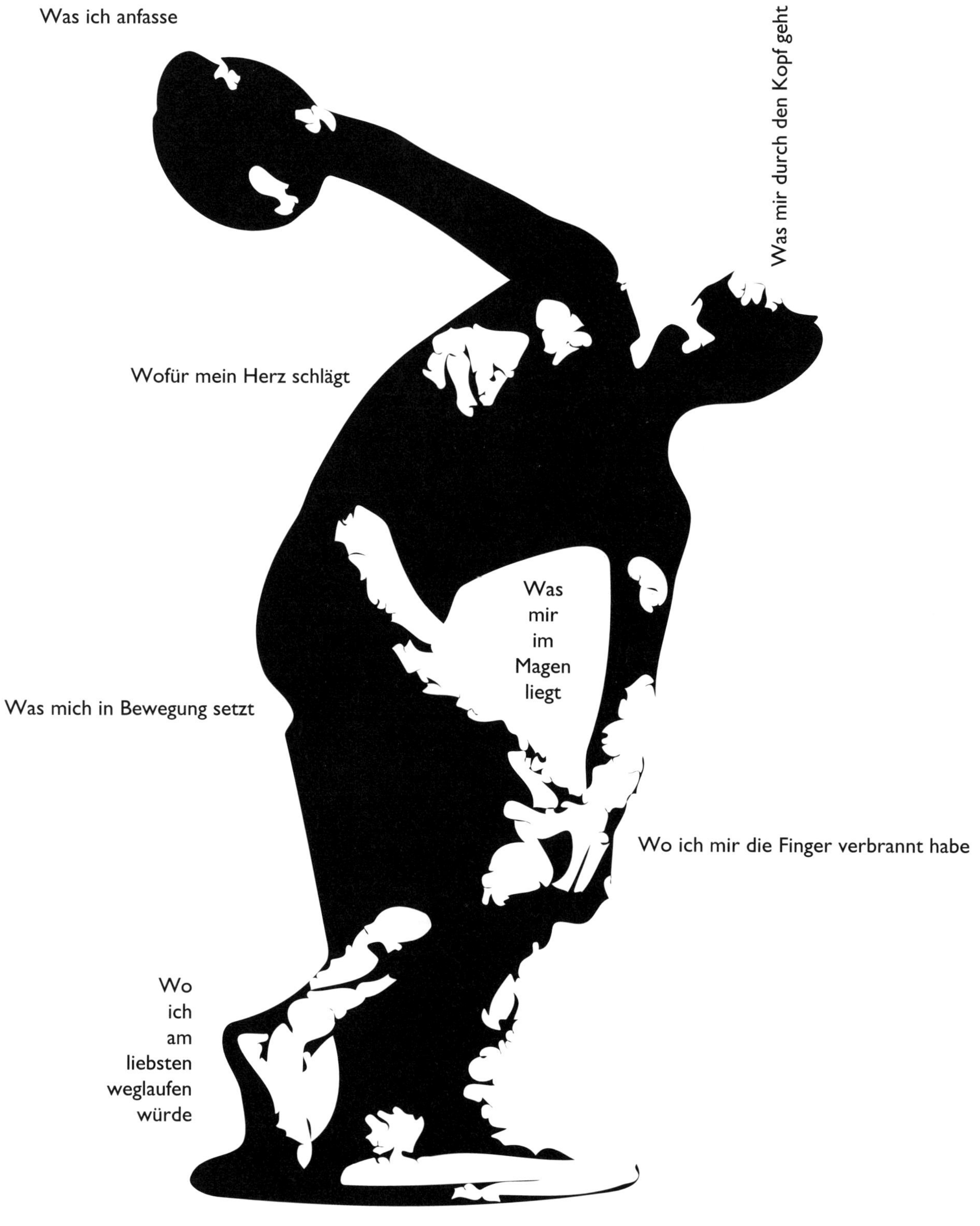

Motivationsplakat

Auf einer Wandzeitung sind verschiedene Motive für die Teilnahme an der Lehrerfortbildung verzeichnet. Die Teilnehmerinnen und Teilnehmer sollen nun ihren Namen zu den einzelnen Motiven schreiben.

Wenn die jeweilige Aussage ganz zutrifft, so wird der Name ganz nahe zu dieser Aussage geschrieben. Wenn sie nicht zutrifft, so wird der Name weiter weg geschrieben.

Der Abstand zur Aussage symbolisiert also den Grad der Übereinstimmung. Anschließend können die einzelnen Aussagen begründet werden. Auf diese Art und Weise können Informationen über die Motive zur Teilnahme gesammelt werden.

Variationen

Die einzelnen Aussagen über die Motive zur Teilnahme werden auf jeweils ein Blatt geschrieben. Dieses Blatt wird in die Mitte des Raumes gelegt. Die Teilnehmerinnen und Teilnehmer stellen sich nun entsprechend ihrer Übereinstimmung mit dieser Aussage im Raum auf.

Ganz nahe bei diesem Blatt zu stehen bedeutet volle Übereinstimmung, ganz weit weg zu stehen volle Ablehnung. So wird deutlich, wie die Motive zur Teilnahme gelagert sind.

15–20

Motivationsplakat

Kopiervorlage

Warum ich hier bin

Schreiben Sie Ihren Namen …

… ganz nahe an die Aussage, **… wenn Sie mit ihr übereinstimmen,**
… ganz weit weg, **… wenn sie wenig oder nicht zutrifft.**

Weil ich neue Dinge lernen möchte

Weil mich das Thema interessiert

Weil ich mit andern zusammen sein möchte

Weil ich etwas über mich selbst erfahren möchte

Weil ich Spaß haben möchte

Weil mir die Umgebung gefällt

Zeitleiste

An der Wand oder auf dem Boden hängt oder liegt eine überdimensionale Zeitleiste in der Größe von ca. 1 x 3–4 m. In der Mitte dieses Papiers sind auf einer dicken Linie (Schlange, Weg usw.) die Jahreszahlen (Zehnerzahlen) der letzten fünfzig und der nächsten zwanzig Jahre aufgetragen.

Die Aufgabe besteht nun darin, dass jede bzw. jeder einige **Stationen und herausragende oder mitteilenswerte Ereignisse ihres bzw. seines Lebens** (es müssen ja nicht nur die Geburtsdaten sein) auf der Zeitleiste durch Stichworte, kleine Zeichnungen, Symbole usw. einträgt.
Anschließend werden die Eintragungen den anderen Teilnehmerinnen und Teilnehmern erklärt. Diese können natürlich auch nachfragen. Auf diese Weise erfahren die Teilnehmerinnen und Teilnehmer wichtige biografische Ereignisse.
Diese können durch politische, gesellschaftliche oder kulturelle Ereignisse dieses Zeitraumes ergänzt werden.

Eintragungen auf der Zeitleiste können sein:
- ▲ Ereignisse, die besonders beeindruckt haben.
- ▲ Ereignisse und Erfahrungen, die mit dem Seminarthema zusammenhängen.
- ▲ Wichtige Stationen des bisherigen Lebensweges.

Bezogen auf die Zukunft, kann erfragt werden, was für die nächsten zehn oder zwanzig Jahre an persönlichen und politischen Wünschen vorhanden ist.

Variationen

- ▲ Die Leitung bereitet Zettel mit Zahlen von 9–50 (oder auch höher) vor. Die Zahlen stehen für ein Lebensjahr. Jede Teilnehmerin bzw. jeder Teilnehmer zieht sich nun einen Zettel (und damit ein Lebensjahr) und erzählt ein Ereignis oder eine kleine Geschichte, die mit diesem Lebensjahr verbunden ist. Dabei können auch Ereignisse bzw. Geschichten erzählt werden, die erst in der Zukunft spielen.
- ▲ Auf den Boden wird mit Tesakrepp eine Zeitleiste geklebt und mit Jahreszahlen versehen. Die Teilnehmerinnen und Teilnehmer gehen nun vom Startpunkt aus zu einer Jahreszahl, die für sie ein besonderes politisches oder persönliches Ereignis symbolisiert und erzählt dieses kurz.
  Nachfragen ist erlaubt.

Materialien

- ▲ Papier von der Zeitungsrolle (ca. 1 x 4 m)
- ▲ Zeitleiste aufmalen
- ▲ Wachsmalkreiden

je nach Spielart bis zu 60

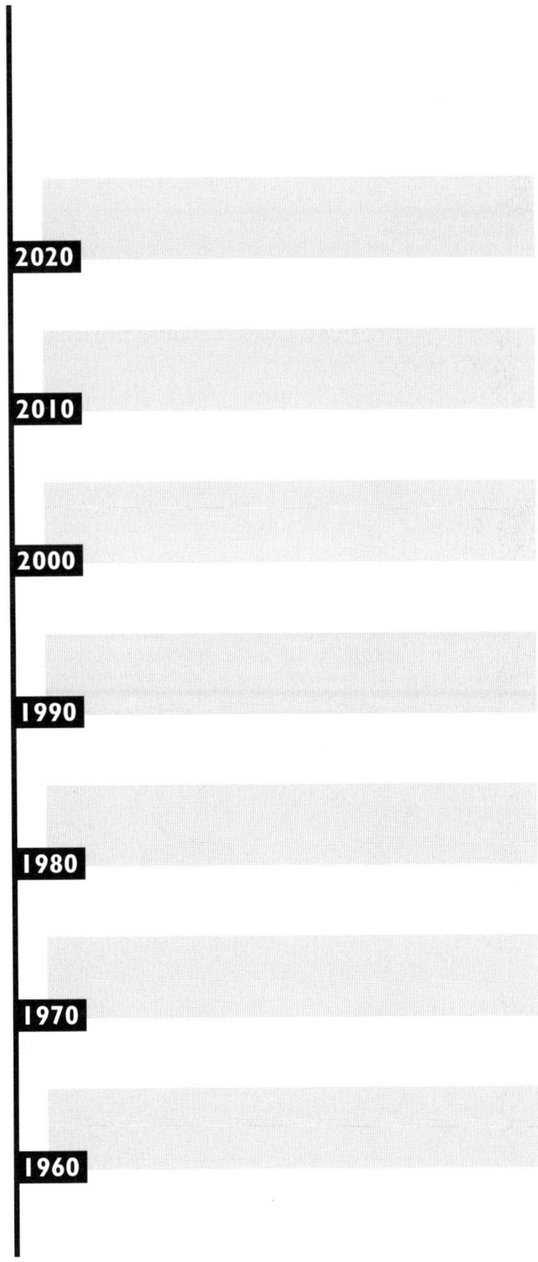

Presseschau

Der Gruppe wird von der Seminarleitung erzählt, dass sie sich heute nicht auf einer Tagung befindet, sondern in den Redaktionsräumen einer Rundfunkanstalt.

Die Nachrichtenredaktion hat die Aufgabe, aus den Meldungen von heute die drei wichtigsten Presseartikel für eine Presseschau zusammenzustellen. Da sich die Redaktionsmitglieder nicht einigen können, welche Zeitungsartikel genommen werden sollen, darf diesmal jedes Mitglied der Redaktion seinen eigenen Vorschlag machen. Jede/r soll nun die zwei ihm persönlich am wichtigsten erscheinenden Artikel (Nachrichten) aus dieser Zeitung heraussuchen, ausschneiden und auf ein Blatt (DIN A4 oder auch DIN A3) aufkleben.
Alle Plakate werden aufgehängt. Die Teilnehmerinnen und Teilnehmer begründen nun ihre Artikelauswahl und stellen sich gleichzeitig auch damit vor.

Variationen

- ▲ Zusätzlich zu dem Artikel soll noch die Überschrift ausgesucht werden, von der die Teilnehmerinnen und Teilnehmer glauben, dass sie auch von den anderen ausgewählt wird.
- ▲ Zusätzlich zeichnet jede/r noch eine Porträtskizze von sich selbst auf das Blatt.
- ▲ An Stelle von Zeitungen werden die Artikelüberschriften einer Tageszeitung, die zuvor ausgeschnitten und aufgeklebt wurden, kopiert und verteilt. Aus diesen Überschriften, sollen die Teilnehmerinnen und Teilnehmer diejenige aussuchen, die für sie am wichtigsten ist.
- ▲ Die Teilnehmerinnen und Teilnehmer werden aufgefordert, sich mit Hilfe von Stellenanzeigen aus Zeitschriften vorzustellen. Jede/r bekommt einen Stellenanzeigenteil und muss nun die Stelle aussuchen, für die sie/er sich am ehesten bewerben würde.

Materialien

- ▲ So viele Tageszeitungen der gleichen Ausgabe, wie Teilnehmerinnen und Teilnehmer anwesend sind
- ▲ Für jede/n Teilnehmerin bzw. Teilnehmer ein Blatt Papier (DIN A4 oder DIN A3)
- ▲ Scheren
- ▲ Klebstoff
- ▲ Große Plakatwand, an die die Ergebnisse geheftet werden können

Bei der Auswertung kann neben der persönlichen Vorstellung auch über die Bewertung der ausgesuchten Ereignisse gesprochen werden. Wichtig ist auch festzustellen, ob bzw. wie das Seminarthema in den ausgesuchten Artikeln bereits aufgegriffen wurde.

20–30

Beispiele

Streit über das Weltstrafgericht

Der Tag der Meinungsmacher

Träume, die der Schlamm begrub

Union will weniger Zuwanderung

Ökumenischer Rat sieht Menschenrechte in Gefahr

Blutiges Zeichen des Terrors

Teils Gewitter, teils sonnig

Mein T-Shirt

Das Spiel vermittelt Informationen über die Einstellungen der Teilnehmerinnen und Teilnehmer zu einem Thema.

Es macht deutlich, dass verschiedene Personen unterschiedliche Vorstellungen zu einem Themenbereich haben. Es fördert jedoch auch die Fähigkeit, die eigenen Vorstellungen mitzuteilen und sich mit denen der anderen auseinander zu setzen.
Für jede/n Teilnehmerin bzw. Teilnehmer wird der Umriss eines T-Shirts (siehe nächste Seite) kopiert. Die Aufgabe besteht nun darin, in die Felder des T-Shirts Symbole oder Bilder zu bestimmten Bereichen zu malen, die auf das jeweilige Seminarthema zugeschnitten sein können.

Durchführung

▲ Die Spielleitung erklärt kurz das Spiel.

▲ Die Arbeitsblätter werden ausgeteilt.

▲ Jede/r malt für sich ein Bild (Skizze, Symbol usw.) in jedes der drei Felder, das folgendes aussagen soll (die Qualität der Zeichnungen spielt dabei keine Rolle):
- In das obere Feld: etwas in der Gesellschaft, auf das Sie besonders stolz sind.
- In das mittlere Feld: etwas in der Gesellschaft, das Sie unbedingt verbessern möchten.
- In das untere Feld: eine Veränderung in der Welt, die Sie sich in den nächsten fünf Jahren wünschen.

▲ Wenn alle fertig sind (nach 10–15 Min.), werden die T-Shirts aufgehängt. Die Teilnehmerinnen und Teilnehmer gehen zunächst durch den Raum und schauen sich die Bilder an.

▲ Jede/r erklärt dann, was er/sie ausdrücken wollte. Dabei sollte nachgefragt und auf Gemeinsamkeiten und Unterschiede zwischen den einzelnen Bildern aufmerksam gemacht werden.

Variation

Nach der Einzelarbeit und dem Betrachten der Bilder an der Wand können Kleingruppen mit je 4 bis 5 Teilnehmerinnen und Teilnehmern gebildet werden. Diese haben dann die Aufgabe, auf dem Hintergrund ihrer T-Shirts ein Gruppen-T-Shirt mit der gleichen Aufgabenstellung zu entwerfen. Dabei müssen sich die Teilnehmerinnen und Teilnehmer auf gemeinsame Aussagen einigen.
Im Plenum werden dann die Gruppen-T-Shirts und die zugrunde liegenden Einzel-T-Shirts vorgestellt. Dabei werden auch die Abweichungen und Unterschiede deutlich.
Für die Gestaltung der Gruppen-T-Shirts können auch unbedruckte Baumwoll-T-Shirts verwendet werden, die mit Stoffmalfarbe beschrieben und bemalt werden.
Es können auch aus Zeitschriften Bilder oder Symbole als Stellvertreter für die eigenen Aussagen ausgeschnitten und in die verschiedenen Felder eingeklebt werden.

Achtung

Da mit diesem Spiel viele persönliche Informationen preisgegeben werden, kann es vorkommen, dass jemand ein Bild malt, dies aber nicht erklären möchte. Dies sollte akzeptiert werden.

60–90

Die Luzerner „T-Shirt-Affäre"

Als der Grüne Abgeordnete Roni Vonmoos im Rotationsverfahren das Amt des Präsidenten des Luzerner Stadtparlaments übernahm, gehörte es natürlich auch zu seinen Aufgaben, an offiziellen Empfängen teilzunehmen.
Obwohl stolzer Besitzer einer Krawatte, marschierte er in einem auffälligen T-Shirt zu einer militärischen Feier in das Rathaus. Das Leibchen war geschickt auf den Anlass der Feier abgestimmt. Auf die Aufschrift „Stop the Army" reagierten die anwesenden Militärführer und Unteroffiziere denn auch erbost, wenn auch in disziplinierter Form. Empörte Bürger forderten den Rücktritt des Präsidenten.
Dieser warf nun seinerseits dem Militär vor, dass einige Soldaten bei der Feier unter ihrem Militärhemd vorschriftswidrig T-Shirts mit „sexistischen Motiven" getragen hätten. Dies war ihm von anwesenden Frauen zugetragen worden. Nun prüfen auch die zuständigen Militärs die Kleiderordnung.

Vgl. Frankfurter Allgemeine Zeitung, 17. 2. 1993.

Mein T-Shirt

Kopiervorlage

Übrigens ...

... das T-Shirt hat sich vom Unterhemd zum modischen Kleidungsstück entwickelt. Bereits 1901 gründete John Wesley Hanes in North Carolina (USA) eine Baumwollfabrik in der er grobe, weitgeschnittene Unterhemden herstellte, die vor allem bei den Landarbeitern beliebt waren. 1932 wurde erstmals ein Werbeaufdruck auf weiße T-Shirts angebracht und zwar von den Produzenten des Films „Der Zauberer von Oz". 1944 importierten dann amerikanische GIs das T-Shirt nach Europa, wo es zunächst als Unterwäsche getragen wurde. Heute drücken T-Shirts mit ihren vielfältigen Botschaften oft ein Lebensgefühl oder eine Einstellung aus.

Zwischenbilanz und Auswertung

Gruppenszenen

Seminarkritik

Blitzlicht

Schriftliche Auswertungen

Stimmungsbarometer

Fantasieübung

Selbstverpflichtungen

Um den Verlauf von Seminaren richtig beurteilen und evtl. korrigieren zu können, ist es wichtig, Informationen über das Geschehen zu erhalten und diese gemeinsam mit den Teilnehmerinnen und Teilnehmern zu besprechen. Dabei geht es darum festzustellen, wie sich das Seminargeschehen (und die Gruppe) entwickelt, und herauszubekommen, was gut läuft und/oder wo es Probleme gibt. Auf diesem Hintergrund können dann Korrekturen an Thema und Arbeitsweise vorgenommen werden.

Während es bei der Zwischenbilanz um die Optimierung des weiteren Verlaufs geht, ist die Schlussphase eines Seminars von drei Anforderungen geprägt: der thematischen Abrundung, dem persönlichen Abschied und der eigentlichen Auswertung.

Den Teilnehmerinnen und Teilnehmern wird bei der Zwischenbilanz und der Auswertung nicht nur das Gefühl vermittelt, dass sie ernst genommen werden, sondern indem sie ihre Meinungen und Gefühle zum Verlauf formulieren können, haben diese auch eine entlastende Funktion.

Für die Leitung stellen die erhaltenen Informationen eine wichtige Grundlage und Entscheidungshilfe für das weitere Vorgehen bzw. für die Konzeption späterer Bildungsveranstaltungen dar.

Wichtig ist es jedoch, sich zu entscheiden, welcher Teilaspekt besonders beachtet werden soll: die Inhalte, die Gruppe, die Leitung, die Organisation, das Haus usw.

Gruppenszenen

Mit dieser Übung kann die augenblickliche Stimmung bei den Teilnehmerinnen und Teilnehmern bildhaft dargestellt werden. Die Gruppengröße ist dabei beliebig. Die Teilnehmerinnen und Teilnehmer müssen jedoch nonverbale Aktivitäten akzeptieren.

Vorgehensweise

Ohne miteinander zu reden, sollen die Teilnehmerinnen und Teilnehmer im Raum die Körperposition einnehmen, die ausdrückt, wie sie sich zurzeit in Bezug auf das Seminargeschehen fühlen. Wer das Geschehen attraktiv und spannend findet, stellt sich in die Mitte des Raumes, wer es eher langweilig empfindet, schaut zum Fenster hinaus, wer am liebsten den Raum verlassen möchte, stellt sich an die Tür usw.

Die Teilnehmerinnen und Teilnehmer können so viel Zeit, wie sie brauchen, in Anspruch nehmen, um ihre eigene Position zu finden. Danach soll sich jede bzw. jeder vergegenwärtigen, was sie bzw. er mit ihrer bzw. seiner Position ausdrücken möchte, und sich umsehen, wo die anderen stehen.

Jede bzw. jeder äußert sich nun von ihrem bzw. seinem Standplatz aus, warum sie oder er diese Position eingenommen hat und was damit ausgedrückt werden soll.

Gemeinsam sollte nun festgehalten werden, was das Gesamtbild ausdrückt und welche Konsequenzen daraus gezogen werden sollen.

Vgl. Klaus Vopel: Interaktionsspiele. Teil 3. Hamburg 1978, S. 37 f.

Variation

Stop and Go
Auf dem Boden wird eine Linie mit 3 Haltepunkten im Abstand von ca. 2 Metern markiert. Auf dem ersten Haltepunkt liegt ein Blatt mit „Mein Befinden", auf dem zweiten Haltepunkt mit „Die Anderen" und auf dem dritten mit „Das Thema". Jede/r stellt nun nacheinander nonverbal durch Körperausdruck (Gestik und Mimik) in drei kleinen Szenen seine Befindlichkeit und seine Einschätzung des Geschehens dar.

Auswertungsfragen

- ▲ Wie ist die überwiegende Stimmung?
- ▲ Was hat diese Stimmung verursacht?
- ▲ Was stört?
- ▲ Was möchten die Einzelnen verändern?
- ▲ Lässt sich dies verändern?
- ▲ Wie lässt es sich verändern, damit die Arbeit wieder Spaß macht?

Die Gruppenszene ist eine wirkungsvolle Möglichkeit, Störungen auszudrücken und durch Ausagieren und Ansprechen die Störungen aufzudecken und beseitigen zu helfen.
Wichtig ist dabei, dass alle das Gefühl haben, dass es erlaubt ist, auch unangenehme Dinge darzustellen und auszusprechen.

ca. 15

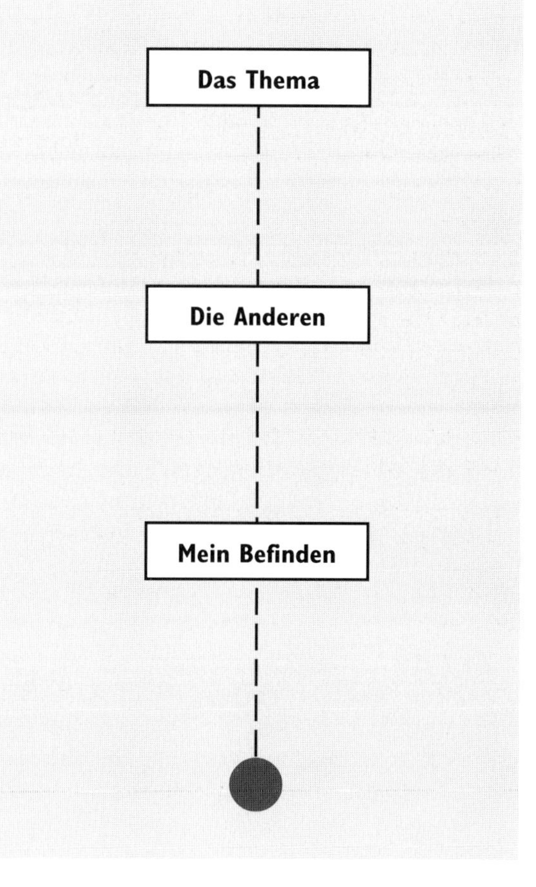

Seminarkritik

Die Seminarkritik soll die Frage beantworten, was die Teilnehmerinnen und Teilnehmer bislang gelernt haben, sodass Leitung sowie Teilnehmerinnen und Teilnehmer zuverlässige Informationen für den Fortgang gewinnen können. Gleichzeitig sollen auch Elemente des Gruppenprozesses und des emotionalen Befindens deutlich werden.

Für jede Teilnehmerin und jeden Teilnehmer wird eine Karteikarte und ein Bleistift benötigt.

Vorgehensweise

Die Teilnehmerinnen und Teilnehmer werden in zwei Untergruppen aufgeteilt. Jede Gruppe erhält Karteikarten und Bleistifte und setzt sich jeweils in eine Ecke des Raumes, um unabhängig von den anderen arbeiten zu können.

Die Teilnehmerinnen und Teilnehmer der Gruppen haben nun die Aufgabe, auf der einen Seite ihrer Karte wenigstens zwei positive Aussagen und auf der Rückseite zwei negative Aussagen über die bisherige Seminarerfahrung zu notieren.

Nun setzt sich die Gruppe „A" im Kreis in die Mitte des Raumes, während die Gruppe „B" sich als Beobachter außen herumsetzt. Beobachtet werden soll, wie diskutiert wird, welche Aspekte und Fragestellungen angesprochen werden und wer diskutiert.

Der Innenkreis (Gruppe „A") hat nun die Aufgabe, die bisherigen Seminarerfahrungen zu diskutieren. Dabei soll von drei Fragestellungen ausgegangen werden:

- ▲ Was hat mir der Kurs bisher gebracht?
- ▲ Was ist für mich offen geblieben?
- ▲ Was hat mir gefallen oder nicht gefallen?

Dabei sollen die positiven und negativen Aussagen der Karteikarten einbezogen werden.

Die Diskussionszeit sollte – je nach Gruppengröße – 20 bis 30 Minuten betragen.

Im Anschluss an die Diskussion geben die Beobachterinnen und Beobachter kurze Berichte.

Danach können die Rollen getauscht werden: Die Gruppe „A" beobachtet, und die Gruppe „B" diskutiert.

Auswertungsgesichtspunkte

- ▲ Welche Punkte wurden angesprochen?
- ▲ Waren diese Punkte eher pauschal oder konkret?
- ▲ Gab es Unterschiede zwischen Gruppe A und Gruppe B?
- ▲ Welche Konsequenzen können für den weiteren Gruppenverlauf gezogen werden?

Vgl. Klaus Vopel: Interaktionsspiele. Teil 3. Hamburg 1978, S. 55 ff.

Variationen

- ▲ Jede Teilnehmerin bzw. jeder Teilnehmer erhält zwei Karteikarten. Jede bzw. jeder schreibt auf eine Karte die positiven, auf die andere die negativen Eindrücke. Die Karten werden anschließend an die Wand geheftet und gemeinsam besprochen.
- ▲ Anhand des Arbeitsmaterials „Auswertungsgesichtspunkte zum Seminarverlauf" (siehe nächste Seite) besprechen Kleingruppen (6 bis 8 Seminarteilnehmerinnen und -teilnehmer) den bisherigen Verlauf. Sie fertigen über ihre Ergebnisse eine Wandzeitung an. Die Wandzeitungen der verschiedenen Kleingruppen werden verglichen.
- ▲ Bei längeren Seminaren oder bei Gruppen, die sich gut kennen, kann die Gruppenleitung den Innenkreis bilden. Alle Teilnehmerinnen und Teilnehmer bilden dann den beobachtenden Außenkreis. Die Gruppenleitung diskutiert anschließend ihre Sicht des Geschehens.

Material

- ▲ Bleistifte
- ▲ Karteikarten
- ▲ Papier
- ▲ Beobachtungsbogen

ca. 40

Auswertungsgesichtspunkte zum Seminarverlauf

Auf die Gruppe bezogen

1. Struktur

- Wie geht die Gruppe bei der Aufgabenbewältigung vor?
- Welche Verhaltensregeln bilden sich heraus?
- Welches Leitungsverhalten können Sie feststellen?
- Wie werden die Entscheidungen getroffen?

2. Gruppenklima

- Wie ist die Stimmung in der Gruppe?
- Werden Gefühle geäußert?
- Wie gehen die Mitglieder mit eigenen und fremden Gefühlen um?
- Welche nonverbalen Signale zeigen einen Wechsel im Klima an?
- Welche Gefühlslage wird durch die Sprechweise deutlich?

3. Unterstützung

- Wie beeinflussen die Teilnehmerinnen und Teilnehmer die Entwicklung der Gruppe?
- Welche hilfreichen Verhaltensweisen können Sie beobachten?

4. Störung

- Welche Verhaltensweisen stören die Aufgabe der Gruppe?
- Welche schwierigen Situationen sind bislang aufgetreten?

5. Kooperation

- Wie werden die einzelnen Beiträge zusammengebracht?
- Welche Verhaltensweisen führen zur Zustimmung?
- Welche Verhaltensweisen führen zum Konsens?
- Welche Verhaltensweisen sind zu beobachten, die zu einem nur oberflächlichen Konsens führen („ich auch").

Auf das Thema bezogen

- Wird das Thema umfassend und kompetent behandelt?
- Welche Aspekte werden zu stark betont bzw. vernachlässigt?
- Werden Gegenpositionen einbezogen?
- Werden Hintergründe und Zusammenhänge deutlich?

Auf die Darstellung bezogen

- Welche Methoden werden angewendet?
- Ist Methodenvielfalt vorhanden?
- Sollten andere Methoden Verwendung finden?
- Welche Sinne sprechen die praktizierten Methoden an?
- Bleibt eigener Gestaltungs- und Handlungsspielraum?
- Wann und wie werden die Teilnehmerinnen und Teilnehmer einbezogen?

Auf die Leitung bezogen

- Wie verteilen sich die Gesprächsanteile zwischen Leitung und Teilnehmerinnen bzw. Teilnehmern?
- Wie gehen Teilnehmerinnen und Teilnehmer, wie die Leitung damit um?
- Wie wirkt die Leitung in Bezug auf
  - ihre bzw. seine Aufmerksamkeit beim Zuhören?
  - die Verständlichkeit ihrer bzw. seiner Äußerungen?
  - ihre bzw. seine persönliche Beteiligung?
  - ihre bzw. seine fachliche Kompetenz?

Blitzlicht

Ein „Blitzlicht“ ist eine kurze Äußerung aller Teilnehmerinnen und Teilnehmer zu einem klar umrissenen Thema (Problem, Situation, Fragestellung).

Ein Blitzlicht kann immer dann eingesetzt werden, wenn man sich über die Stimmung in der Gruppe vergewissern will, denn es vermittelt auf schnelle Weise ein Meinungsbild.

Vorgehensweise

- ▲ Die Teilnehmerinnen und Teilnehmer sitzen im Kreis.
- ▲ Die Leitung benennt die Frage (z. B. „Was erwarte ich vom heutigen Tag?“, „Wie interessant ist für mich das Thema?“, „Was war für mich heute wichtig?“) und gibt einen Gegenstand (z. B. eine Kastanie) an die Nebensitzerin oder den Nebensitzer.
- ▲ Diese bzw. dieser drückt mit einem (maximal zwei) Sätzen ihre bzw. seine Stimmung aus und gibt dann die Kastanie weiter.
- ▲ Wer nichts sagen will, gibt die Kastanie wortlos weiter. Auf diese Weise äußern sich der Reihe nach alle Teilnehmerinnen und Teilnehmer.

Wichtig ist, dass während des Blitzlichtes keine Diskussion stattfindet. Die Äußerungen der Einzelnen sollen auch nicht kommentiert oder kritisiert werden. Jede bzw. jeder drückt zunächst nur ihre bzw. seine Meinung und Einstellung aus.

Weiterarbeit

Ein Blitzlicht braucht nicht weiterbearbeitet zu werden. Es kann als momentane Bestandsaufnahme zu einem Thema für sich stehen bleiben. Soll es jedoch als Grundlage für eine Entscheidung über das weitere Vorgehen verwendet werden, so sollte im Anschluss in der Gruppe über die verschiedenen Aspekte, die während des Blitzlichtes sichtbar wurden, diskutiert werden.

Variation

Eine symbolische Blitzlichtrunde als „Wasserschöpfen“

Zwei Gefäße, die gleich viel Wasser enthalten, stehen am Boden. Das eine Gefäß ist mit (+), das andere mit (–) gekennzeichnet. Mit einer Schöpfkelle kann jetzt jede Teilnehmerin und jeder Teilnehmer reihum Wasser von einem zum anderen Behältnis schöpfen. Dabei werden verschiedene Runden durchgeführt, die durch Leitbegriffe wie „Die Stimmung“ oder „Die Themenbearbeitung“ für die notwendige Differenzierung sorgen.

Für diese Art der Auswertung können auch Sand, Bauklötze, Murmeln oder Ähnliches verwendet werden.
Durch verschieden große Schöpfwerkzeuge (Teelöffel, Esslöffel, Schöpfkelle) ist es möglich, auch kleine Nuancen auszudrücken.
Ob die symbolischen Einschätzungen anschließend noch verbalisiert werden, muss in der jeweiligen Situation entschieden werden.

10–15

Schriftliche Auswertungen

Schriftliche Auswertungen haben den Vorteil, dass sie alle Teilnehmerinnen und Teilnehmer einbeziehen. Zusätzlich findet eine Konzentration der Gesamtgruppe auf die Auswertungsfragen statt. Schriftliche Auswertungen sollten immer in Form einer Einzelarbeit durchgeführt werden.

Grundlage der schriftlichen Auswertung bildet ein Fragebogen, der ganz verschieden angelegt sein kann, je nachdem, ob er z. B. offene Fragen, Ankreuzfragen oder Ergänzungsfragen beinhaltet.

Vorgehensweise

- ▲ Jede Teilnehmerin bzw. jeder Teilnehmer erhält einen Auswertungsbogen (und einen Schreibstift).
- ▲ Die Bögen werden ohne Namen ausgefüllt. Den Teilnehmerinnen und Teilnehmern muss hierfür genügend Zeit zur Verfügung stehen (15–30 Minuten). Anschließend werden die Bögen eingesammelt.
- ▲ Die Bögen sollten nicht vorgelesen werden. Sie sind für die Leitung bestimmt. Wird eine schriftliche Auswertung als Zwischenbilanz durchgeführt, so sollten die Ergebnisse (Aussagen, Tendenzen) allerdings mit den Teilnehmerinnen und Teilnehmern besprochen werden.
- ▲ Im Anschluss an die schriftliche Auswertung findet ein offenes Auswertungsgespräch statt, das über die Fragen des Auswertungsbogens hinausgehen sollte.

Auswertungsbogen mit offenen Fragen

Solche Fragen lassen den Teilnehmerinnen und Teilnehmern viel Spielraum, ihre eigenen Gedanken und Empfindungen zu formulieren. Dies bringt für die Leitung wichtige Informationen und oft neue Gesichtspunkte (siehe Auswertungsbogen 1).

Ankreuzblätter

Die Art der Bewertungsmöglichkeiten sind bei Ankreuzblättern stark standardisiert. Es geht nicht um neue Gesichtspunkte, sondern um die Häufigkeit der Nennungen. Die Leitung formuliert im Auswertungsblatt genau die Aussagen, die von den Teilnehmerinnen und Teilnehmern bewertet werden sollen (siehe Auswertungsbogen 2 und 3). Solche Ankreuzblätter können während eines Seminars auch mehrmals eingesetzt werden, um Veränderungen und Entwicklungen festzustellen (siehe Auswertungsbogen 3).

Beispiele

... für Äußerungen auf offene Fragen

Nicht gut fand ich ...

- ▲ Zu viel Hektik, zu kurz.
- ▲ Zu gedrängtes Programm.
- ▲ Zu viel in einer zu kurzen Zeit.

Besonders angesprochen hat mich ...

- ▲ Gute Stimmung.
- ▲ Der persönliche Kontakt war sehr wichtig.
- ▲ Abends weggehen, Privatgespräche, Gemeinschaftsgefühl.

Die Leitung fand ich ...

- ▲ Gefallen hat mir, dass man mit Ihnen offen reden konnte.
- ▲ Gefallen hat mir, dass die Leitung ihre Meinung gesagt hat, ohne sie anderen aufzuzwingen.

Meinungsäußerungen durch Klebepunkte

Das Ankreuzblatt (Auswertungsbogen 2) kann auf das Format DIN A3 vergrößert (oder auf Folie kopiert) werden. Die Teilnehmerinnen und Teilnehmer erhalten dann Klebepunkte, mit denen sie ihre Meinung ausdrücken. Das Blatt wird an die Wand geheftet oder projiziert und alle vergeben ihre Punkte. Dies hat den Vorteil, dass die Einschätzung sofort für alle sichtbar wird.

Wandzeitungen

In der Schlussphase oder auch während des gesamten Seminars kann eine Wandzeitung (Meinungswand) zur Verfügung stehen, auf der die Teilnehmerinnen und Teilnehmer Ideen, Anregungen, Zusatzinformationen, Ärger und Kritik anbringen können. Oft ist es hilfreich, wenn die Meinungswand in verschiedene Rubriken unterteilt wird: z. B. „Die Arbeit am Thema“, „Unsere Seminargruppe“, „Die Tagungsorganisaton“.

Schriftliche Auswertungen

Kopiervorlage – 1

1. **Für mich persönlich habe ich aus dem Seminar Folgendes gelernt …**

2. **Wie das Seminarthema behandelt wurde, hat mir gefallen / nicht gefallen, weil …**

3. **Die Leitung fand ich …**

4. **Besonders hat mich angesprochen …**

5. **Nicht gut fand ich, dass …**

6. **Die Organisation und das Haus waren …**

Für weitere Äußerungen bitte die Rückseite verwenden!

Schriftliche Auswertungen

Kopiervorlage – 2

Wie habe ich das Seminar empfunden?

Vorbereitung des Seminars			
Begrüßung, Kennenlernen			
Klärung der Erwartungen			
Programmgestaltung			
Verwendete Methoden			
Informationsvermittlung			
Beteiligung			
Stimmung in der Gruppe			
Freizeitgestaltung			
Organisation und Haus			

Schriftliche Auswertungen
Kopiervorlage – 3

Einschätzung des Seminarverlaufs

Heute ...	++	+	0	–	– –
1. ... herrschte ein angenehmes Arbeitsklima					
2. ... konnte ich meine Ansichten, Fragen, Ideen, Erfahrungen in ausreichendem Maße einbringen					
3. ... hat die Leiterin oder Referentin bzw. der Leiter oder Referent gute Anregungen und Sachinformationen gegeben					
4. ... waren mir die Zielsetzungen klar					
5. ... wurde intensiv gearbeitet					
6. ... habe ich Hinweise erhalten, die für mich nützlich sind					
7. ... hat die Leitung die Arbeit gut angeleitet und begleitet					
8. ... waren die Arbeitsvorlagen sehr gut					
9. ... haben mich die eingesetzten Methoden stark angesprochen					
10. ... habe ich von den Teilnehmerinnen und Teilnehmern gute Hinweise und Anregungen erhalten					
11. ... konnte ich meine Gedanken und Meinungen voll einbringen					

Bitte ankreuzen

Heute fand ich gut, nicht gut ...

Ich habe folgende Veränderungsvorschläge:

Erläuterung:

++ = trifft vollständig zu, **+** = trifft zum Teil zu, **0** = weder noch, **–** = trifft nicht zu, **– –** völlig daneben.

Vgl. D. Schoof: Zur Konzeption teilnehmer- und praxisorientierter Lehrerfortbildung. Hannover 1981.

Stimmungsbarometer

Um veranstaltungs- oder unterrichtsbegleitend die „Stimmung" für alle sichtbar zu machen, eignet sich ein Stimmungsbarometer.

Auf einem großen Karton (DIN A2) werden die einzelnen Arbeitseinheiten (z. B. Vormittag, Nachmittag, Abend) aufgezeichnet und mit einer Bewertungsskala von −3 bis +3 versehen.

Die Teilnehmerinnen und Teilnehmer werden von den Moderatorinnen und Moderatoren am Ende jeder Arbeitseinheit (oder auch nur des jeweiligen Tages) gebeten, ihre momentane Stimmung mit einem Klebepunkt zu symbolisieren. (Wer will, kann seinen Klebepunkt mit einem Zeichen oder auch seinem Namen versehen.)

Auf diese Weise werden Stimmungslagen der gesamten Gruppe sichtbar und können somit auch angesprochen werden.

Diese Methode erfasst die momentane emotionale Befindlichkeit, was zwar nur ein Aspekt des Veranstaltungsverlaufs (aber hierfür ein wichtiger) ist. Die Ursachen für die jeweiligen Stimmungslagen müssen in Gesprächen geklärt werden. Eine gute emotionale Stimmung ist immer Voraussetzung für eine befriedigende thematische Arbeit, sagt jedoch noch nichts über die Qualität der inhaltlichen Diskussion aus.

Material

▲ DIN-A2-Karton oder Tafel
▲ Klebepunkte

Vgl. Landesinstitut für Schule und Weiterbildung (Hrsg.): Beiträge zur Methodik der Lehrerfortbildung. Soest 1990 (Erprobungsfassung), S. 146.

Variation

Stimmungsbarometer in Kuchenform
Auf einem großen Blatt Papier (DIN A1) wird ein Kreis gezeichnet und in Sektoren unterteilt. Eventuell können auch noch Rangpunkte von 5 (in der Mitte) bis 1 (ganz außen) angebracht werden. Die einzelnen Sektoren werden mit Begriffen wie „Die Seminarleitung", „das Thema", „das Haus", „die Organisation", „die anderen Teilnehmerinnen und Teilnehmer" usw. gekennzeichnet.
Jede Teilnehmerin und jeder Teilnehmer erhält für jeden Sektor einen Klebepunkt und markiert nun, entsprechend ihrer/seiner Einschätzung, das Geschehen.
Auf diese Weise wird schnell sichtbar, wie die einzelnen Bereiche erlebt werden.

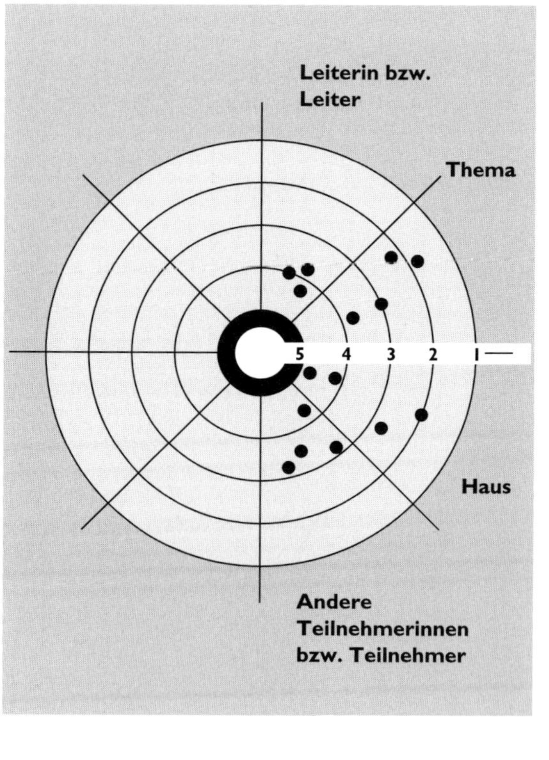

Stimmungsbarometer

Kopiervorlage

	1. Tag			2. Tag		
	Vormittag	Nachmittag	Abend	Vormittag	Nachmittag	Abend
+ 3						
+ 2						
+ 1						
0						
– 1						
– 2						
– 3						

Fantasieübung

Das Seminar als Zirkus

Diese Übung macht die Rollenverteilung in der Seminargruppe sowie die Wahrnehmung der Arbeitsweise im Seminar deutlich.

Die Teilnehmerinnen und Teilnehmer sollen sich vorstellen, das Seminar sei ein Zirkus.

In einem Zirkusunternehmen gibt es verschiedene Rollen: Artistinnen und Artisten, Tierpflegerinnen und Tierpfleger, Musikantinnen und Musikanten, Aufbauhelferinnen und Aufbauhelfer, Programmverkäuferinnen und Programmverkäufer, Beleuchterinnen und Beleuchter, Verkäuferinnen und Verkäufer für Süßigkeiten, Ansagerinnen und Ansager, Direktorinnen und Direktoren, Maskenbildnerinnen und Maskenbildner, Tänzerinnen und Tänzer, Publikum usw.

In einem Zirkus gibt es verschiedene Räume: Manege, Zuschauerraum, Kassenhäuschen, Umkleidewagen, Toilettenwagen, Tierkäfige, Restaurant, Kleiderwagen usw.

Ein Zirkus durchlebt immer wieder verschiedene Stadien: Programmplanung, Werbung, Proben, Aufbau, kurz vor der Vorstellung, Vorstellung, Abbau usw.

Die eigene Rolle

Die Teilnehmerinnen und Teilnehmer sollen sich nun zunächst überlegen, welche Rolle sie, wenn sie das Seminar mit einer Zirkusveranstaltung vergleichen, innehaben, wo sie sich gerade aufhalten und was sie dort tun.

Die anderen

In einem zweiten Schritt sollen sich die Teilnehmerinnen und Teilnehmer klar darüber werden, in welchen Rollen und Räumen sie die anderen sehen.

Das Seminar

Wenn die gegenwärtige Situation des Seminars mit einem Zirkusunternehmen verglichen werden sollte, was geschieht dann gerade auf dem Zirkusgelände?

Hilfsmittel

Ein Hilfsmittel, das die Phantasieübung erleichtert, kann der Zirkusplan sein (siehe Kopiervorlage), ein Grundriss verschiedener Teile des Zirkus, auf dem die Teilnehmerinnen und Teilnehmer zunächst mit einem Stift ihren Standort eintragen. Der Plan kann entweder kopiert allen Teilnehmerinnen und Teilnehmern zur Verfügung stehen oder als großes Plakat der Gesamtgruppe dienen.

Auswertung

- ▲ Welche Bilder sind entstanden?
- ▲ Wo gibt es Übereinstimmungen, wo Unterschiede in der Sichtweise?
- ▲ Stimmen die Selbst- und die Fremdbilder überein?
- ▲ Was bedeuten die Bilder für das Seminargeschehen?
- ▲ Was soll konkret verändert werden?

Variationen

An Stelle einer Zirkusvorstellung können auch andere Bilder genommen werden, wie z. B. „Supermarkt“, „Betrieb“, „Expedition“, „Jugendzentrum“, „Reisegesellschaft“, „Dorf“.

Idee: Ulrich Baer: Das Stadttheater Spiel. In: Remscheider Diskussionsspiele. Remscheid 1990, S. 65.

Hinweis

Diese Fantasieübung kann als Gruppenaufgabe auch in anderem Zusammenhang eingesetzt werden, z. B: „Die Welt als Zirkus“ als Einstieg in die Analyse der internationalen Beziehungen.

ca. 40

Fantasieübung

Kopiervorlage

Das Seminar als Zirkus

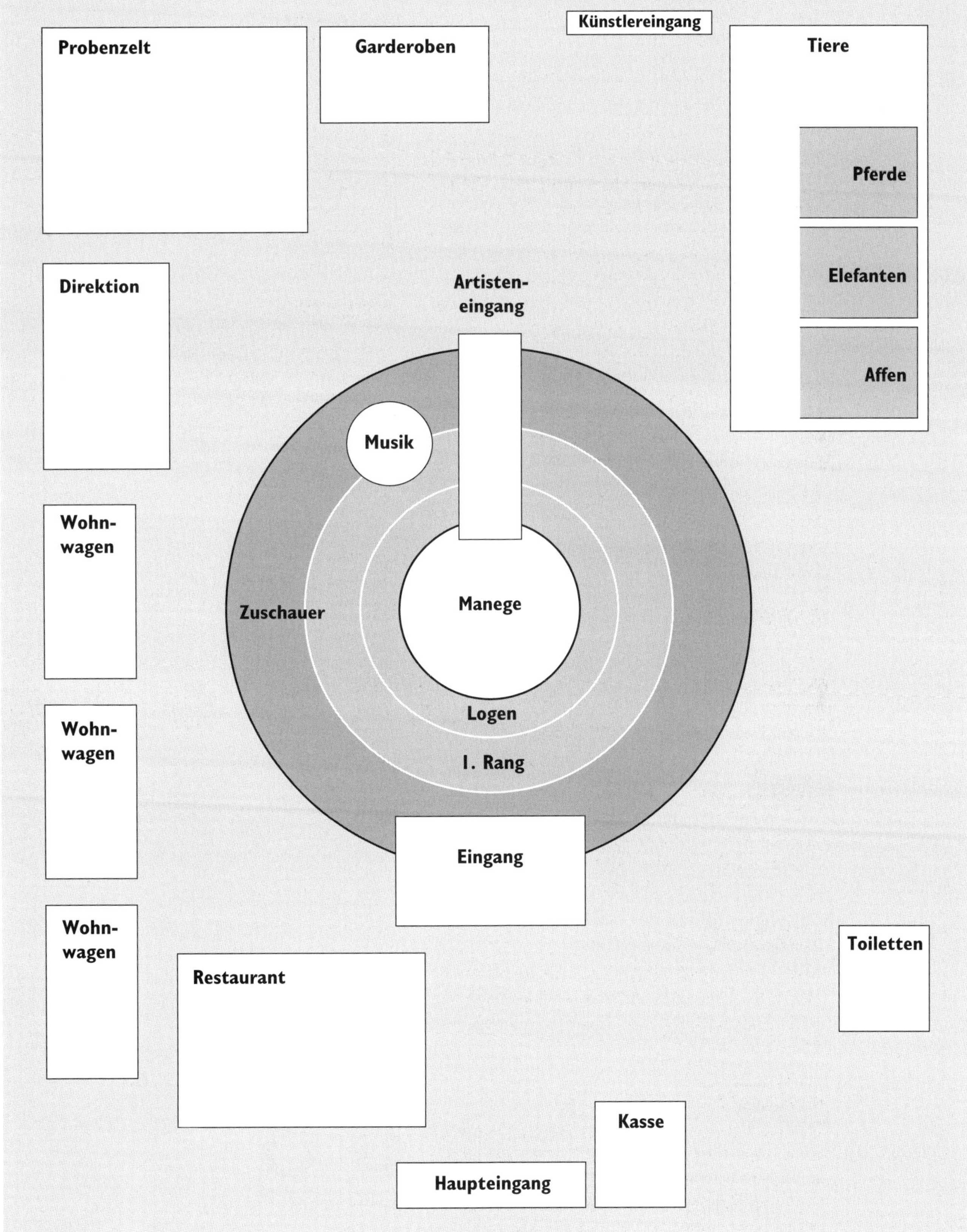

Selbstverpflichtungen

Selbstverpflichtungen zu formulieren oder zu unterschreiben sind Angebote an Teilnehmerinnen und Teilnehmer, für ihren Beruf und Alltag gewisse Konsequenzen zu ziehen.

Es handelt sich dabei um Absichtserklärungen, deren Einhaltung allein von den betreffenden Personen überprüft und verantwortet wird. Selbstverpflichtungen können am Ende eines Seminars, einer Tagung usw. die Frage, „Was tun?" ein Stück weit beantworten, indem sie Konsequenzen für das eigene Verhalten formulieren. Die Verantwortung für diese Konsequenzen bleibt dabei bei den einzelnen Teilnehmerinnen und Teilnehmern. Gesammelt und gebündelt können jedoch Selbstverpflichtungen eine politische Dimension erlangen.

Selbstverpflichtungen selbst formulieren

Am produktivsten ist es, wenn von den Teilnehmerinnen und Teilnehmern die Selbstverpflichtung auf dem Hintergrund des Seminargeschehens selbst formuliert wird. Möglich sind dabei auch ganz individuelle Selbstverpflichtungen.

Vorhandene Selbstverpflichtungen mittragen

Zu vielen Bereichen (vor allem bei Umweltthemen) gibt es bereits Selbstverpflichtungserklärungen, die häufig in politische Aktionen integriert sind. Diese Erklärungen können besprochen und evtl. von den Teilnehmerinnen und Teilnehmern, die dies wollen, unterzeichnet werden.

Vorsicht

Selbstverpflichtungen dürfen nicht aufgrund von Gruppendruck oder moralischem Druck zu Stande kommen. Sie erfüllen ihre Funktion, ein Zeichen für sich selbst und evtl. durch die Veröffentlichung auch für andere zu setzen, nur auf dem Hintergrund von Freiwilligkeit.
Selbstverpflichtungen sollten so formuliert sein, dass sie die Unterzeichnerinnen und Unterzeichner nicht überfordern. Sie müssen im Alltag einlösbar sein, sonst verursachen sie u. U. unnötige Schuldgefühle.

Variation

Anstatt einer Selbstverpflichtung kann auch eine „Schlussakte" formuliert werden, die wesentliche Erkenntnisse des Seminars stichwortartig festhält.

Selbstverpflichtung

Klimabündnis niedersächsischer Schulen

Wir begreifen Schule als ein System, in dem Wissen und Handeln gleichberechtigt nebeneinander stehen. Ziel von Schule muss es sein, Handlungskompetenz zu verleihen, also Wissen und Handeln zu verbinden. Die drohenden Klimaveränderungen lassen uns alle hilflos erscheinen, SchülerInnen und LehrerInnen sind im gleichen Maße betroffen.

Deshalb verpflichten wir uns zu folgenden Maßnahmen:

- ▲ Wir verpflichten uns, dass wir uns in besonderer Weise mit klimarelevanten Themen beschäftigen. Wir werden versuchen, Bewusstsein für die zahlreichen Klimafaktoren zu schaffen, und mit LehrerInnen und SchülerInnen zusammen Wege zu klimaschonendem Handeln suchen und ausprobieren. Wir werden auf die Kommunalpolitik Einfluss nehmen, damit die Politik längst fällige Initiativen ergreift.
- ▲ Wir werden uns für die Umsetzung der Verpflichtung aus dem „Klimabündnis der europäischen Städte mit den indigenen Völkern der Regenwälder zum Schutz der Erdatmosphäre" einsetzen, dazu gehört z. B. durch Senkung des Energieverbrauchs die Belastung der Erdatmosphäre zu verringern.
- ▲ Wir werden uns um die Belange und Probleme von Ländern der so genannten „Dritten Welt" kümmern und streben ein partnerschaftliches Miteinander an.
- ▲ Wir berichten über unsere Arbeit, damit ein Informationsaustausch zwischen unseren Schulen möglich ist. Dadurch sollen auch andere Schulen ermutigt werden, dem „Klimabündnis niedersächsischer Schulen" beizutreten.

Weitere Informationen sind zu erhalten über: www.klinsch.de

Selbstverpflichtungen

Beispiel

Der Sokratische Eid

Als Lehrer und Erzieher verpflichte ich mich,

- ▲ die Eigenheit eines jeden Kindes zu achten und gegen jedermann zu verteidigen;
- ▲ für seine körperliche und seelische Unversehrtheit einzustehen;
- ▲ auf seine Regungen zu achten, ihm zuzuhören, es ernst zu nehmen;
- ▲ zu allem, was ich seiner Person antue, seine Zustimmung zu suchen, wie ich es bei einem Erwachsenen täte;
- ▲ das Gesetz seiner Entwicklung, sowie es erkennbar ist, zum Guten auszulegen und dem Kind zu ermöglichen, dieses Gesetz anzunehmen;
- ▲ seine Anlagen herauszufordern und zu fördern;
- ▲ seine Schwächen zu schützen, ihm bei der Überwindung von Angst und Schuld, Bosheit und Lüge, Zweifel und Misstrauen, Wehleidigkeit und Selbstsucht beizustehen, wo es das braucht;
- ▲ seinen Willen nicht zu brechen – auch nicht, wo er unsinnig erscheint; ihm vielleicht dabei zu helfen, seinen Willen in die Herrschaft seiner Vernunft zu nehmen;
- ▲ es also den mündigen Verstandesgebrauch zu lehren und die Kunst der Verständigung und des Verstehens;
- ▲ es bereit zu machen, Verantwortung in der Gemeinschaft zu übernehmen und für diese;
- ▲ es auf die Welt einzulassen, wie sie ist, ohne es der Welt zu unterwerfen, wie sie ist;
- ▲ es erfahren zu lassen, was und wie das gemeinte gute Leben ist;
- ▲ ihm eine Version von der besseren Welt zu geben und Zuversicht, dass sie erreichbar ist,
- ▲ es Wahrhaftigkeit zu lehren, nicht die Wahrheit, denn „Die ist bei Gott allein".

Damit verpflichte ich mich,

- ▲ so gut ich kann, selber vorzuleben, wie man mit den Schwierigkeiten, den Anfechtungen und Chancen unserer Welt und mit den eigenen immer begrenzten Gaben, mit der eigenen immer gegebenen Schuld zurechtkommt;
- ▲ nach meinen Kräften dafür zu sorgen, dass die kommende Generation eine Welt vorfindet, in der es sich zu leben lohnt und in der die ererbten Lasten und Schwierigkeiten nicht deren Ideen, Hoffnungen und Kräfte erdrücken;
- ▲ meine Überzeugungen und Taten öffentlich zu begründen, mich der Kritik – insbesondere der Betroffenen und Sachkundigen – auszusetzen, meine Urteile gewissenhaft zu prüfen;
- ▲ mich dann jedoch allen Personen und Verhältnissen zu widersetzen – dem Druck der öffentlichen Meinung, dem Verbandsinteresse, dem Beamtenstatus, der Dienstvorschrift –, wenn sie meine hier bekundeten Vorsätze behindern.

Ich bekräftige diese Verpflichtung durch die Bereitschaft, mich jederzeit an den in ihr enthaltenen Maßstäben messen zu lassen.

Hartmut von Hentig: Der Sokratische Eid. In: Friedrich Jahresheft 1992. Seelze 1992, S. 114.

„Accuracy in Academia"

Während des Semesters werde ich sehr viel reden. Ich werde vortragen, Fragen beantworten und Diskussionen leiten. Da ich kein umfassend gelehrter Mensch bin und noch gewisser ein fehlbares menschliches Wesen, werde ich ganz bestimmt Irrtümer begehen, nicht zu rechtfertigende Schlüsse ziehen und vielleicht meine Meinung als Fakten darstellen. Ich würde es sehr bedauern, wenn ihr diese Fehler nicht bemerktet. Um diese Möglichkeiten zu verkleinern, mache ich euch hiermit alle zu Ehrenmitgliedern der "Accuracy in Academia". Es ist eure Aufgabe dafür zu sorgen, dass keiner meiner Irrtümer unbemerkt durchgeht. Am Anfang jeder Stunde werde ich nachfragen, ob euch in der vorangegangenen etwas aufgefallen ist.

Neil Postman: Keine Götter mehr. Das Ende der Erziehung. Berlin 1995, S. 150 f.

Visualisierungen

Grundsätzliches zur Visualisierung

Gestaltungselemente einer Visualisierung

Visualisierungsmedien

Mind-Mapping

Vorstrukturierte Bilder

Wandtafel

Wandzeitungen

Folien

Computer

Die Visualisierung von Aussagen und Arbeitsergebnissen ist eine der ständigen Aufgaben der Seminarleitung.

Visualisierung mit Hilfe von Symbolen, Schrift, Bildern und Farben soll das gesprochene Wort nicht ersetzen, sondern ergänzen.

Visualisierungen können verwendet werden, um

- ▲ Begriffe, Zeichnungen, Skizzen für einen Einstieg zu gestalten,
- ▲ Assoziationen, Begriffe usw. zu sammeln und zu sortieren,
- ▲ Zusammenhänge durch Bilder und Grafiken zu veranschaulichen,
- ▲ kreative Bilder entstehen zu lassen,
- ▲ anhand eines Schaubildes ein ganzes Thema zu entfalten,
- ▲ Ergebnisse der Diskussion oder Gruppenarbeit festzuhalten.

Visualisierungen führen nicht nur zu einer verstärkten Aufmerksamkeit der Teilnehmerinnen und Teilnehmer, sondern fördern auch das Behalten des Lerninhalts.

Grundsätzliches zur Visualisierung – I

Visualisierung ist eine optische Unterstützung des gesprochenen Wortes. Den Teilnehmerinnen und Teilnehmern soll es ermöglicht werden, auch optisch „mitzudiskutieren“. Das gelingt am besten durch die übersichtliche Anordnung der Visualisierungselemente. Ein voll geschriebenes Plakat verführt zum Monolog. Erst die Freifläche macht den optischen Gedankenaufriss ergänzbar.

Neben der Schrift können auch andere Elemente der Visualisierung wie bunte Karten, Linien, Pfeile, Punkte usw. verwendet werden. Wichtig ist jedoch, dass diese Elemente gezielt und immer in der gleichen Bedeutung eingesetzt werden.

Die Visualisierung ist nicht primär ein Instrument der Seminarleitung, sondern auch aller Seminarteilnehmerinnen und -teilnehmer. Wenn Seminarteilnehmerinnen bzw. Seminarteilnehmer und Arbeitsgruppen ihre Gedanken und Arbeitsergebnisse nach bestimmten, festgelegten Visualisierungstechniken festhalten, können schnell die zentralen Aussagen und der rote Faden sichtbar gemacht werden. Aussagen werden, wenn sie visualisiert werden, für alle transparent. Ein „optisches Protokoll“ erlaubt es allen, den Stand der Diskussion und die Problembereiche leicht zu erfassen. Aber: Zu beachten ist, dass Visualisierungen immer der Interpretation bedürfen.

Visualisierungen müssen vorbereitet werden

Es muss klar sein:

- ▲ Welche Inhalte sollen dargestellt werden?
- ▲ Welches Ziel soll die Darstellung haben?
- ▲ Welche Darstellungselemente sollen verwendet werden?
- ▲ Mit welchen Medien soll die Darstellung erfolgen?
- ▲ Welche Kurzbegriffe sollen für welche Sachverhalte stehen?

Funktionen der Visualisierung

Animation
Information
Dokumentation
Veranschaulichung
Ergebnissicherung

Einige Regeln für den richtigen Schriftgebrauch

Blöcke bilden

Ganze Sätze und zu breit gezogene Schrift vermeiden

Groß- und Kleinbuchstaben verwenden

Schmal schreiben

Gleiche Schriftgröße für gleichartige Aussagen

Lesegewohnheiten beachten (von links oben nach rechts unten)

Nur bekannte Abkürzungen verwenden

Geschriebenes aus der Entfernung überprüfen

Zusammenhänge durch gleiche Farben und Formen herstellen

Schrift

- ▲ Es kommt nicht auf Schönschrift an, sondern auf Lesbarkeit bis zu einer Entfernung von ca. acht Metern (das entspricht dem Raumbedarf einer Gruppe von 15–30 Personen).
- ▲ Wichtig ist, für gleichwertige Aussagen immer die gleichen Schriftgrößen zu verwenden. Die Strichstärke muss der Schrifthöhe entsprechen.
- ▲ Niedergeschrieben werden sollen keine ganzen Sätze, sondern Stichworte, die den Gedanken am besten charakterisieren.
- ▲ Die Lesbarkeit wird erhöht, wenn Groß- und Kleinbuchstaben benutzt werden. Kleinbuchstaben ergeben durch den Wechsel zwischen Ober-, Mittel- und Unterlänge charakteristische Wortbilder, die schneller aufzunehmen sind. Zudem lassen sich auf einer gegebenen Zeilenlänge mehr Klein- als Großbuchstaben unterbringen. Die Handhabung des Stiftes muss geübt werden. Bei Filzstiften muss man z. B. die Breitseite benutzen und nicht die Spitze.

Grundsätzliches zur Visualisierung – 2

Karten

- ▲ Häufig empfiehlt es sich, nicht direkt auf eine Tafel oder einen großen Bogen Papier zu schreiben, sondern auf vorbereitete Karten. Diese können dann beliebig gruppiert und zugeordnet werden.
- ▲ Nicht nur die Seminarleitung, sondern auch die Teilnehmerinnen und Teilnehmer können Fragen, Aussagen, Stellungnahmen auf Karten schreiben, die dann an die Wand gepinnt und nach Inhalten sortiert werden können.

Farben

- ▲ Gibt es keine Unterscheidungsmerkmale nach der Wichtigkeit, so empfiehlt es sich, alles auf weiße Karten zu schreiben.
- ▲ Werden Gedankensammlungen von vornherein strukturiert (z. B. „was war gut", „was war schlecht"), so sind den beiden Kategorien jeweils unterschiedliche Farben zuzuordnen.
- ▲ Werden Gedanken z. B. nach ihrer Wichtigkeit gruppiert, so empfiehlt es sich, Farben nach steigender Auffälligkeit zu verwenden (z. B. weiß, gelb, grün und orange). Die durch Farben gekennzeichneten Kategorien müssen natürlich vor Beginn der Gedankensammlung genannt werden.
- ▲ Farbzuordnungen können auch durch farbigen Karton oder durch farbiges Unterstreichen oder Einrahmen vorgenommen werden.

Was zu beachten ist

- ▲ Nur die Darstellung, über die gerade gesprochen wird, soll im Blickfeld der Teilnehmerinnen und Teilnehmer stehen. Andere Darstellungen lenken nur ab.
- ▲ Alle Teilnehmerinnen und Teilnehmer sollen die Visualisierung gut sehen und lesen können.
- ▲ Beim Erklären der Visualisierung sollte sich die Seminarleitung den Teilnehmerinnen und Teilnehmern zuwenden und nicht zur Wand oder zur Tafel sprechen.
- ▲ Am besten ist es, neben der Pinwand oder Tafel zu stehen, um bestimmte Elemente direkt zeigen zu können (evtl. mit Teleskop-Stift).
- ▲ Die Visualisierung kann auch als „roter Faden" für Ausführungen benutzt werden.

Vgl. Telse Schnell-Cölln: Visualisierung – die optische Sprache für problemlösende und lernende Gruppen. Metaplan-Reihe, Heft 6, Quickborn 1975.
Josef W. Seifert: Visualisieren – Präsentieren – Moderieren. Speyer 1992.

Literaturhinweise

Will, Hermann: Mini-Handbuch. Vortrag und Präsentation. 2. Auflage, Weinheim und Basel 2001.
Wieke, Thomas: Don't panic. Präsentationen. Wie Sie überzeugen, wie Sie Fehler vermeiden. Frankfurt/M. 2001.

Elemente der Visualisierung

(wie sie beim Metaplan-Verfahren* verwendet werden)

- ▲ Karten in weiß, gelb, grün, orange als Rechtecke, 10 x 20 cm, Ovale, 11 x 19 cm Kreise, 20, 14, 10 cm Durchmesser
- ▲ Schriftgrößen
  Überschriftgröße
  Schriftgröße für kurze Aussagen
- ▲ Zwei Schreibergrößen in schwarz, rot, blau, grün
- ▲ Kräftige und dünne Verbindungslinien
- ▲ Der Konfliktpfeil
- ▲ Freie Formen wie Wolke oder großes Oval zum Betonen
- ▲ Die Freifläche
- ▲ Selbstklebepunkte in zwei Farben (19 mm Durchmesser)

* Das Metaplan-Verfahren ist eine Methode der Visualisierung, die stark normierte Elemente (Schriftgrößen usw.) verwendet.

Gestaltungselemente einer Visualisierung

Freie Symbole

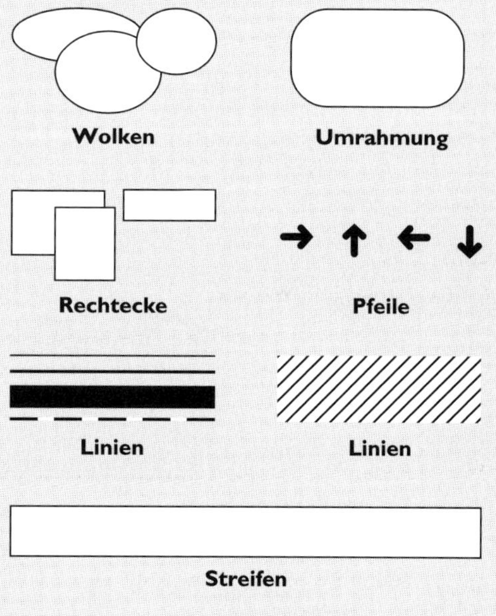

Piktogramme

Diagramme

Kurvendiagramm
Aufzeigen von Entwicklungsabläufen

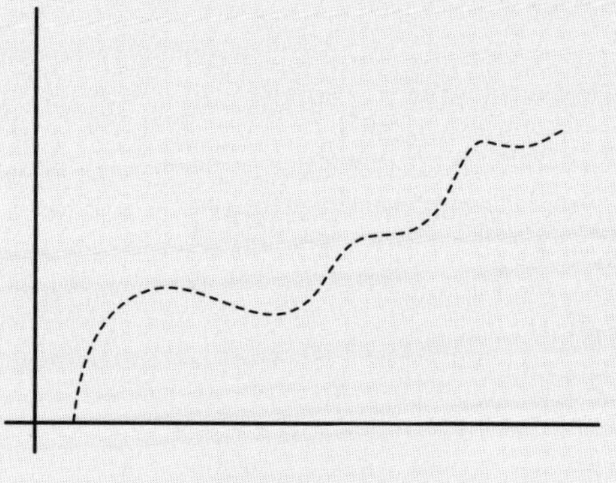

Säulendiagramm
Vergleich von mehreren Größen

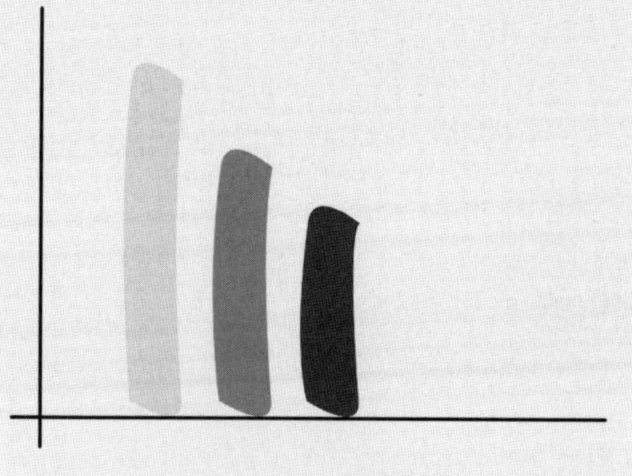

Tortendiagramm
Das Ganze und seine Teile

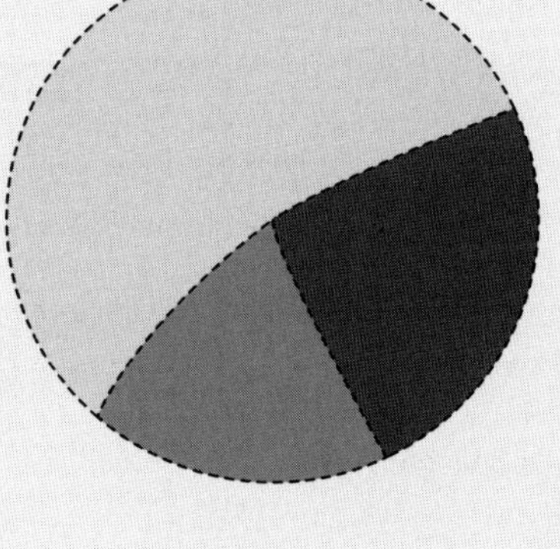

Organigramm
Darstellung von Strukturen und Abläufen

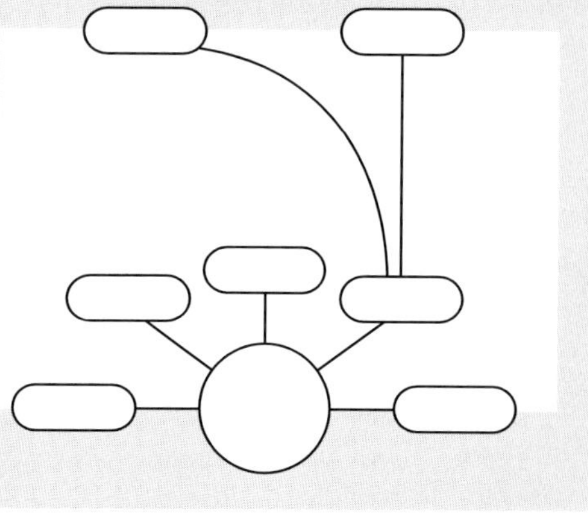

Visualisierungsmedien

Wandtafel

Einfach zu handhaben, Umgruppierungen und Einfügungen sind immer möglich; ökologisch unbedenklich.

Nachteile
Volle Tafeln müssen abgewischt werden.

Flipchart

Leicht zu transportieren, kann überall aufgestellt werden. Es können vorgefertigte Charts verwendet werden; volle Blätter können an die Wand geheftet werden.

Nachteile
Korrekturen sind aufwändig.

Pinnwand

Haftungstechnik muss beachtet werden (Nadeln, Magnet usw.). Kärtchentechnik ist leicht möglich. Kann leicht ergänzt und sortiert werden. Ergebnisse von Gruppenarbeiten können in gemeinsame Gestaltung integriert werden. Teilnehmerinnen und Teilnehmer können leicht einbezogen werden.

Nachteile
Spezielle Stellwände sind notwendig.
Setzt Übung im Umgang voraus.

Tageslichtprojektor

Ausgearbeitete oder kopierte Folien erleichtern die Darstellung. Schaubilder können leicht vergrößert werden. Ständiger Blickkontakt mit Teilnehmerinnen und Teilnehmern ist möglich. Folien können als Arbeitsunterlagen weiterkopiert werden, wiederholte Verwendung der Folien ist möglich.

Nachteile
Wirkt bei zu vielen Folien leicht ermüdend. Leinwand erforderlich. Nebengeräusche des Projektors. Folien und Schreiber sind ökologisch nicht unbedenklich.

Diaprojektor

Hervorragende Bildqualität, gute Bilder sprechen auch den Gefühlsbereich an. Abwechslung zu sonstiger Präsentationstechnik, hohe Erwartungshaltung der Teilnehmerinnen und Teilnehmer.

Nachteile
Strukturierter Ablauf. Reihenfolge der Bilder ist relativ starr. Schaubilder als Dia zu produzieren ist relativ aufwändig. Raum muss abgedunkelt werden. Aufwand für Geräteaufbau.

Computer

Über einen Beamer können auch bewegte Bilder gezeigt werden. Geeignet um Abläufe und Simulationen zu demonstrieren. Schnelle Veranschaulichung bei sich verändernden Parametern.

Nachteile
Die technische Ausstattung ist im Fortbildungsbereich bislang (noch) nicht überall vorhanden. Setzt Kenntisse im Umgang mit PCs und speziellen Programmen voraus.

Mind-Mapping – I

Mind-Mapping ist eine Methode zum Aufschreiben und Aufzeichnen von Gedanken. Diese Visualisierungsform versucht den Vorgängen in unserem Gehirn gerecht zu werden.

„Das Denken soll wie eine Landkarte abgebildet werden. Unsere Gedanken springen von einem zentralen Thema zu einem anderen, befassen sich dazwischen mit einer Detailfrage oder streifen ganz entfernte Bereiche. Wir verfolgen Gedankenpfade, stellen Gabelungen und Verzweigungen her, verlassen plötzlich diesen Weg, suchen einen anderen auf, um dann wieder beim ersten oder bei einem anderen weiterzudenken. Und trotzdem bleibt der Überblick über das Ganze erhalten.

Dieser komplexe Vorgang lässt sich mit linearen, logisch stringent geordneten Schreibtechniken nur ungenau abbilden, Gedanken müssen erst in Texte umgearbeitet werden. Dabei geht bisweilen viel Inhalt verloren. (...)

Im Mind-Mapping-Prozess werden Gedanken nicht verarbeitet, sondern einfach notiert, so wie sie aus dem Kopf kommen. (...)

Anwenden lässt sich diese Mind-Mapping-Technik überall da, wo Ideen produziert, geordnet und notiert werden sollen: Planungen, Manuskripte, Konzepte für Veranstaltungen, Redeunterlagen, Briefe, Prüfungsvorbereitungen usw."

Traute Langner-Geißler / Ulrich Lipp: Pinwand, Flipchart und Tafel. Mit den Augen lernen. Band 3. Weinheim/Basel 2. Auflage 1994, S. 66.

Die Gestaltung

Auf einer Tafel oder einem großen Bogen Papier wird das Thema oder der Ausgangsbegriff geschrieben und umrandet. Die zentralen Aspekte des Themas werden in Form von Linien („Hauptästen"), die von diesem Zentrum ausgehen, festgehalten. Die Hauptäste können nun in Nebenäste weitergeführt werden. Man kann nun an jeder beliebigen Stelle ergänzen und einfügen. Neben Begriffen können auch Symbole, Piktogramme, Zeichnungen, Fotos, Bilder usw. verwendet werden.

Regeln für das Mind-Mapping

Die Waagrechte suchen
Tafel und Pinwände lassen sich nicht auf den Kopf stellen. Deshalb ist es wichtig, mit den Ästen die Waagerechte zu suchen, sodass alles ohne Verrenkungen gelesen werden kann. (Es empfiehlt sich also, Papiere im Querformat aufzuhängen.)

Verästelungen beschränken
Um Übersichtlichkeit zu gewährleisten, sollten die Zahl der Hauptäste beschränkt sowie Nebenäste nach Möglichkeit nicht zu weit verästelt werden.

Im Uhrzeigersinn anordnen
Wenn Mind-Maps nicht spontan entstehen, sondern zu Präsentationszwecken schon überlegt oder vorbereitet sind, ist es für die Betrachterin oder den Betrachter nützlich, die Hauptäste und Schlüsselwörter im Uhrzeigersinn nacheinander anzuordnen. Das kommt der Wahrnehmung sehr entgegen.

Auch Bilder verwenden
So oft es geht, sollen in Mind-Maps Wörter durch markante Bilder ersetzt werden. Sie sind schneller aufzunehmen, leichter einzuprägen und regen das Weiterdenken an.

Literaturhinweise

Hertlien, Margit: Mind Mapping. Die kreative Arbeitstechnik. Spielerisch lernen und organisieren. Reinbek 2001.
Svantesson, Ingemar: Mind Mapping und Gedächtnistraining. Offenbach 2001.

Mind-Mapping – 2

Gestaltungsmöglichkeiten

Schrift: Am besten ist es, mit gut leserlichen Druckbuchstaben klein und groß abwechselnd zu schreiben.

Farbe: Hauptäste und Nebenäste können farblich unterschieden werden. Farben dienen dazu, zentrale oder zusammengehörige Begriffe, Äste, Felder durch Hinterlegen oder Einrahmungen farblich zu kennzeichnen.

Raumaufteilung: Diese ergibt sich beim Mind-Mapping meist von selbst. Vermeiden sollte man jedoch eine Rechts- oder Linkslastigkeit mit vielen Hauptästen auf einer und wenigen auf der anderen Seite.

Symbole: Hier kommt den Pfeilen eine besondere Bedeutung zu. Mit ihnen werden Zusammenhänge und Wechselbeziehungen angedeutet. Widersprüche, Fragen und Betonungen, Wertungen und Reihenfolgen lassen sich durch andere Zeichen leicht ausdrücken.

Zeichnen: Gezeichnet werden kann alles, was sich in wenigen Strichen darstellen lässt, nicht viel Platz braucht und doch zu erkennen ist.

Montieren: Montieren lassen sich vor allem Bilder, aber auch verschiedene Materialien (z. B. Gräser, Wolle).

Traute Langner-Geißler / Ulrich Lipp: Pinwand, Flipchart und Tafel. Mit den Augen lernen. Band 3. Weinheim/Basel 2. Auflage 1994, S. 70.

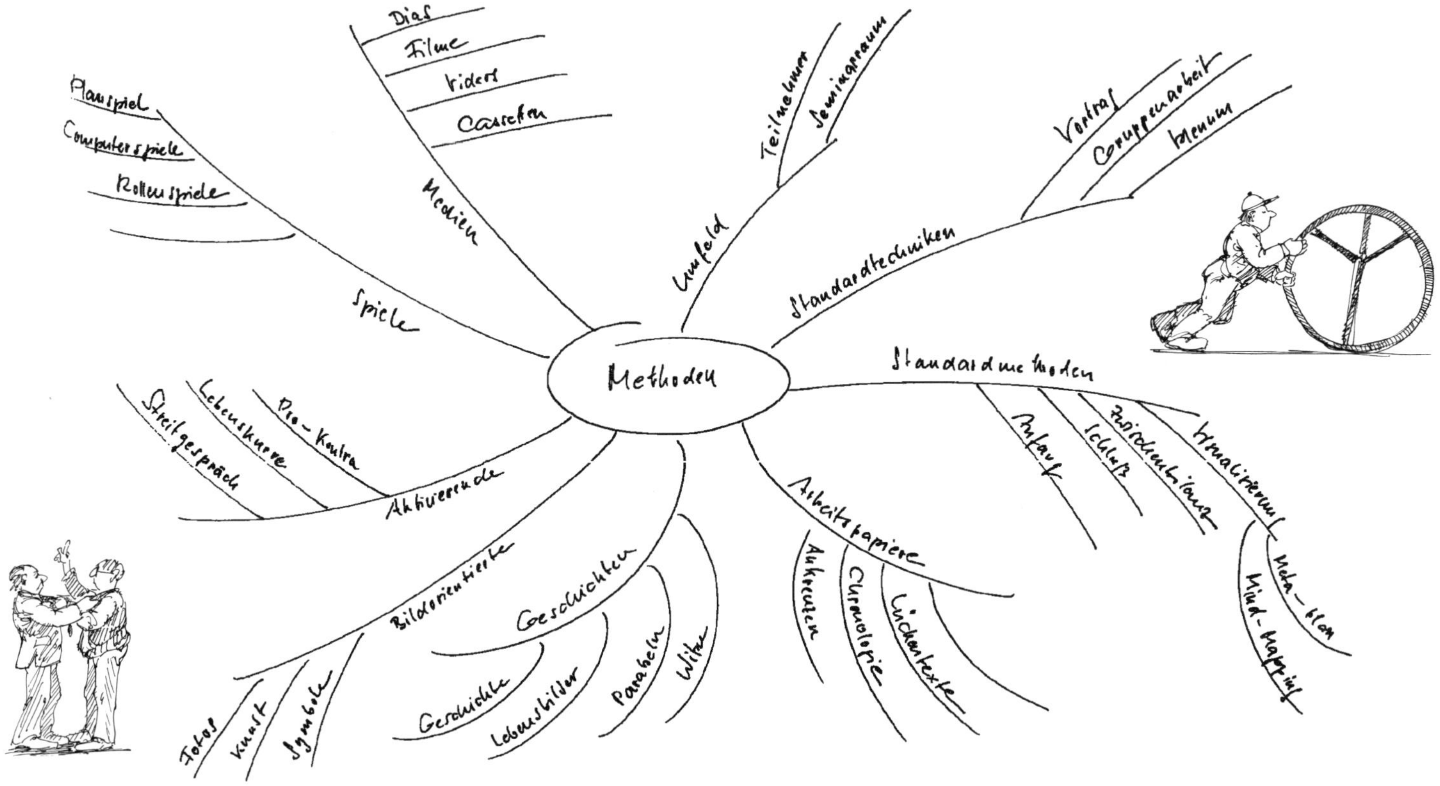

Vorstrukturierte Bilder

Informationen bedürfen zur Aufnahme und Verarbeitung einer gewissen Struktur, einer logischen Abfolge bzw. einer Verknüpfung mit Bekanntem.

Eine Möglichkeit, um Verbindung und Struktur sichtbar zu machen, sind vorstrukturierte Bilder, die (noch ohne Inhalt, nur zum Teil oder ganz ausgefüllt) präsentiert werden.
Besonders geeignet sind hierfür „Haus-" oder „Baum-Bilder", in deren Zimmern oder Blättern vielfältige Informationen untergebracht werden können (es ist aber ebenso gut möglich, einfach leere Diagramme, Tabellen oder Organigramme zu verwenden).

Veranschaulichung von Informationen

Werden vorstrukturierte Bilder zur Veranschaulichung von Informationen verwendet, so werden die Informationsteile logisch zergliedert und in neuer Form präsentiert, was einen leichteren Umgang mit dieser Information bewirkt. Teilinformationen können so auch aufeinander aufbauend visuell präsentiert werden.

Ergänzung durch die Teilnehmerinnen und Teilnehmer

Vorstrukturierte Bilder können Teilinformationen enthalten, sodass der ergänzungsbedürftige Aspekt deutlich wird. Werden solche Bilder auf DIN A3 oder DIN A2 vergrößert, so können die Teilnehmerinnen und Teilnehmer speziell in Anfangssituationen spontan ergänzen und ausfüllen. Solche Bilder können dann über die gesamte Seminardauer präsent sein.

Vorstrukturierte Bilder für Gruppenarbeiten

In der politischen Alltagssprache werden häufig für die Beschreibung politischer Prozesse Bilder verwendet: z. B. „Das gemeinsame Haus Europa". Ein solches Haus kann als Rahmen (Grundriss usw.) als Grundlage für die Gruppenarbeit verwendet werden.

Beispiel:

Das „europäische Haus"

Aufgabe:
Wer wohnt in dem Haus, wer erhält wie viel Platz, wer wohnt neben wem? Welche Regeln des Zusammenlebens gibt es? usw.

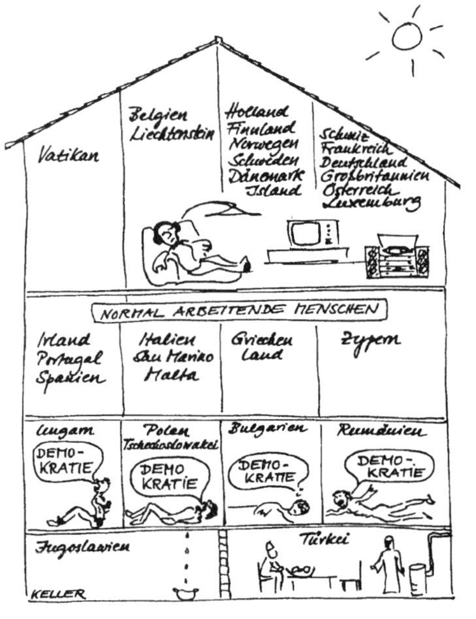

Aus: Geschichtsbuch. Die Menschen und ihre Geschichte in Darstellungen und Dokumenten. Ergänzungsheft. Frankfurt/M. 1992, S. 58.

Unsere Schule, ein gemeinsames Haus?

Wie würde das Bild aussehen?

Was ist die Basis, was das Dach?

Was befindet sich im Keller?

Was wird gemeinsam genutzt, was nur von wenigen?

Vorstrukturierte Bilder

Kopiervorlage

Wandtafel

Die Wandtafel ist immer noch das wichtigste Medium in der Schule. In freien Bildungseinrichtungen ist sie inzwischen kaum mehr zu finden. Sie wurde von Overheadprojektoren, Flipchart-Ständern und Meta-Plan-Wänden verdrängt. Dabei gibt es kaum ein so sparsames, universell einsetzbares und umweltverträgliches Medium wie die Wandtafel.

Die Wandtafel kann in der Bildungsarbeit alle notwendigen Funktionen der Visualisierung erfüllen.

Tafelbilder haben Prozesscharakter und sollten während der Seminararbeit und vor den Augen der Teilnehmerinnen und Teilnehmer entstehen. Die schrittweise Entfaltung eines Tafelbildes kann so zu gedanklichen Verknüpfungen und Einsichten führen. Wichtig ist es deshalb, dass das Tafelbild gut gegliedert und gut lesbar (am besten in der sog. Ausgangsschrift oder in Druckschrift) geschrieben wird.

Nachteile

Die Nachteile der Wandtafel sind der begrenzte Raum und damit die Notwendigkeit, Geschriebenes wieder abzuwischen. Manche sehen auch den Staub, den die Kreide verursacht, als einen Nachteil an.

Vgl. Hilbert Meyer: Unterrichts-Methoden. II: Praxisband. Frankfurt/M. 1987, S. 217 ff.

Mögliche Probleme

„Ein großes Problem im Umgang mit dem Medium Tafel sind die vielen negativen Assoziationen: In der Erinnerung vieler Erwachsener ist die Tafel unerreichbar groß, bedrohlich dunkel. Die Angst auslösende Schultafel mit ihrer gähnenden Leere, ihren herausfordernden Fragezeichen wurde vom Lehrer häufig als Machtinstrument benutzt. Er war es, der die Aufforderung aussprach, an die Tafel zu kommen. Für manchen Schüler geriet das zum Martyrium, an das man als Erwachsener auf keinen Fall erinnert werden möchte, auch nicht durch Tafel und Kreide.“

Traute Langner-Geißler / Ulrich Lipp: Pinwand, Flipchart und Tafel. Mit den Augen lernen Band 3. Weinheim/Basel 2. Auflage 1994, S. 12 f.

„Ich wählte Tafel und Kreide“

„Hätte ich unter alten und neuen Unterrichtsmitteln ein einziges zu wählen, ich wählte Tafel und Kreide.

Was macht dieses Mittel so brauchbar?

- ▲ Es ist universal.
- ▲ Es ist einfach, in jedem Augenblick und auch ohne Vorbereitung zu handhaben.
- ▲ Es erlaubt beispielsweise, während ich rede, ein neues Wort, einen unbekannten Namen, das Gehörte und Gemeinte auch vor das Auge der Schüler zu bringen.
- ▲ Es lässt diese miterleben, wie die Erklärung, die ich gebe, zu Stande kommt, wie eine Ordnung entsteht, wie viel Zeit das braucht und wie nützlich und befriedigend Klarheit, Verständlichkeit, Gegensatz und Unterscheidung sind.
- ▲ Ich bin vor allem ganz frei in der Verwendung dieses Mittels, ich kann es nebenbei benutzen oder zum Haupteffekt machen; ich kann dazu reden oder dazu schweigen, ohne die Aufmerksamkeit der Schüler zu verlieren; ich kann Fehler schnell beseitigen; ich kann die Schüler an einer gemeinsamen Operation beteiligen: ‚Und wie fälle ich jetzt das Lot? – Willst du's versuchen, Gertrud?‘“

Hartmut von Hentig: Das allmähliche Verschwinden der Wirklichkeit. © 1984 Carl Hanser Verlag München/Wien, S. 22.

Wandzeitungen

„Historisch gesehen ist die Wandzeitung als Mittel der Agitation und politischen Meinungsäußerung in der Sowjetunion entstanden. Besondere Verbreitung hat sie als ‚Tatzupao' (‚Zeitung der großen Schriftzeichen'), in der VR China gefunden, wo sie sogar verfassungsmäßig als Mittel der politischen Auseinandersetzung verankert ist. In der Bundesrepublik Deutschland und im übrigen Westeuropa wurde ab 1968 die Wandzeitung auch von der studentischen Protestbewegung und anderen, sich als ‚basisdemokratisch' bezeichnenden Bewegungen als Mittel der Gegeninformation eingesetzt, weil man die Berichterstattung der Massenmedien als einseitig oder irreführend ansah. Im schulischen Bereich wird die Wandzeitung seit 1924 von dem französischen Pädagogen Célestin Freinet und der von ihm gegründeten Bewegung ‚Ecole Moderne' eingesetzt."

Hans Jörg: Wandzeitung und Plakat. In: W. W. Mikkel / D. Zitzlaff (Hrsg.): Handbuch zur politischen Bildung. Bonn 1988, S. 381.

In der Seminararbeit werden Wandzeitungen vor allem auf drei Arten verwendet: als Informationswand, als Ergebniswand und als Meinungswand.

Wandzeitung als Informationswand

Als Informationswand wird die Wandzeitung von den Teilnehmerinnen und Teilnehmern zum jeweiligen Seminarthema mit Zeitungsausschnitten, Aussagen, Zitaten, Tabellen, Bildern usw. beklebt, beschrieben und bemalt. Sie dient hier der gezielten Visualiserung von Informationen. Wichtig ist es, sich abzusprechen, wer die Gestaltung der Wandzeitung übernimmt.

So können sich auf der Wandzeitung befinden:

- ▲ alle Zeitungsartikel, die während des Seminarverlaufs zum Thema erscheinen;
- ▲ Zeitungsartikel verschiedener Zeitungen zu einem Thema;
- ▲ Stellungnahmen von Personen oder Parteien;
- ▲ wichtige politische Entscheidungen;
- ▲ Chronologien, Tabellen, Schaubilder, Fotos;
- ▲ Karten verschiedener Regionen usw.

Die so gesammelten Materialien sollten regelmäßig kritisch besprochen und kommentiert werden.

Wandzeitung als Ergebniswand

Ergebnisse aus Diskussionsrunden oder Gruppenarbeiten können auf Wandzeitungen festgehalten werden. Vergleichbar werden solche Wandzeitungen, wenn zuvor grobe Gliederungs- (oder Gestaltungs-)punkte abgesprochen wurden. Anhand dieser Visualisierungen werden sie dann dem Plenum vorgestellt. Wichtig ist hierbei, dass die Wandzeitung so beschrieben und gestaltet wird, dass sie für die anderen einen Informationswert besitzt. Da sich auf Wandzeitungen i. d. R. nur Begriffe oder Stichworte befinden, bedarf es der Erläuterung und Kommentierung.

Wandzeitung als Meinungswand

Auf dieser Meinungswand, die im Seminarraum oder im Foyer hängt, können persönliche Stellungnahmen und Äußerungen der Teilnehmerinnen und Teilnehmer zum Thema und zum Verlauf des Seminars geäußert werden. Bei längeren Seminaren sollte die Meinungswand in der Mitte des Seminars ausgetauscht werden, um Platz für neue Äußerungen zu bekommen.
Es kann auch sehr hilfreich sein, bestimmte Rubriken als Vorgaben einzuführen, z. B. „Wünsche", „Kritik", „Vorhaben", „Gelungenes".

Erstellung einer Wandzeitung zum Thema als Gruppenaufgabe

Die Erstellung einer Wandzeitung kann auch als eigene Gruppenaufgabe gestellt werden. Dabei ist darauf zu achten, dass das Thema klar formuliert wird. Besonders in der Anfangsphase eines Seminars kann auf diese Weise das Vorwissen der Teilnehmerinnen und Teilnehmer in die Arbeit einfließen.

Wandzeitungen
Beispiele

Abschrift von Wandzeitungen aus Kleingruppen

Was gehört alles zu Gewaltspielzeug?

- Messer
- Pistolen, Gewehre
- Pfeil und Bogen
- Modellbau: Panzer, Flugzeuge, Kriegsschiffe
- Eigenbau: Panzer, Flugzeuge, Kriegsschiffe
- Soldaten, Plastikfiguren
- Master-Figuren, Zubehör
- Szenarien
- Brettspiele
- Bewegungsspiele
- Video-Computer-Spiele
- Kataloge, Werbung
- Bücher, Comics
- Filme, Kassetten
- Nachrichtensendungen

Wie kann man mit Gewaltspielzeug umgehen?

- verbieten
- tolerieren
- tolerieren, aber: ich mag es nicht
- wegnehmen
- zerstören
- nicht beachten –
  Kind anderweitig motivieren
- drohen
- mitspielen
- tabuisieren
- verdrängen
- zwiespältig – mal so, mal so reagieren
- Grenzen setzen

Warum spielen Kinder mit Kriegs- und Gewaltspielzeug?

- Macht über andere (als Schwächerer, als Stärkerer)
- Verarbeitung von Filmen, Kassetten, Comics (Medien)
- Verarbeitung von Streitsituationen in der Familie und im sozialen Umfeld
- Spielhandlung kann selbst bestimmt werden
- macht Krach und Spaß
- austoben, abreagieren
- Reiz, weil verboten
- Bewältigung von allgemeinen Ängsten und Kriegsängsten
- Nachahmung von Idealen, Helden
- motivierende Werbung im Fernsehen
- Gruppenzwang
- Ansteckung
- Fantasielosigkeit?
- Aktualität
- einfache und schnelle Konfliktlösung

Folien

Folien, die über einen Tageslichtprojektor projiziert werden, können Gesprochenes visuell unterstützen, oder sie können durch Gezeigtes einem Gespräch neue Impulse geben. Dabei bleiben durch die einfache Anwendung Spontaneität und Improvisation möglich.

Auch die gesamte Gruppe kann und sollte einbezogen werden: eigene Folien gestalten, Bildfolgen entwerfen, gemeinsam Situationen symbolhaft darstellen etc.

Einige Anwendungsmöglichkeiten

- ▲ Text direkt auf Folie schreiben;
- ▲ Schaubilder auf Folien kopieren;
- ▲ Karikaturen auf Folie kopieren;
- ▲ Fotos zum Einstieg auf Folie kopieren (wirkt mit Farbkopien am besten);
- ▲ sich ergänzende Teile eines Schaubildes auf mehrere Folien kopieren, die dann übereinander gelegt werden;
- ▲ Grundstrukturen von Schaubildern, (z. B. Umrisse von Ländern) vorbereiten, den Rest aktuell ergänzen oder von der Gruppe ergänzen lassen;
- ▲ mit alltäglichen Gegenständen symbolhaft illustrieren (z. B. durch die Verwendung von Kieselsteinen, Streichhölzern, Schlüsseln, Chips etc.);
- ▲ Schattenrisse herstellen (von Ländern, Personen etc.);
- ▲ Spielfiguren, Gegenstände, Häuser etc.; für Szenarien herstellen;
- ▲ mit transparenten Glasmalfarben auf Folien malen;
- ▲ Bilder auf Plakate und Poster übertragen. Durch die Projektion auf ein an der Wand befestigtes großes Papier können Umrisse und ganze Bilder großflächig übertragen werden. Durch die Kombination verschiedener (Teil-) Bilder und Symbole können dabei neue Bilder zusammengesetzt werden.

Hinweise zum Einsatz

- ▲ Vor allem visuelle Elemente einsetzen (Symbole, Grafiken etc.). Mit der Schrift sparsam umgehen.
- ▲ Kernbegriffe, kurze Thesen, Lückentexte, Assoziationen erwecken mehr Aufmerksamkeit als lange Texte.
- ▲ Die Teilnehmerinnen und Teilnehmer einbeziehen. Der Tageslichtschreiber sollte nicht nur von der Seminarleitung benutzt werden.
- ▲ Auf großzügige Darstellung und große Schrift achten.
- ▲ Verschiedene Farben und Strukturhilfen (Pfeile, Verbindungslinien, Kreise, Kästchen etc.) verwenden.
- ▲ Wichtig: Hinweise nicht mit der Hand an der Leinwand geben, sondern mit einem Stift auf der Projektionsfolie. So bleibt der Blickkontakt mit den Teilnehmerinnen und Teilnehmern erhalten.
- ▲ Wo es sich anbietet, nicht die ganze Folie auf einmal zeigen, sondern Teile abdecken und nur nach und nach freigeben.
- ▲ Den Projektor immer dann, wenn er nicht gebraucht wird, abschalten!
- ▲ Den Projektor nicht schräg stellen, da dies zu einer trapezförmigen Verzerrung des gesamten Bildes führt.

Kreativer Umgang

In Zeitschriften vorgefundenes Bildmaterial kann (nachdem es auf Folie kopiert worden ist) kreativ verwendet und verändert werden:

- ▲ Heraustrennen unerwünschter Bildteile;
- ▲ Hinzufügen neuer Texte;
- ▲ Hinzufügen von Sprech- und Denkblasen;
- ▲ Auseinanderschneiden von Text-Bild-Folgen (Cartoons) etc.;
- ▲ Montage verschiedener Bild- und Textteile;
- ▲ Zerlegen von Karikaturen zu Aufbautransparenten;
- ▲ Verändern durch Hinzufügen anderer Farben bzw. farbiges Ausmalen;
- ▲ Überraschungseffekte durch Abdecken bestimmter Bildteile.

Vgl. Gerhard Jost: Zum Umgang mit Folien. Gelnhausen u. a. 1983.

Computer

Computer bieten eine Reihe von Visualisierungsmöglichkeiten, die kein anderes Medium bereitstellen kann.

Vor allem im Bereich der Veranschaulichung von Zahlen und Daten oder Zusammenhängen ist er konkurrenzlos. In Sekundenschnelle werden Zahlenreihen als Säulen oder Kuchengrafiken dargestellt. Mathematische Parameter können als dynamische Kurven präsentiert oder als komplexe ökologische Netze visualisiert werden.

Die moderne Computertechnologie hat so im Bereich der Visualisierung völlig neue Möglichkeiten eröffnet. Diese erschließen sich jedoch nur, wenn entsprechende Programme zur Verfügung stehen und diese auch bedient werden können. Sind jedoch Programme für die Präsentationsgrafik vorhanden (z. B. Powerpoint, Corel Draw, Corel Chart oder Corel Show), so können wirkungsvolle Visualisierungen entwickelt werden.

Schaubilder oder Abläufe, die gezeigt werden sollen, müssen unbedingt vorbereitet und getestet sein.

Visualisierung ist kein Vorrecht der Seminarleitung. Steht ein Computer zur allgemeinen Verfügung, so können auch die Teilnehmerinnen und Teilnehmer z. B. Ergebnisse einer Kleingruppe als HTML-Seite, Flugblatt oder Zeitungsseite im PC gestalten und den anderen ausgedruckt zur Verfügung stellen.

Technische Voraussetzungen

Um Computer für Visualisierungszwecke vor Gruppen einsetzen zu können, ist ein „Beamer“ oder ein Großbildschirm notwendig. Steht ein Internetanschluss zur Verfügung, so ergeben sich weitere Präsentationsmöglichkeiten.

Schülerinnen und Schüler visualisieren ihren Unterricht

In mehreren „typischen“ Englischstunden haben Schülerinnen und Schüler einer 7. Klasse Strichlisten darüber angefertigt, wie oft sie vom Lehrer aufgerufen wurden. Diese Listen haben sie dann mit Hilfe eines Computers in eine Diagramm-Grafik umgesetzt.

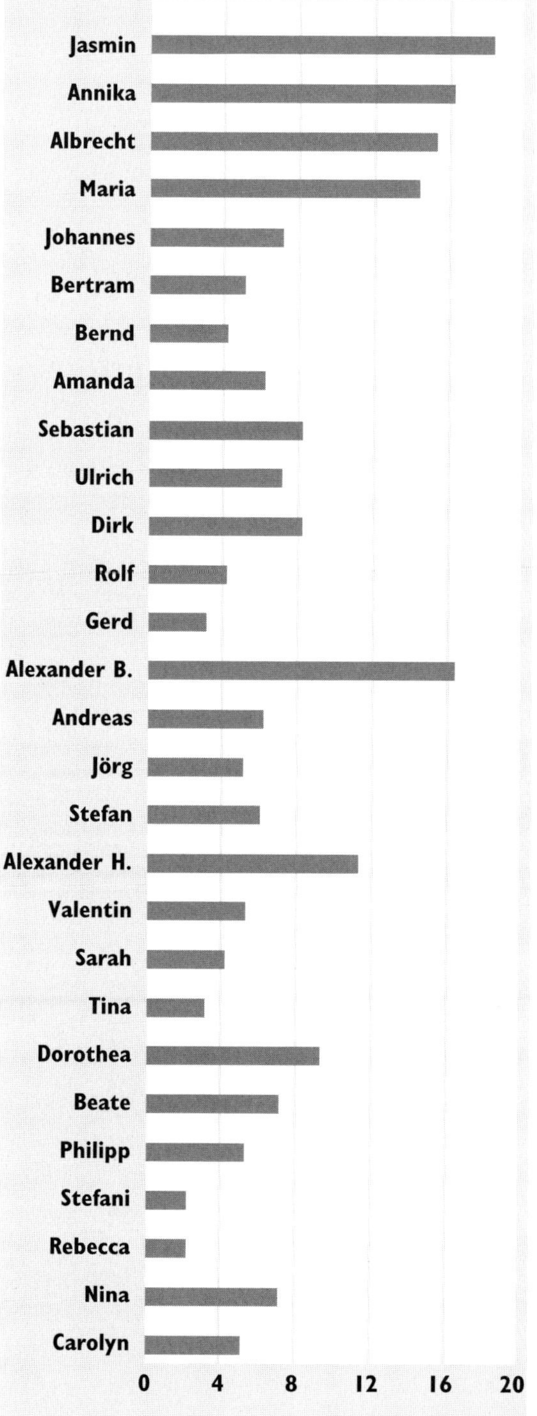

Arbeitspapiere usw.

Arbeitsblätter

ABC-Methode

Sprechblasen

Pro-Kontra-Texte

Argumente suchen

Wochenzeitplan

Ankreuzblätter

Briefe

Chronologien

Arbeitspapiere in ihren verschiedenen Formen stellen in Bildungsveranstaltungen immer noch eine wichtige Möglichkeit der Auseinandersetzung mit Themen dar:

- ▲ Sie können während eines Seminars als Materialgrundlage für die Arbeit in Arbeitsgruppen verwendet werden.
- ▲ Sie können als ergänzende Informationen während eines Referates oder Vortrages dienen.
- ▲ Oder sie können zur Vertiefung sowie als Erinnerungsstütze zur Verfügung gestellt werden.

Dabei können Arbeitsblätter so ausgesucht oder gestaltet werden, dass sie sich z. B. zum Selbststudium für die Teilnehmerinnen und Teilnehmer oder als Vorbereitungs- oder Einstiegsmaterialien eignen.

Arbeitspapiere können nicht nur direkt Inhalte vermitteln, sondern es gibt auch eine Reihe von arbeitsblattorientierten Methoden, d. h. Methoden, die sich auf eine schriftliche Vorlage beziehen.

Arbeitsblätter

Bei vielen Seminaren und Bildungsveranstaltungen spielen Arbeitsblätter eine wichtige Rolle. Ein Arbeitsblatt beinhaltet Informationen und Aufgaben, die speziell zum Zwecke der Bildungsarbeit zusammengestellt wurden.
Die bloße Kopie eines Zeitungsartikels, einer Tabelle oder Karikatur ist noch kein Arbeitsblatt. Sie kann jedoch zu einem Arbeitsblatt werden, wenn sie mit entsprechenden Erläuterungen und Fragen versehen wird.

Funktionen

Arbeitsblätter können unterschiedliche Funktionen haben, je nachdem, an welcher Stelle sie eingesetzt werden:

- ▲ sie können als Vorbereitung auf ein Thema grundlegende Vorabinformationen beinhalten;
- ▲ sie können als Einführung in ein Thema eingesetzt werden, um ein erstes Problembewusstsein zu schaffen;
- ▲ sie können zur Vertiefung der thematischen Arbeit verwendet werden;
- ▲ sie können als Möglichkeit der weiter gehenden Information angeboten werden.

Arbeitsblätter vermitteln leicht den Charakter von Beliebigkeit. Sie müssen deshalb sehr gezielt eingesetzt und, wenn mehrere verwendet werden, auch aufeinander aufbauend sein.

Formale und inhaltliche Kriterien

- ▲ Arbeitsblätter müssen eindeutig zu identifizieren sein, d. h., auf ihnen müssen das Thema und die Quelle deutlich angegeben werden.
- ▲ Arbeitsblätter sollten ansprechend gestaltet sein. Kopien, die nur schwer zu lesen sind, sind nicht zu gebrauchen. Die Schrift darf nicht zu klein sein, der Text sollte möglichst gegliedert sein. Arbeitsfragen sollten deutlich vom Text getrennt aufgeführt werden.
- ▲ Der Arbeitsauftrag sollte kurz und konkret formuliert sein und wenn notwendig auch die einzelnen Arbeitsschritte deutlich machen.
- ▲ Die Beziehung zum Thema sollte deutlich sein.
- ▲ Die Arbeitsblätter sollten die Selbsttätigkeit der Teilnehmerinnen und Teilnehmer fördern und nach Möglichkeit eigenständige Lösungen zulassen.
- ▲ Arbeitsblätter können den Text erklärende Zusatzinformationen enthalten.

Arbeitsblätter können also dazu beitragen, daß Teilnehmerinnen und Teilnehmer in Einzel-, Partner- oder Gruppenarbeit eigenständig Themen bearbeiten bzw. zu Problemlösungen gelangen.

Viele der auf den folgenden Seiten aufgeführten Methoden können auch als „Arbeitsblätter“ gesehen und so eingesetzt werden.

Vgl. Hilbert Meyer: Unterrichtsmethoden II. Praxisband. Frankfurt/M. 1987, S. 307 ff.

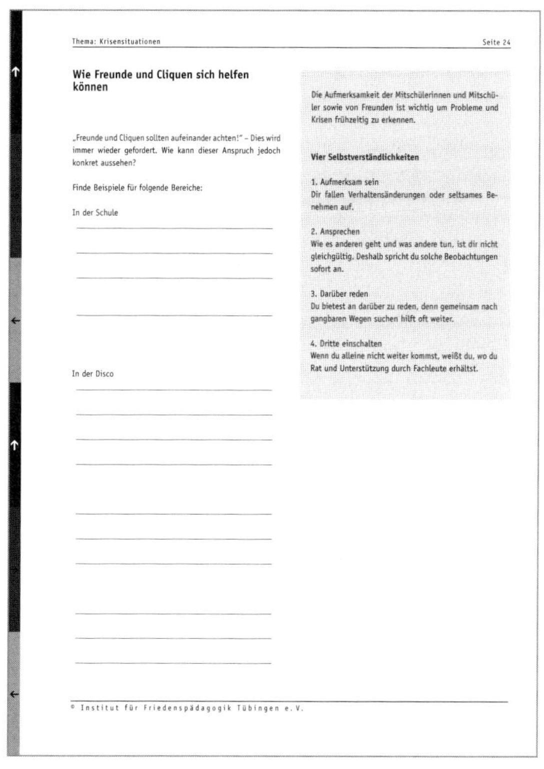
Thema: Krisensituationen — Seite 24

Wie Freunde und Cliquen sich helfen können

„Freunde und Cliquen sollten aufeinander achten!“ – Dies wird immer wieder gefordert. Wie kann dieser Anspruch jedoch konkret aussehen?

Finde Beispiele für folgende Bereiche:

In der Schule

In der Disco

Die Aufmerksamkeit der Mitschülerinnen und Mitschüler sowie von Freunden ist wichtig um Probleme und Krisen frühzeitig zu erkennen.

Vier Selbstverständlichkeiten

1. Aufmerksam sein
Dir fallen Verhaltensänderungen oder seltsames Benehmen auf.

2. Ansprechen
Wie es anderen geht und was andere tun, ist dir nicht gleichgültig. Deshalb spricht du solche Beobachtungen sofort an.

3. Darüber reden
Du bietest an darüber zu reden, denn gemeinsam nach gangbaren Wegen suchen hilft oft weiter.

4. Dritte einschalten
Wenn du alleine nicht weiter kommst, weißt du, wo du Rat und Unterstützung durch Fachleute erhältst.

© Institut für Friedenspädagogik Tübingen e. V.

ABC-Methode

Durch die Vorgabe eines leeren ABC-Blattes werden die Teilnehmerinnen und Teilnehmer animiert, ihre Voreinstellungen zu bestimmten Themen auszudrücken.

Jede Teilnehmerin und jeder Teilnehmer erhält ein Blatt mit der Bitte, zu jedem Buchstaben einen Begriff, Ausdruck, Satz, Einfall etc. aufzuschreiben.

Die Methode kann als Einzelarbeit oder als Partnerarbeit angewendet werden. Die Ergebnisse werden den anderen so vorgelesen, dass zunächst alle ihre Aussagen zu „A", dann zu „B" usw. mitteilen. Auf diese Weise entsteht eine Fülle von Begriffen und Einfällen, die das Thema beschreiben.

Die Vorgaben können sehr offen und weit oder gezielt auf einen Begriff hin gegeben werden. Beispiele:

- ▲ Was fällt Ihnen zu dem Thema „Fremde/Ausländer" ein?
- ▲ Was beinhaltet für Sie der Begriff „Arbeit"?
- ▲ Was bedeutet für Sie „Partnerschaft"?

Variationen

- ▲ Mit der ABC-Methode können auch Pro- und Kontra-Argumente zu einem Thema gesammelt werden. Eine Untergruppe sammelt die Pro-Argumente, eine andere Untergruppe die Kontra-Argumente anhand der ABC-Liste.
  ***Beispiel**:*
  Sollen alle Ausländerinnen und Ausländer ein Kommunalwahlrecht in der BRD erhalten?
- ▲ Die einzelnen Buchstaben eines Begriffes werden untereinander geschrieben. Mit jedem Buchstaben des Wortes soll nun ein Wort beginnen, das den Begriff erläutert.

  G ... rausamkeiten
  E .... lend
  W .. affen
  A.... rmeen
  L .... azarette
  T .... ote

ca. 20

ABC-Blatt

Finden Sie jeweils einen Begriff, der zu „Schule" passt.

A Abschreiben
B Bücher
C Chemie
D Diktat
E Eintrag
F Ferien
G Grammatik
H Hausaufgaben
I irre
J Jungen ärgern
K Klassenarbeit
L Langeweile
M Mathe
N Nachsitzen
O Ordnung
P Pisa
Q Quatschen
R Rechnen
S Schlafen
T Tafel
U Unterricht
V Versetzung
W Wochenende
X –
Y Yogis
Z Zeugnis

Nato-Alphabet

Um den ukrainischen Präsidenten Kutschma von US-Präsident Georg W. Bush beim Treffen des Euro-Atlantischen Partnerschaftsrat in Prag, im November 2002, fern zu halten, hat die Nato die Sitzordnung am Französischen statt am Englischen ausgerichtet. „Das ist ein schöner neuer Trick, damit sie nicht nebeneinander sitzen", hieß es in Nato-Kreisen. Nach der englischen Reihenfolge hätte Kutschma neben Bush gesessen. Im Französischen wird aus United States allerdings Etats-Unis. Weil E und U weit voneinander entfernt liegen, rutschte Kutschma ganz an das eine Ende des hufeisenförmigen Tisches.

Vgl. Frankfurter Rundschau, 23. 11. 2002

ABC-Methode

Kopiervorlage

A

B

C

D

E

F

G

H

I

J

K

L

M

N

O

P

Q

R

S

T

U

V

W

X

Y

Z

Sprechblasen

Sprechblasen eignen sich zum Einstieg, um verschiedenartige Aussagen zu einem Thema anschaulich darzustellen.

Der Inhalt der Sprechblasen kann vorgegeben oder aber auch von den Teilnehmerinnen und Teilnehmern selbst ausgefüllt werden.
Wird der Inhalt der Sprechblasen vorgegeben, so ist das Arbeitsblatt eine Unterlage zum Diskussionseinstieg.
Sind die Sprechblasen leer, haben die Teilnehmerinnen und Teilnehmer die Aufgabe, nach ihren Vorstellungen Meinungen zuzuordnen, z. B. „Brauchen wir weiterhin Atomkraft?", „Wie viele Flüchtlinge soll die Bundesrepublik aufnehmen?", „Soll die Wehrpflicht abgeschafft werden?".

Eine weitere Möglichkeit ist, nur einen Teil der Sprechblasen vorzugeben, sodass wie bei einem Gespräch die Antworten eingetragen werden müssen.

Auf **Arbeitsmaterial 1** sind verschiedene Personen abgebildet, denen eine Meinung zum Thema in den Mund gelegt werden soll. „Was denken Sie, würde die entsprechende Person zu folgender Aussage sagen?"

Auf **Arbeitsmaterial 2** kann ein Dialog über ein Thema entwickelt werden. Bei der Vorbereitung des Arbeitsblattes können dabei entweder die Ausgangsmeinungen vorgegeben werden (diese müssen dann in die beiden oberen Sprechblasen eingetragen werden), oder es werden in die linke Sprechblasenreihe einzelne Aussagen zum Thema eingetragen, zu denen eine Antwort formuliert werden soll.

10–20

Beispiel 1

Wie könnte folgendes Gespräch weitergehen?

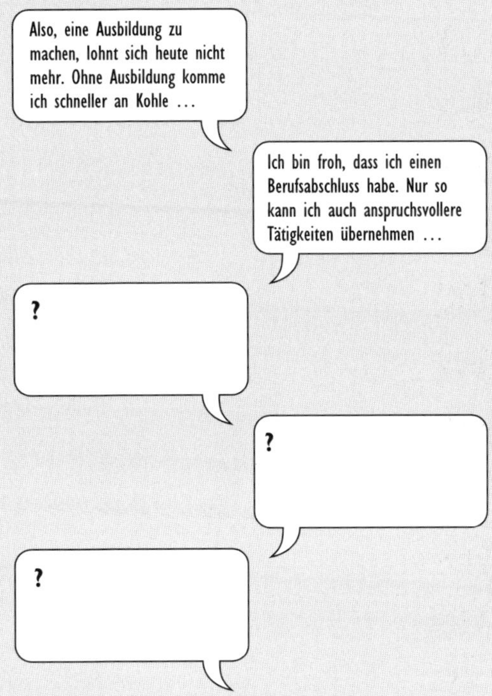

Beispiel 2

Wie würden Sie auf folgende Aussagen antworten?

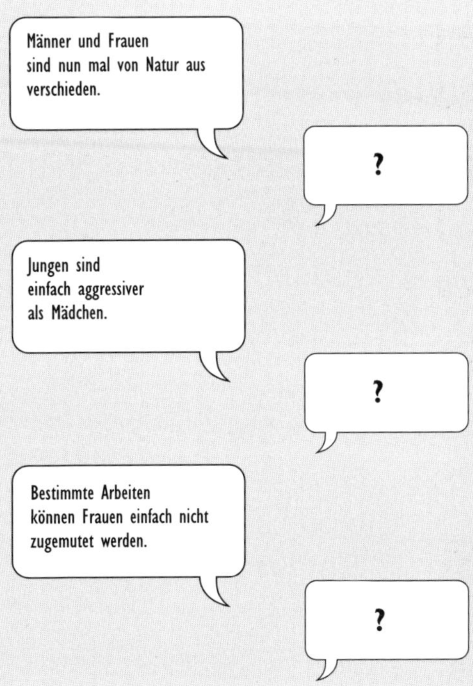

Sprechblasen

Arbeitsmaterial – I

Was würden die hier abgebildeten Personen zu folgender Meinung (These usw.) sagen:

Sprechblasen

Arbeitsmaterial – 2

Wie könnte folgendes Gespräch weitergehen:

Pro-Kontra-Texte

Viele Fragen im gesellschaftlichen und politischen Bereich werden kontrovers diskutiert. Diese Kontroversen sollen auch in der Bildungsarbeit sichtbar werden. Eine Möglichkeit hierzu ist, prägnante Pro-Kontra-Texte gegenüberzustellen. Sie ermöglichen so eine direkte Auseinandersetzung mit den Argumenten beider (oder mehrerer) Seiten.

Die Texte werden gemeinsam gelesen und dann auf ihre Argumentation geprüft. Wo stimme ich überein? Wo bin ich warum anderer Meinung? Die „Pro-“ bzw. „Kontra-Position“ kann auch von einzelnen Teilnehmerinnen und Teilnehmern übernommen und in einem Streitgespräch weiterentwickelt werden.

Pro-Kontra-Texte können leicht aus der Tagespresse entnommen werden. Eine besondere Art von Pro-Kontra-Aussagen stellen Werbeaussagen und deren Konfrontation mit der Wirklichkeit dar.

ca. 30

Zum Beispiel: Sind gentechnische Verfahren sicher?

pro

Gentechnische Verfahren sind sicher. Gentechnisch hergestellte Lebensmittel, Zusatz- oder Hilfsstoffe sind nicht von vornherein unsicherer oder bergen andersartige oder höhere Risiken als konventionell gewonnene.
Die Gentechnik stellt die konsequente Weiterentwicklung der traditionellen Züchtung dar und nutzt die wissenschaftlichen Erkenntnisse der Biologie und Gentechnik zur gezielten Veränderung von Tieren, Pflanzen und Mikroorganismen. Anders als in der klassischen Züchtung erlaubt die Gentechnik ein Überspringen der Artgrenzen, und so können z. B. Erbanlagen aus Pflanzen in Bakterien eingebracht werden. Gentechnische Verfahren sind, wie Millionen von Experimenten und mehr als 1.000 Freisetzungen von gentechnisch veränderten Organismen zeigen, sicher. Die potenziell möglichen Risiken der Gentechnik sind, bezogen auf das Neukombinieren von Erbgut, weder anders einzuschätzen noch grundsätzlich anders geartet als die bei der klassischen Züchtung. Besondere Aufmerksamkeit gebührt aber der neu eingeführten Erbinformation.

Prof. Dr. Klaus Dieter Jany, Leiter des Molekularbiologischen Zentrums der Bundesforschungsanstalt für Ernährung, Karlsruhe. In: Barmer 3/93, S. 11.

kontra

Es ist nach dem heutigen Stand der Wissenschaft nicht vorhersehbar, welche Auswirkungen diese neuartigen Nahrungsmittel auf den menschlichen Organismus haben werden. Niemand kann ausschließen, dass genmanipulierte Mikroorganismen, Pflanzen oder Tiere, als unerwünschte „Nebenprodukte“ gesundheitsschädliche Stoffe bilden oder Allergien fördern. Weitere mögliche Nebenwirkungen werden unter Umständen erst nach Jahren oder Jahrzehnten offensichtlich. Verbraucherinnen und Verbraucher, wir alle also, werden zu Versuchskaninchen einer neuen Technologie – ohne unser Wissen, denn eine Kennzeichnung des Labor-Essens ist nirgends vorgesehen.
Risiken bestehen aber auch für die ohnehin schon übermäßig strapazierte Umwelt. Die manipulierten Mikroorganismen, mit denen zum Beispiel Zusatz- oder Aromastoffe gewonnen werden, dürfen aus Produktionsanlagen der untersten Sicherheitsstufe ohne vorherige Inaktivierung in die Umwelt freigesetzt werden. Die ökologischen Folgen einer – prinzipiell möglichen – Übertragung der neuen Gene auf wild lebende Mikroorganismen sind nicht abschätzbar.

Karin Focke, Diplom-Biologin und Mitarbeiterin beim Gen-ethischen Netzwerk e. V., Berlin. In: Barmer 3/93, S. 12.

Argumente suchen

Zu einem Thema werden die wichtigsten Aussagen (am besten in Form von kurzen Zitaten) aufgeführt. Daneben oder darunter wird Platz für die Entgegnung gelassen.
So können eigene Gegenargumente gefunden werden. Diese Gegenargumente können anschließend systematisiert und auf ihre Stichhaltigkeit geprüft werden.
Im Rahmen einer Gruppenarbeit können die gefundenen Argumente diskutiert und ergänzt werden.

Variation

„Argumente suchen" kann auch in mündlicher Form als Spiel veranstaltet werden. Die Leitung hat zu einem Thema die „Pro-" oder die „Kontra-" Argumente zusammengestellt. Sie liest diese vor. Die Aufgabe besteht nun darin, möglichst rasch durch Zuruf ein Gegenargument zu finden. Dabei kann auch geprüft werden, wie stichhaltig das Gegenargument ist.

Z. B. Zu folgenden Pro-Argumenten zum Themenbereich **Abschaffung der Wehrpflicht** sollen Kontra-Argumente gefunden werden:

Beispiel: Abschaffung der Wehrpflicht

Was sagen Sie zu diesen Aussagen:

1. Durch die Verkleinerung der Bundeswehr werden auch weniger Wehrpflichtige benötigt. Deshalb ist Wehrgerechtigkeit nicht mehr gegeben.
2. Neun Monate Dienstzeit für Wehrpflichtige sind für eine anspruchsvolle Ausbildung an modernen Waffensystemen zu wenig. Nur länger dienende Freiwillige können den Umgang mit solchen Waffen erlernen.
3. Die veränderte Sicherheitslage in Mitteleuropa hat dazu geführt, dass für die Bundeswehr neue Aufgaben definiert wurden. Krisenreaktionseinsätze sind jedoch mit Wehrpflichtigen nicht zu machen.
4. Andere europäische Staaten haben die Wehrpflicht bereits abgeschafft. Wehrpflicht passt nicht in ein neues vereintes Europa.
5. Wehrpflicht nur beizubehalten, um auch den Zivildienst beibehalten zu können, ist eine zu schwache Legitimation für diesen Dienst.

Beispiel: Asylbewerber

Was sagen Sie zu folgenden Aussagen:

1. „Über 90 Prozent der Asylbewerber sind Wirtschaftsflüchtlinge und missbrauchen unser Asylrecht."
2. „Wir müssen uns vor dem weiteren Zuzug neuer Asylbewerber schützen."
3. „Für die Armen dieser Welt bedeutet das Wort ‚Asyl' ein ‚Sesam-öffne-dich' in die Bundesrepublik."
4. „Asylbewerber überlasten unsere öffentlichen Haushalte."
5. „Asylbewerber sind besonders kriminell."

15–30

Literaturhinweise

Hufer, Klaus-Peter: Argumtentationstraining gegen Stammtischparolen. Materialien und Anleitungen für die Bildungsarbeit und Selbstlernen. 2. Aufl. Schwalbach/Ts. 2001.
Tiedemann, Markus: „In Auschwitz wurde niemand vergast ...". 60 rechtsradikale Lügen und wie man sie widerlegt. Mühlheim/Ruhr 1996.

Argumente suchen

Arbeitsmaterial

Thema: Fremdenfeindlichkeit

Viele Menschen begründen ihre ausländerfeindliche Einstellung mit ähnlichen Argumenten wie den hier aufgeführten. Wie stichhaltig sind diese Argumente?

Wohnraummangel

„Weil sie keinen erschwinglichen Wohnraum in bundesdeutschen Großstädten finden, sind junge und kinderreiche deutsche Familien verzweifelt. Zur gleichen Zeit logieren zehntausende Asylbetrüger in Hotels und Pensionen, wird über die Hälfte der Sozialwohnungen Ausländern überlassen."

Arbeitsplatzprobleme

„Ich bekam damals keine Lehrstelle, hatte kein Geld. All die schönen Sachen, die dir einmal vorgejubelt wurden, waren mit einem Schlag in weite Ferne gerückt. Dann siehst du, wie viele gleichaltrige Jugendliche, vor allem Ausländer, mit eigenen Autos rumfahren. Da frage ich mich, warum ich das nicht auch kann? Ist doch klar, dass man aufgrund solcher Erfahrungen sehr leicht auf Ausländerhass anspringt."

Überfremdungsangst

„Die Mehrheit der Deutschen möchte einen Ausländerstopp, weil sie gegen Überfremdung ist."

Wochenzeitplan

Ein Wochenzeitplan ist ein sehr nützliches Instrument, um sich selbst bestimmte Gewohnheiten und Zusammenhänge bewusst zu machen. Er kann z. B. Auskunft über die Fragen geben:

„Wie viele Stunden in der Woche beschäftige ich mich mit meinen Mitmenschen?"

„Wann begegnet mir in welcher Form Gewalt?"

„Wann habe ich für mich befriedigende Tätigkeiten ausgeübt?"

Abstrakte Themen können so auf den konkreten Lebensalltag bezogen werden. Der Zwang zu sehr detaillierten Angaben führt auch dazu, konkret über das Thema zu diskutieren.

Vorgehensweise

- ▲ Jede Teilnehmerin und jeder Teilnehmer erhält ein kopiertes Exemplar der Vorlage.
- ▲ Jede bzw. jeder füllt nun entsprechend der Themenstellung den Wochenzeitplan aus.

Bei der Auswertung spielt die Frage eine Rolle, ob das jeweilige Verhalten beibehalten oder verändert werden soll.

Beispiele

- ▲ Einen kompletten Wochenablauf mit allen Tätigkeiten und Terminen eintragen.
- ▲ Alle Geldausgaben eintragen.
- ▲ Alle Fernsehzeiten mit den jeweiligen Titeln eintragen.
- ▲ Wie viel Zeit verbringe ich wann in (m)einem Auto, wie viel in öffentlichen Verkehrsmitteln?
- ▲ Eine Traumwoche gestalten unter dem Motto: „So würde ich am liebsten meine Zeit verbringen!"
- ▲ Den Tagesablauf einer Lehrerin / eines Lehrers oder einer Schülerin / eines Schülers vor 100 Jahren mit dem von heute vergleichen.

Beispiel

Ein typischer Tag im Leben einer Frau im ländlichen Afrika

4.45	Aufstehen, waschen, essen
5.00– 5.30	Auf die Felder gehen
5.30–15.00	Arbeit auf den Feldern
15.00–16.00	Brennholz sammeln und nach Hause gehen
16.00–17.30	Körner zerstoßen und mahlen
17.30–18.30	Wasser holen
18.30–20.30	Kochen für die Familie und essen
20.30–21.30	Kinder waschen, Geschirr spülen
21.30	Schlafen gehen

Ulrich Oltersdorf / Lioba Weingärtner: Handbuch der Welternährung. Bonn 1996, S. 176.

Tages- bzw. Wochenabläufe unter bestimmten Gesichtspunkten

- ▲ Zigaretten- und Alkoholkonsum
- ▲ Medikamenteneinnahme eines Patienten
- ▲ Körperhaltungen (sitzen, stehen, gehen, liegen)
- ▲ Verkehrsmittelbenutzung (Fahrrad, Auto, Bus, Bahn)
- ▲ Energieverbrauch im Tagesverlauf

10–15

Wochenzeitplan

Kopiervorlage

Uhr	Montag	Dienstag	Mittwoch	Donnerstag	Freitag	Samstag	Sonntag
1							
2							
3							
4							
5							
6							
7							
8							
9							
10							
11							
12							
13							
14							
15							
16							
17							
18							
19							
20							
21							
22							
23							
24							

Ankreuzblätter

Ankreuzblätter eignen sich ebenso gut für den Einstieg in ein Thema wie zur Vergewisserung über den Diskussionsstand der Gruppe. Sowohl persönliche Stellungnahmen als auch Sachwissen und Einschätzungen lassen sich auf diese Weise deutlich machen.

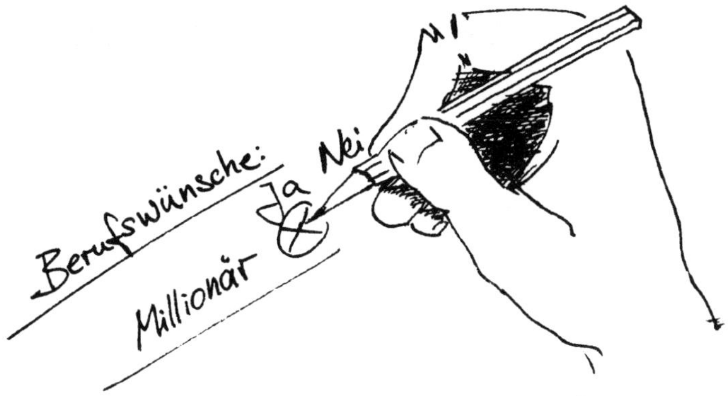

Der wesentliche Effekt für die Teilnehmerinnen und Teilnehmer liegt jedoch in der Selbstvergewisserung und Selbstreflexion, d. h. in der gedanklichen Konzentration und Einstimmung auf ein Thema.
Ankreuzblätter können sich auf verschiedene Bereiche beziehen:

- ▲ auf persönliche Einstellungen und Verhaltensweisen;
- ▲ auf die Klärung von Begriffen;
- ▲ auf die Analyse von Ursachen;
- ▲ auf politische Meinungen und Aussagen.

Vorgehensweise

- ▲ Einzelarbeit:
  Das Ankreuzblatt wird zunächst von jeder bzw. jedem Einzelnen ausgefüllt.
- ▲ Gruppenarbeit:
  Danach können (bei allen Themenbereichen außer bei persönlichen Einstellungen und Verhaltensweisen) in Kleingruppen die jeweiligen Ergebnisse diskutiert und eine Gruppenmeinung gesucht werden.
- ▲ Die Ergebnisse können dann mit anderen Definitionen oder Untersuchungsergebnissen konfrontiert werden.

10–30

Beispiel

Ist diese Handlung gewalttätig?

- ▲ Ein Lehrer brüllt den störenden Schüler an.
- ▲ Die dreijährige Iris schreit und legt sich auf den Boden, weil ihre Mutter ihr kein Eis kauft.
- ▲ Der Vater nimmt seinem Sohn die Spielzeugpistole weg.
- ▲ Ein Bomberpilot drückt auf den Auslöseknopf.
- ▲ Ein Autofahrer fährt dicht auf und hupt.
- ▲ Atomkraftgegner setzen sich vor die Zufahrt einer geplanten Atommülldeponie.
- ▲ Lkw-Fahrer blockieren einen Grenzübergang.
- ▲ Der zweijährige Peter nimmt einem anderen Kind das Spielzeugauto weg.
- ▲ Seine Mutter gibt ihm daraufhin eine Ohrfeige.
- ▲ Wohnungssuchende besetzen ein leer stehendes Haus.
- ▲ Eine Chemiefabrik lässt heimlich giftige Abwässer in einen Fluss.
- ▲ Eine Regierung beschließt, neue Waffensysteme zu beschaffen.
- ▲ Ein Unternehmen entlässt aus Rationalisierungsgründen ein Drittel der Belegschaft.

Ankreuzblätter

Arbeitsmaterial

Was brauchen Sie zum Leben?

Bitte ankreuzen

	kann ich verzichten	könnte ich evtl. verzichten	brauche ich unbedingt
eigenes Auto			
eigenes Haus			
eigene Wohnung			
eigenes Zimmer			
Garten zum Anpflanzen			
Tageszeitung			
Wochenzeitung			
Waschmaschine			
Handy			
Fahrrad			
Gefrierschrank			
jährliche Urlaubsfahrt			
Digitalkamera			
Videogerät			
Fernseher			
PC			
öffentliche Sauna			
gute Nahverkehrsmittel			
öffentliche Bibliothek			
öffentliche Telefonzelle			
Schwimmbad			
Rundfunkgerät			
fließend warmes Wasser			
Kontakte mit anderen			
Bildungsangebote			
Mitreden können			

Mögliche Fragen zur Weiterarbeit

- ▲ Nach welchen Kriterien entscheiden Sie, was Sie zum Leben brauchen?
- ▲ Spielt es für Sie eine Rolle, was die anderen haben?
- ▲ Was bedeutet es für Sie, etwas zu besitzen bzw. auf etwas verzichten zu können oder gar zu müssen?

Wie stehen Sie zu folgenden Gruppen?

Bitte ankreuzen

	Ich zähle mich zu dieser Gruppe	Ich sympathisiere mit dieser Gruppe	Ich akzeptiere diese Gruppe	Ich lehne diese Gruppe ab
Umweltschützerinnen und Umweltschützer				
Rockmusikfans				
Punks				
Skins				
Hausbesetzerinnen und Hausbesetzer				
Fußballfans				
Kriegsdienst-verweigerer				
Hooligans				
GRÜNE / Bündnis 90				
Videofreaks				
Internet-Surfer				
Jugendhausinitiativen				
Bürgertreffs				
Gewerkschaften				
AKW-Befürworterinnen und Befürworter				
Kirchliche Gruppierungen				
Parteien				
Friedensbewegung				
Bundeswehr/Reservisten				

Mögliche Fragen zur Weiterarbeit

Bei den Gruppen, denen Sie sich zugehörig fühlen:

- ▲ Welche Erwartungen hatten Sie ursprünglich an diese Gruppen?
- ▲ Welche Erwartungen wurden an Sie gestellt? Welche dieser Erwartungen haben sich erfüllt und welche nicht?
- ▲ Mit welchen Gruppen sind Sie schon in Konflikt geraten?
- ▲ Was war die Ursache und wie verlief der Konflikt?

Briefe – I

Private Briefe sind eine intime Quelle der Information. Solche Quellen sind heute vor allem im geschichtlichen Kontext bedeutsam, um direkt Betroffene zu Wort kommen zu lassen.

Öffentliche Briefe, wie z. B. Leserbriefe, beziehen Stellung zu einem Vorgang oder Thema.
Briefe können so z. B. je nach ihrer Art

- ▲ dazu beitragen,
  Situationen und Zusammenhänge zu erhellen;
- ▲ dazu beitragen,
  sich selbst einer Sache bewusster zu werden, indem sie jemanden erklärt wird;
- ▲ ein Mittel
  der öffentlichen Meinungsäußerung und der Einflussnahme sein.

Was man mit Briefen machen kann

Briefe als Geschichtsquellen
Eine andere Sichtweise, als die offizielle Geschichtsschreibung oder offizielle politische Stellungnahmen vermitteln historische Briefe und Postkarten. Sie geben einen authentischen Einblick in das Erleben, die Sorgen und Nöte einzelner und ganzer Gruppen. Sie können einen Zugang zu konkreten sozialen Problemen und politischen Ereignissen geben, der ansonsten verschlossen bleibt. Und sie können Einblick in den Alltag, in alltägliche Sorgen und Nöte der Schreibenden vermitteln.

Feldpostbriefe aus dem Ersten und Zweiten Weltkrieg sind z. B. erschütternde Dokumente über das Leiden von Menschen im Krieg, aber auch über Hoffnungen und Sehnsüchte. Solche Briefe sind oft noch bei älteren Menschen erhältlich oder aber in städtischen Archiven zugänglich (vgl. Arbeitsmaterial 2).

Öffentliche Briefe
Leserbriefe in all ihren Formen sind wohl die Briefe, die (wenn sie in den Zeitungen veröffentlicht werden) am weitesten Verbreitung finden. Sie vermitteln viel über die Stimmung in der Bevölkerung, drücken Meinungen und Überzeugungen aus und sind ein nicht zu unterschätzendes Moment der politischen Einflussnahme.

Einen Leserbrief (an eine Zeitung, Fernsehanstalt usw.) selbst zu verfassen (und evtl. auch wegzuschicken) hat so nicht nur didaktische Funktion, sondern ist auch Teil der politischen Kultur.

Fiktive Briefe
In einer fiktiven Rolle wird ein Brief entworfen. Zum Beispiel in der Rolle einer besorgten Mutter wird ein Brief an einen psychologischen Ratgeber einer Zeitschrift („Zeitungsonkel") verfasst, in dem die Sorge um den Konsum gewalttätiger Medieninhalte zum Ausdruck gebracht wird (vgl. Erfahrungsbericht).

Solche fiktiven Rollen können auch Personen aus Filmen, Comicfiguren u. Ä. sein. Diese Briefe ermöglichen das Einüben in soziale Rollen und Denkschemata und damit auch deren Kritik.

Was man mit Leserbriefen machen kann

- ▲ Als fiktive Zeitungsredaktion
  Kriterien für die Auswahl und das Kürzen von Leserbriefen entwickeln (vgl. Arbeitsmaterial 1).
- ▲ Selbst einen Leserbrief
  zu einem Thema oder aber als Antwort auf einen anderen Leserbrief formulieren.
- ▲ Leserbriefe zu einem Thema
  sammeln und auswerten. Welche Argumente werden verwendet? Welche Absichten und Ziele sind mit den einzelnen Aussagen verbunden? Was wird über den Schreiber / die Schreiberin ausgesagt?
- ▲ „Briefe gegen das Vergessen"
  heißt eine Aktion von amnesty international. Jeden Monat veröffentlicht AI drei Einzelschicksale politischer Verfolgung und verbindet dies mit der Bitte, persönliche Briefe an die politisch Verantwortlichen zu schreiben.

Briefe als literarische Form

Z. B. Jostein Gaarder's „Sofies Welt"
„Sofie lebte nun schon seit vierzehn Jahren und hatte in ihrem jungen Leben schon einiges an Briefen bekommen, auf jeden Fall zu Weihnachten, zu Geburtstagen und so. Aber das hier war der seltsamste Brief, den sie je erhalten hatte.
Er hatte keine Briefmarke. Er hatte nicht einmal im Briefkasten gelegen."

Jostein Gaarder: Sofies Welt. Roman über die Geschichte der Philosophie. München 1994, S. 74.

Wie mit Leserbriefen umgehen?

Die Sicht von Zeitungsredakteuren

- „Keinesfalls kann und sollte die Redaktion jedwede Mitteilung vollinhaltlich veröffentlichen. Redigieren heißt auswählen, aufbereiten, optisch zuschneiden. Das gilt insbesonders für Botschaften an die Zielgruppe Journalisten, die ihr Fachblatt mit kritischen Kenneraugen messen."
- „Leserbriefe machen Spaß – auf Lokalseiten sind sie sogar oft das Salz in der Suppe. Und sie verleihen denen eine öffentliche Stimme, die etwa in Ratssitzungen schweigen müssen, wenn es um ihre eigenen Belange geht: den Bürgern."
- „Einerseits: Kürzungen von Leserbriefen ist ein klarer Fall von redaktioneller Zensur. Andererseits: Keiner Redaktion kann zugemutet werden, einen Leserbrief von – nehmen wir einmal an – 20 Schreibmaschinenseiten ungekürzt abzudrucken."
- „Die Redaktion erklärt sich bereit, Leserbriefe bis zu einem gewissen Umfang, beispielsweise 2.000 Zeichen, ungekürzt und unverändert abzudrucken. Einsender längerer Briefe müssen mit Kürzungen rechnen. Damit können doch beide Beteiligten – Einsender und Redaktion – leben!"
- „Es macht natürlich einen Heidenspaß, in den Papieren von Kollegen herumzuschmieren. Schließlich übt man damit Macht über andere aus – und das ist immer ein Lustgewinn."
- „‚Welche (neuen) Argumente zum Thema bringt der vorliegende Leserbrief?' ‚Wo verlässt er den Boden sachlicher Auseinandersetzung und pointiert Meinung?' Diese Kriterien lassen notwendige Kürzungen von Leserbriefen zu, mit denen ich in meiner Verantwortung als lokaler Zeitungsmacher gut leben kann."

Typen von Leserbriefschreibern

1. Der „fast professionelle Leserbriefschreiber"

Er hat zu jedem Thema etwas parat, ob es ihm passt oder nicht. Er ist so was wie der liebe alte Bekannte einer Redaktion. Solche Zuschriften sind recht nett, bieten aber kaum Stoff für Argumentationen im öffentlichen Weg der Meinungsfindung.

2. Leserbriefe der Lokalpolitiker

Ein Ritual: Die Bürger haben ein Recht darauf zu erfahren, wie mies der politische Gegner mal wieder argumentiert hat und wie scheinheilig seine Leute sich im Ausschuss in Szene gesetzt haben. Die Wahrheit muss auf den Tisch! Und so setzt sich der Lokalpolitiker an seinen Schreibtisch.
Diese Kategorie von politischen Leserbriefen ist mithin das unangenehmste, was so auf dem Schreibtisch der Redaktion landet.

3. Die Betroffenen

Leute, die unter dem Eindruck unmittelbarer Erfahrungen aus ihrem Lebensbereich schreiben. Diese Leserbriefe sind die spannendsten, für den Redakteur machmal auch die schwierigsten. Denn da werden zuweilen schwerwiegende Tatsachenbehauptungen aufgestellt, die auf bloßen Vermutungen basieren.

Mancher garniert seinen Leserbrief gar mit Zusätzen wie „Bitte unbedingt in der morgigen Ausgabe veröffentlichen" oder „Nur ohne Veränderungen, sonst gar nicht". Das einzige, was hilft: Sich ans Telefon klemmen und mit dem Leserbriefschreiber reden.

Journalist 7/94, S. 74 f. „Umgang mit Leserbriefen". Auszüge aus Diskussionsbeiträgen von Journalisten.

Briefe

Arbeitsmaterial – 2

Feldpostbriefe

Eine unentdeckte Geschichtsquelle

Die Zahl der im Ersten Weltkrieg zwischen Heimat und Front ausgetauschten Postsachen – Feldpostbriefe, Postkarten, Zeitungen und Päckchen – ist für das Deutsche Reich auf 28,7 Milliarden geschätzt worden. Im Zweiten Weltkrieg sollen zwischen den Wehrmachtsoldaten und ihren Angehörigen in der Heimat rund 50 Milliarden Postsachen ausgetauscht worden sein. Der Großteil der Briefesammlungen und Tagebücher ruht bis heute in privaten Kellern oder auf Speichern, wird auf Flohmärkten feilgeboten oder ist bereits auf Müllkippen gelandet.

Dabei haben solche Briefe immer noch einen gewaltigen Neuigkeitswert.
Sie sind populäre Geschichtsquellen, die die Sichtweise der einfachen Menschen aus dem Krieg vermitteln.
Zweifellos haben solche Quellen auch ihre Tücken: Die Soldaten, aber auch die Angehörigen erzählten ihren Alltag nicht immer realistisch; es wurde geschönt oder ausgeblendet – um den Adressaten zu schonen oder Schwierigkeiten mit der Zensur aus dem Weg zu gehen.

Viele Feldpostbriefe von Mannschaftssoldaten im Zweiten Weltkrieg lassen erkennen, wie sich die Einstellung zum „Erlebnis Krieg" veränderte. In der Phase der militärischen Siege identifizierte sich auch der kleine Mann mit den Parolen der NS-Propaganda. In der zweiten Kriegshälfte dagegen schwankt die Stimmung zwischen Führergläubigkeit und Auflehnung. So schreibt der Soldat Ernst am Tag des Attentats auf Hitler, am 20. Juli 1944, an seine Frau Agnes: „Gebe Gott, dass der schreckliche Krieg endlich doch zu Ende geht und das grauenhafte Blutvergießen aufhört."

Vgl. Anette Lache: Sammlung von Feldpostbriefen gibt Einblick in den Alltag der Soldaten. In: Südwest-Presse, 2. 12. 1993.

Analysemöglichkeiten

- ▲ Welche Themen werden angesprochen, welche ausgeklammert?
- ▲ Was wird über den Lebensrhythmus ausgesagt?
- ▲ Welche Bedürfnisse des täglichen Lebens tauchen auf?

- ▲ Wie sieht die politische, kulturelle, sportliche Betätigung aus?
- ▲ Wie sind die menschlichen Beziehungen (Kameradschaft, Kontakte etc.)?
- ▲ Was wird über Liebe/Sexualität geschrieben?
- ▲ Welche Veränderungen in Bezug auf Einstellungen und Verhaltensweisen kommen zum Ausdruck?
- ▲ Welche Rolle spielt die Religion?
- ▲ Wie ist das persönliche Schicksal mit den äußeren Ereignissen in Beziehung zu setzen?

Bei der Beschäftigung mit Feldpostbriefen ist darauf zu achten, dass Feldpost gefilterte Kommunikation war. Zensoren sorgten dafür, dass alles zurückgehalten wurde, was „die Stimmung" gefährden konnte.

Literaturhinweise

Hank, Sabine / Simon, Hermann: Feldpostbriefe jüdischer Soldaten 1914–1918. Hamburg 2002
Jahn, Peter / Schmiegelt, Ulrike (Hrsg.): Foto-Feldpost. Geknipste Kriegserlebnisse 1939–1945. Espresso Verlag 2000.
Lamprecht, Gerald: Feldpost und Kriegserlebnis. Briefe als historisch-biographische Quelle. Studien Verlag 2001.
Pöppel, Erich: Schriften. Feldpostbriefe aus dem ersten Weltkrieg. AT-Edition, 2000.
Werkstatt Geschichte, H. 22: Feldpostbrief. Rosenheim 1999.

Internet:
Deutschlandfunk: Sendemanuskripte und historisches Begleitmaterial zu Feldpostbriefen: www.dradio.de/dlf/sendungen/feldpost/

Fiktive Briefe

Schülerinnen schreiben an einen „Briefonkel"

Den Schülerinnen einer 5. Klasse Oberstufenrealgymnasium stellt ihr Lehrer eine Aufgabe, die ihnen die Möglichkeit geben soll, im Schutze einer Rolle etwas von ihren Erfahrungen Gedanken und vielleicht auch Ängsten zu äußern.
Sie sollen sich in die Rolle einer Mutter versetzen, die über das beängstigtende Medienverhalten ihres achtjährigen Kindes so besorgt ist, dass sie sich an einen Berater – den Briefonkel einer Zeitschrift wendet.

Mit wahrer Begeisterung stürzen sich die Schülerinnen in die Rolle der besorgten Mutter und Briefschreiberin. Nicht eine der achtzehn Schülerinnen, die mit der Ausgangssituation nichts anzufangen wüsste. Souverän meistern die Mädchen die Form und spezielle Diktion eines solchen Briefes. Sie haben offenbar viele Briefe dieser Art gelesen und nachempfunden. Präzise wird das jeweilige Problem geschildert.

Die überwältigende Mehrheit der Briefe wird von dem Motiv der Imitation aggressiven Verhaltens durch Kinder beherrscht. Die Mediennutzung durch Kinder wird als existenzbedrohend geschildert.

Aber die Erwartung, hier würden nun die wahren eigenen Erfahrungen der Mädchen deutlich werden, wird enttäuscht. Die dargestellten Motive entsprechen nicht den wirklichen Überzeugungen der Mädchen. Die Schülerinnen formulieren nicht, was sie erlebt haben, sondern was sie als Teil mütterlichen Rollenverhaltens gelernt haben.

Als Teil ihrer Sozialisation haben sie einen fixen Bestand an Redeformeln gelernt, mit denen man sich in unserer Gesellschaft über kindliche Mediennutzung austauscht. Es sind Gemeinplätze, Topoi des kollektiven Bewusstseins. Durch Austausch dieser Gemeinplätze kann man sich einer gemeinsamen Weltsicht vergewissern. Die fünfzehnjährigen Schülerinnen beherrschen dieses Spiel bereits perfekt. Sie haben die Topoi gelernt, die es ihnen ermöglichen, über kindliche Mediennutzung gescheit zu palavern, ohne auch nur ansatzweise etwas von ihrem eigenen kindlichen Medienerleben preiszugeben.

Auszüge aus Briefen

In der Rolle der besorgten Mutter:

„Setze meine letzten Hoffnungen in Sie."

„Bitte helfen Sie mir, denn ich weiß nicht mehr ein noch aus."

„Nach einer Abenteuersendung geht sie meist hinaus und verfolgt Leute."

„Nachdem er das Buch gelesen hatte, fing er an, kleine Dinge zu stehlen."

In der Rolle des Briefonkels:

„Ein Kind in dem Alter des Ihren braucht sehr viel Zuneigung und Liebe der Eltern. Sie müssen bedenken, wie zerbrechlich das seelische Gleichgewicht Ihres kleinen Engels ist."

Antwortbrief des Briefonkels

Diese Deutung ist deshalb belegbar, weil der Lehrer nach Abgabe der Mütterbriefe noch eine zweite Aufgabe stellt, nämlich einen Antwortbrief des Briefonkels auf einen Brief der vorherigen Art, der aber nicht im Detail spezifiziert wird. In diesen Briefen wird wiederum der souveräne Umgang der Schülerinnen mit der speziellen Sprachhandlungssituation deutlich aber auch wieder die perfekte Beherrschung entsprechender Argumentationsmuster.

In fast allen Briefen ist die Aussage enthalten, dass es normal sei, wenn Kinder diesen Alters ihren Eltern Sorgen wegen ihrer Mediennutzung verursachten. Bücherlesen und Spiele werden immer wieder als gut, Fernsehen und Comics als nicht so gut eingestuft.

Die Briefe machen also unmissverständlich deutlich, dass die Schülerinnen die in der Gesellschaft vorherrschenden Argumentationsmuster über Mediennutzung von Kindern beherrschen. Ihre eigene Einstellung zu dieser Frage aber nur sehr verhalten preisgeben.

Vgl. Klaus Boeckmann: Kritik als Klischee. Medienpädagogische Briefaufsätze fünfzehnjähriger Schülerinnen. In: medien praktisch, Heft 2/91, S. 23–25.

Chronologien

Chronologien können einen schnellen Überblick über die zeitliche Abfolge bestimmter Ereignisse bzw. politischer Entwicklungen geben. In der Regel werden Chronologien themenbezogen oder länderbezogen zusammengestellt und können deshalb auch themenspezifisch eingesetzt werden.

Chronologien dienen der Veranschaulichung. Sie verdichten Zeitabläufe und können so die Abfolge von und die Beziehungen zwischen verschiedenen Ereignissen sichtbar machen.
Die vertiefte Auseinandersetzung mit Chronologien kann auch Anlass sein, sich über einzelne Ereignisse detaillierte Informationen zu beschaffen.

Was man mit Chonologien machen kann

Chronologien zum Veranstaltungsthema erstellen

Die Teilnehmerinnen und Teilnehmer erstellen selbst zum jeweiligen Thema eigene Chronologien. Dabei wird zunächst versucht ohne weitere Hilfsmittel möglichst viele Ereignisse zu rekapitulieren. Erst in einem zweiten Schritt werden Nachschlagewerke hinzugezogen.

Chronologien analysieren

Von wem wurde sie, mit welchem Interesse zusammengestellt? Welchen Eindruck vermittelt sie? Gibt es offensichtliche Lücken? Was wurde aufgenommen, was weggelassen? Gibt es eine beabsichtigte Grundaussage? Wie schlüssig ist diese? Ist eine Problemzuspitzung zu erkennen?

Chronologien illustrieren

Die „nackten" Daten werden mit Bildern, Zeitungsausschnitten, Gedichten, Tagebuchauszügen usw. aussagekräftiger gemacht.

Synoptische Chroniken erstellen

Häufig gewinnen Chronologien erst ihre Aussagekraft, wenn sie mit anderen Ereignissen in Beziehung gesetzt werden. Wenn beispielsweise politische Ereignisse mit technischen und wirtschaftlichen Entwicklungen oder kulturellen Veranstaltungen parallel gesehen werden.

Chronologien in Grafiken umsetzen

Manche Chronologien lassen sich in Schaubilder und Grafiken umsetzen. Diese vermitteln dann einen visuellen Eindruck.

Chronologien laufend ergänzen

Chronologien können – auf einer Wandzeitung im Seminarraum – entsprechend der Auseinandersetzung mit dem Thema laufend ergänzt und korrigiert werden. Sie bilden so ein begleitendes Material, das immer aussagekräftiger wird.

Typen von Chronologien

Chronologien gibt es zu vielen Aspekten z. B.:

- ▲ „Geschichte der Judenverfolgungen 1933–1945";
- ▲ „Geschichte der Ost-West-Beziehungen";
- ▲ „Ausländerfeindliche Übergriffe im laufenden Jahr";
- ▲ „Entwicklung der Wochenarbeitszeit seit 1900";
- ▲ „Meeresverschmutzung durch Tankerunglücke";
- ▲ „Entwicklung der Menschenrechte".

Spezielle Arten von Chronologien

Bilder-Chronologien

Chronologien können als Bilderfolgen angefertigt werden. Hierzu eignen sich besonders Titelbilder von Magazinen.

Pseudo-Chronologien

Oft werden Abfolgen und Zusammenhänge suggeriert, indem (eigentlich nicht zusammengehörige) Aussagen so in eine Abfolge oder Beziehung gebracht werden, dass sie plausibel erscheinen. Solche „Pseudo-Chroniken" sollten auf ihren Gehalt befragt werden. Indem man selbst Pseudo-Chronologien erstellt, können die Mechanismen durchschaubar gemacht werden (vgl. Arbeitsmaterial 3).

Chronologien als literarische Stilmittel

In der Literatur sind viele Beispiele zu finden, wie Chronologien als literarische Stilmittel gebraucht werden. Solche Chronologien können leicht ins Gegenteil verkehrt, ergänzt oder illustriert werden (vgl. Arbeitsmaterial 2).

Kurze Chronologie der Judenverfolgungen 1933–1945

30. 1. 33: Hitler wird Reichskanzler.

9. 3. 33: Errichtung des Konzentrationslagers Heuberg, Stetten am Kalten Markt.

20. 3. 33: Errichtung des Konzentrationslagers Dachau.

1. 4. 33: Eintägiger Boykott jüdischer Geschäfte, Rechtsanwälte und Ärzte.

22. 4. 33: Jüdischen Ärzten wird die Kassenzulassung entzogen.

22. 3. 34: Berufsverbot für jüdische Schauspieler.

15. 9. 35: Die „Nürnberger Gesetze“ verbieten Ehen zwischen Juden und „Ariern“.

10. 11. 35: Alle Juden werden aus dem Staatsdienst entlassen, Aberkennung des Wahlrechts für Juden.

24. 4. 38: Verordnung über die Anmeldung jüdischen Vermögens.

9. 6. 38: Zerstörung der Hauptsynagoge in München aus „verkehrstechnischen Gründen“.

6. 7. 38: Gewerbeverbot für Juden als Makler, Heiratsvermittler, Hausverwalter.

23. 7. 38: Einführung einer „Kennkarte für Juden“.

25. 7. 38: Berufsverbot für alle jüdischen Ärzte.

27. 9. 38: Berufsverbot für alle jüdischen Rechtsanwälte.

7. 11. 38: Der 17-jährige Jude Herschel Grünspan erschießt den deutschen Legationssekretär von Rath in Paris.

9. 11. 38: Die NS-Führung inszeniert von München aus die „Reichspogromnacht“. SA- und SS-Männer brennen im ganzen Reichsgebiet Synagogen nieder, misshandeln jüdische Männer und Frauen, zertrümmern ihre Wohnungen und Geschäfte, verschleppen 20.000 jüdische Männer in Konzentrationslager.

1. 9. 39: Beginn des Zweiten Weltkrieges.

21. 9. 39: Erste Judenpogrome in Polen, Errichtung von Gettos.

12. 10. 39: Erste Deportationen von Juden aus Österreich in das besetzte Polen.

23. 11. 39: Einführung des gelben Judensterns in Polen.

12. 2. 40: Errichtung des Konzentrationslagers Auschwitz, das ab Juni 1941 zur Massenvernichtung ausgebaut wird.

1. 9. 41: Alle Juden müssen den Judenstern tragen.

Januar bis September 1942:
Durch Gesetz wird bestimmt: Juden dürfen ohne polizeiliche Genehmigung nicht mehr ihren Wohnsitz verlassen, müssen alle Woll- und Pelzsachen, entbehrliche Kleidung, elektrische und optische Geräte, Schreibmaschinen und Fahrräder abliefern, dürfen öffentliche Verkehrsmittel nicht mehr benützen, erhalten kein Fleisch, keine Eier und Milch mehr.

Ab Oktober 1942:
Alle Juden werden aus den deutschen Konzentrationslagern nach Auschwitz verlegt.
Letzter Transport am 21. 10. 1944.

27. 1. 45: Sowjetische Truppen befreien das Konzentrationslager Auschwitz.

28. 4. 45: Amerikanische Truppen befreien das Konzentrationslager Dachau.

8. 5. 45: Zusammenbruch der Naziherrschaft, Waffenstillstand.

Literaturhinweis

Raul Hilberg: Die Vernichtung der europäischen Juden. 3 Bände. Frankfurt/M. 1999.

Literarische Chronologie

Die letzten sieben Tage der Schöpfung

Am Morgen des ersten Tages
beschloss der Mensch, frei zu sein und gut, schön und glücklich. Nicht mehr Ebenbild eines Gottes, sondern ein Mensch. Und weil er etwas glauben musste, glaubte er an die Freiheit und an das Glück, an Zahlen und Mengen, an die Börse und den Fortschritt, an die Planung und seine Sicherheit. Denn zu seiner Sicherheit hatte er den Grund zu seinen Füßen gefüllt mit Raketen und Atomsprengköpfen.

Am zweiten Tage
starben die Fische in den Industriegewässern, die Vögel am Pulver aus der chemischen Fabrik, das den Raupen bestimmt war, die Feldhasen an den Bleiwolken von der Straße, die Schoßhunde an der schönen roten Farbe der Wurst, die Heringe am Öl auf dem Meer und an dem Müll auf dem Grunde des Ozeans. Denn der Müll war aktiv.

Am dritten Tage
verdorrte das Gras auf den Feldern und das Laub auf den Bäumen, das Moos an den Felsen und die Blumen in den Gärten. Denn der Mensch machte das Wetter selbst und verteilte den Regen nach genauem Plan. Es war nur ein kleiner Fehler in dem Rechner, der den Regen verteilte. Als sie den Fehler fanden, lagen die Lastkähne auf dem trockenen Grund des schönen Rheins.

Am vierten Tage
gingen drei von vier Milliarden Menschen zu Grunde. Die einen an den Krankheiten, die der Mensch gezüchtet hatte, denn einer hatte vergessen, die Behälter zu schließen, die für den nächsten Krieg bereitstanden. Und ihre Medikamente halfen nichts. Die hatten zu lange schon wirken müssen in Hautcremes und Schweinelendchen. Die anderen starben am Hunger, weil etliche von ihnen den Schlüssel zu den Getreidesilos versteckt hatten. Und sie fluchten Gott, der ihnen doch das Glück schuldig war. Es war doch der liebe Gott!

Am fünften Tage
drückten die letzten Menschen den roten Knopf, denn sie fühlten sich bedroht. Feuer hüllte den Erdball ein, die Berge brannten, die Meere verdampften, und die Betonskelette in den Städten standen schwarz und rauchten. Und die Engel im Himmel sahen, wie der blaue Planet rot wurde, dann schmutzig braun und schließlich aschgrau. Und sie unterbrachen ihren Gesang für zehn Minuten.

Am sechsten Tage
ging das Licht aus. Staub und Asche verhüllten die Sonne, den Mond und die Sterne. Und die letzte Küchenschabe, die in einem Raketenbunker überlebt hatte, ging zu Grunde an der übermäßigen Wärme, die ihr gar nicht gut bekam.

Am siebten Tage
war Ruhe. Endlich. Die Erde war wüst und leer, und es war finster über den Rissen und Spalten, die in der trockenen Erdrinde aufgesprungen waren. Und der Geist der Menschen irrlichterte als Totengespenst über dem Chaos. Tief unten, in der Hölle, aber erzählte man sich die spannende Geschichte von dem Menschen, der seine Zukunft in die Hand nahm, und das Gelächter dröhnte hinauf bis zu den Chören der Engel.

Jörg Zink: Die letzten sieben Tage der Schöpfung. Plakat. Brot für die Welt, Stuttgart o. J.

„Chronological Correctness"

Mit diesem Titel überschrieb das Magazin „Time" eine Antwort auf Leserbriefe.
Über 70 „verwirrte" Leser hatten sich an die Redaktion gewandt, weil in einem Artikel die Bezeichnung B. P. (before the present) statt des üblichen B. C. (before christ) verwendet worden war.
Archäologen und Paläontologen, so die Redaktion, würden schon lange die Bezeichnung B. P. gebrauchen, wenn sie auf Datierungen, die älter als 1.000 Jahre vor Christus liegen hinweisen. Wobei „P" (present) dann allerdings mit 1950 definiert sei.

Vgl. Time 6. 3. 1995.

Pseudo-Chronologie: Menschliche Entwickung

Zeichnung Martin Kozlowski, Time, 19.8.1991, S. 51.

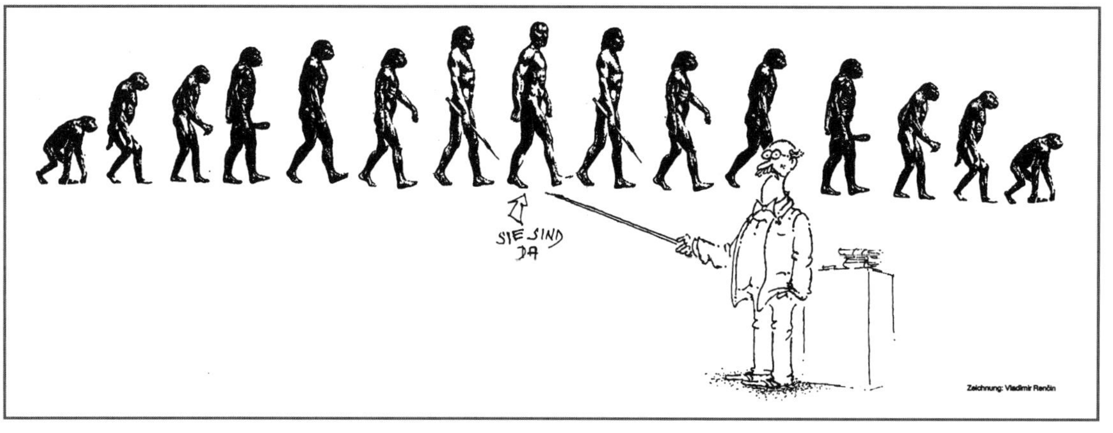

Zeichnung Vladimir Rencin, Die Zeit.

Zeichnung Gerhard Mester, Cartoon-Caricature-Contor, München.

Chronologien

Kopiervorlage

1910
1911
1912
1913
1914
1915
1916
1917
1918
1919
1920
1921
1922
1923
1924
1925
1926
1927
1928
1929
1930
1931
1932
1933
1934
1935
1936
1937
1938
1939
1940
1941
1942
1943
1944
1945
1946
1947
1948
1949
1950
1951
1952
1953
1954
1955
1956
1957
1958
1959

1960
1961
1962
1963
1964
1965
1966
1967
1968
1969
1970
1971
1972
1973
1974
1975
1976
1977
1978
1979
1980
1981
1982
1983
1984
1985
1986
1987
1988
1989
1990
1991
1992
1993
1994
1995
1996
1997
1998
1999
2000
2001
2002
2003
2004
2005
2006
2007
2008
2009

Geschichten und Texte

Gedichte
Märchen verwirren
Parodien
Kabarett
Witze
Reden
Textanalyse
Textarbeit – mehr als Lesen
Sprachspiele
Wortspiele und Metaphern
Impulstexte

Geschichten prägen unser Leben. Gehörtes, Gelesenes oder Erzähltes stehen nie für sich allein, sondern verweisen auf Ereignisse, berichten von Erlebnissen, geben Zukunftsvorstellungen wieder.

Die verschiedenen Arten der Darstellung (von Zeitungsmeldungen über Reportagen, Parodien oder Gedichte bis hin zu Erzählungen) verweisen gleichzeitig auf die vielfältigen Möglichkeiten, Geschichten und Texte für Schule und Unterricht zu verwenden.

Manche Texte sprechen für sich, andere bedürfen der Analyse und Interpretation, um sie in ihrer ganzen Tiefe verstehen zu können. Allen Texten gemeinsam ist jedoch, dass sie in ihrer jeweiligen Form zur Nachahmung und zum Experimentieren einladen. Dabei steht in der Bildungsarbeit die eigene produktive Gestaltung und Entwicklung neuer Inhalte und Formen im Vordergrund.

Gedichte – I

Gedichte und Lyrik drücken in konzentrierter Form das eigene Empfinden der Schreiberin bzw. des Schreibers von und in der Welt und deren Sicht der Dinge aus. Viele Gedichte sind Reflexionen oder Anklagen. Sie sind in ihrer Sprache oft nicht analytisch sachlich (obwohl dies auch vorkommt), sondern eher beschreibend, erzählend, bildhaft vergleichend. In der Lehrerfortbildung kann mit Gedichten in vielerlei Form produktiv und kreativ umgegangen werden.

Gedichte erzielen häufig gerade dann ihre tiefste Wirkung, wenn sie eher beiläufig herangezogen und zur Illustration verwendet werden. Gezwungene Interpretationen oder viele Gedichte hintereinander vorgetragen fördern eher Langeweile.

Gedichte hören und lesen

Die einfachste Form, ein Gedicht einzubeziehen, ist, es an einer passenden Stelle (oder auch als Einstieg) vorzutragen. Das Gedicht hat hier die Funktion, die Gedanken auf das Thema zu konzentrieren, kann aber auch bereits Fragen aufwerfen.
Besonders gut eignen sich Gedichte, um Stimmungen aus verschiedenen Ländern, Milieus oder Zeitabschnitten einzufangen. Werden die Gedichte vorgetragen (gelesen), so bekommen die Teilnehmerinnen und Teilnehmer einen anderen, tieferen und lebendigeren Eindruck, als wenn die Gedichte nur von jeder bzw. jedem selbst gelesen werden. Der Text sollte dennoch für alle zur Verfügung stehen.
Diese Möglichkeiten sollten allerdings nur bei Teilnehmerinnen und Teilnehmern verwendet werden, die mit der Sprache von Gedichten etwas anfangen können.

Wortgedichte

Nach vorgegebenen Stichworten, die im Gedicht vorkommen sollen, schreiben die Teilnehmerinnen und Teilnehmer selbst Gedichte. Die Stichworte sollen aus dem Themenkreis des Seminars stammen. Die Stichworte können aber auch aus einer Pressemeldung, einer Rede usw. entnommen werden. Es kann auch damit experimentiert werden, nur Worte mit bestimmten Vokalen (z. B. „a" zu verwenden).

Durch Sprache entlarven

„Es geht um eine Demokratisierung der Literatur. Literarische Fantasieprodukte, das Beträumen von Blumen- und Feldidyllen, das Besingen des Waldes im Frühling, Sommer, Herbst und Winter, die Trauer um verlorene Liebe, diese schwer zu kontrollierenden Gefühle mögen für die Bewältigung des intimen privaten Lebensbereiches eine gewisse individuelle Bedeutung haben, zur gesellschaftlichen Veränderung jedoch leisten sie keinen Beitrag. In einer Gesellschaft, in einer Welt, in einer Zeit, in der immer noch Unterdrückung und Ausbeutung herrschen, in der an vielen Orten der Welt der Mensch keinen Pfifferling wert ist, in einer Welt also, in der die Freiheit des Menschen, sein Anspruch auf Bildung, die Chance seiner Selbstverwirklichung nicht gewährleistet sind, ist es zumindest fraglich, ob das Schreiben von ausschließlich der Sprache verpflichteten, schöngeistig strukturierten Gedichten etwas verändert, etwas verändert für viele Zeitgenossen, die mit verklausulierten, esoterisch sich gebärdenden Gedichten in ihrer Lage allein gelassen werden. Das Interesse an der Gesellschaft sollte für den Textemacher kein Tabu sein. Durch Sprache entlarven, die Muster der Zwänge bloßstellen. Die Parole lautet: Solidarität."

Hugo Ernst Käufer: Schreiben und Beschreiben heute. In: Neue Volkskunst. Zeitschrift zur Förderung der Zusammenarbeit von professionellen Künstlern und Amateuren für eine politische und demokratische Kunst. Nr. 92/93, 1971, S. 7.

Klebegedichte

Es werden zunächst wahllos Überschriften aus Tageszeitungen und Illustrierten ausgeschnitten. Aus diesen Überschriften wird zu einem vorgegebenen Thema ein Klebegedicht (am besten in Gruppenarbeit) erstellt, indem Überschriften (oder Teile davon) ausgewählt, sortiert, in eine Reihenfolge gebracht und auf einen Karton aufgeklebt werden.

Gedichte interpretieren

Um Gedichte angemessen interpretieren zu können, bedarf es einiger Erfahrungen und einigen Hintergrundwissens. Die Entstehungsgeschichte des Gedichtes, das politisch-soziale Umfeld, die

Gedichte – 2

Kapital unser

Kapital unser, das du bist im Westen,
amortisiert werde deine Investition,
dein Profit komme, deine Kurse steigen
wie in Wall Street, also auch in Europa.
Unsern täglichen Umsatz gib uns heute
und verlängere uns unsere Kredite
wie sie uns stunden unsere Gläubiger.
Und führe uns nicht in Konkurs,
sondern erlöse uns
von den Gewerkschaften,
denn dein ist die halbe Welt
und die Macht
und der Reichtum
seit zweihundert Jahren.
Mammon

Münchener Sati(e)reschutzverin. Rola Sachsberger. In: Neue Volkskunst, Nr. 92/93, 1971, S. 26.

Situation des Dichters usw. bilden den Hintergrund für das Verständnis. Das Gedicht kann zunächst vorgelesen und in seiner Wirkung auf die Teilnehmerinnen und Teilnehmer besprochen werden. Der nächste Schritt wäre, einzelne Aussagen auf ihre Intention näher zu untersuchen und zu erklären.

Nach literarischen Vorlagen dichten

Bekannte Gedichte, die jede bzw. jeder aus ihrer bzw. seiner Schulzeit kennt (z. B. der Erlkönig), können so umgedichtet werden, dass sie sich auf aktuelle politische Ereignisse beziehen. Dies sollte in Kleingruppen geschehen, denen das Originalgedicht als Vorlage zur Verfügung steht.

Vorsicht Langeweile

„Wie schnell sich da Langeweile einstellt oder Überdruss – wenn nicht ein Gedicht, sei es beim zufälligen Auflesen, sei es beim gestimmten Einlesen, im rechten Augenblick begegnet, sondern wenn sie zum vorgegebenen Thema (...) in Serie gelesen und unterrichtlich detailliert ‚behandelt' werden."

Friedel Jakob: Friedenserziehung in der Schule IV. Friedenserziehung im Deutschunterricht. Dudweiler 1992, S. 49.

Europa – Quo vadis?

Du hast dich verfeindet
Du hast dich bekämpft
Du hast dich zerfleischt
Du hast blutige Spuren hinterlassen

Du hast Völker vertrieben
Du hast Menschen verfolgt
Du hast Länder geteilt
Du hast traurige Einsamkeit geschaffen

Du hast dich verseucht
Du hast dich vergiftet
Du hast dich verschmutzt
Du versöhnst dich? –
Wirst du endlich erwachsen?

Gabriele Schreiner, in: Landeszentrale für politische Bildung Baden-Württemberg (Hrsg.): Europa wächst zusammen. Ein Lesebuch. Stuttgart 1992, S. 124.

Literaturhinweise

Block, Achim: Deutsche Dichtung in Epochen. Ein literaturgeschichtliches Lesebuch. Stuttgart 1998.
Boettcher, Wolfgang u. a.: Sprache. Das Buch, das alles über Sprache sagt. Braunschweig 1988.
Fried, Erich: Wächst das Rettende auch? Gedichte für den Frieden. Köln 1995.
Fritzsche, Joachim: Schreibwerkstatt. Stuttgart 2000.
Langer, Klaus / Steinberg Sven: Deutsche Dichtung. Bayerischer Schulbuch-Verlag 1998.
Müller, Friedrich: Deutsche Dichtung. Kleine Geschichte unserer Literatur. Paderborn 1998.
Schnell Ralf: Dichtung in finsteren Zeiten. Deutsche Literatur und Faschismus. Reinbek 1998.
Vopel, Klaus W.: Schreibwerkstatt. 2 Bde. Salzhausen 2000.
Waldmann, Günter: Produktiver Umgang mit Literatur im Unterricht. Baltmannsweiler 1999.
Waldmann, Günter: Produktiver Umgang mit Lyrik. Baltmannsweiler 2001.

Internet
Das Projekt Gutenberg-de veröffentlicht im Internet über 1000 Romane, 10.000 Gedichte, Märchen, Fabeln usw.
www.gutenberg2000.de

Jedes Gedicht erzählt eine Geschichte

Viele der Lieder, Theaterstücke und Gedichte der Karibik erzählen die Lebensgeschichten einfacher Menschen. Sie sind zur Freude anderer Menschen bestimmt.

Auch das folgende Gedicht folgt dieser Tradition und sollte laut gelesen werden. Es erzählt eine einfache Geschichte, aber bringt wichtige Ideen zum Ausdruck:

... Mister, greifen Sie den Fisch nicht so an, wenn Sie ihn nicht kaufen. Lassen Sie ihn!

Nein, mein Herr, der Preis für Meereseier ist gestiegen.

Nein, mein Herr, ich habe ihn nicht hinaufgesetzt, es ist die Regierung.

Was sagen Sie, mein Herr?

Ob Sie mich fotografieren können?

Wie viel bezahlen Sie mir?

Wir Einheimischen stellen uns nicht mehr gratis zur Schau!

In Ordnung. Aber geben Sie mir noch Zeit für das Gesicht.

Beweg dich, beweg dich mein Schatz,

beweg dich ein wenig, mein Schatz.

Tim Tim

Anregungen zum Umgang mit dem Gedicht

- ▲ Wer, glauben Sie, erzählt die Geschichte?
- ▲ Zu wem spricht er oder sie?
- ▲ Woher wissen Sie, dass es sich um einen Fremden handelt?
- ▲ Warum, glauben Sie, will er ein Foto machen?
- ▲ Was meinen Sie, will der Erzähler der Geschichte vermitteln, wenn er sagt: „Wir Einheimischen stellen uns nicht mehr gratis zur Schau“.
- ▲ Erlaubt der Erzähler der Geschichte, dass ein Foto gemacht wird? Woher können Sie es wissen?
- ▲ Welcher der beiden, meinen Sie, hat mehr Macht? Erklären Sie, warum.
- ▲ Was sagt uns das Gedicht über die Art, wie die unterschiedlichen Kulturen einander beeinflussen?
- ▲ Schreiben Sie auf, wie der volle Wortlaut der Unterhaltung gewesen sein könnte; einschließlich dessen, was die andere Person gesagt hätte.
- ▲ Zeichnen Sie ein Bild, wie Sie die Szene sehen.
- ▲ Schreiben Sie über ein Alltagserlebnis in Ihrem eigenen Leben ein Gedicht in einem ähnlichen Stil.

Eine Welt für alle (Hrsg.): Umwelt und Entwicklung. Unterrichtsmaterial. Köln 1992, S. G 5.

Männer- und Frauen-Bilder

Ausgehend von dem Gedicht „Fragen eines lesenden Arbeiters“ sollen in Arbeitsgruppen die in diesem Gedicht fehlenden Frauen thematisiert werden. Es bleibt den Arbeitsgruppen überlassen, ob sie das Gedicht verändern oder ergänzen oder ob sie etwas völlig Neues ausarbeiten wollen.

Die Schwierigkeit bei der Bearbeitung dieser Aufgabe liegt von vornherein darin, dass durch dieses Gedicht Denk- und Fragerichtungen vorgegeben sind, dass es also äußerst schwierig ist, diese Vorgabe zu verlassen und etwas Neues zu konzipieren.

Bei der Befassung mit „Männergeschichte“ stehen wir aber immer und grundsätzlich vor genau diesem Problem, nämlich: das Männlich-Faktische der Geschichte zur Kenntnis nehmen und gleichzeitig das Unausgesprochene, Verschwiegene, Weibliche denken und sehen zu müssen. Dieses Gedicht ist daher hervorragend geeignet, uns dieses Grundproblem bewusst zu machen.

Bert Brecht: Fragen eines lesenden Arbeiters

**Wer baute das siebentorige Theben?
In den Büchern stehen die Namen von Königen.
Haben die Könige die Felsbrocken herbeigeschleppt?
Und das mehrmals zerstörte Babylon –
Wer baute es so viele Male auf?
In welchen Häusern
Des goldstrahlenden Lima wohnten die Bauleute?
Wohin gingen am Abend, wo die chinesische Mauer fertig war,
Die Maurer? Das große Rom
Ist voll von Triumphbögen. Wer errichtete sie?
Über wen
Triumphierten die Cäsaren?
Hatte das viel besungene Byzanz
Nur Paläste für seine Bewohner?
Selbst in dem sagenhaften Atlantis
Brüllten in der Nacht, wo das Meer es verschlang,
Die Ersaufenden nach ihren Sklaven.
Der junge Alexander eroberte Indien.
Er allein?
Cäsar schlug die Gallier:
Hatte er nicht wenigstens einen Koch bei sich?
Philipp von Spanien weinte, als seine Flotte
Untergegangen war. Weinte sonst niemand?
Friedrich der Zweite siegte im Siebenjährigen Krieg. Wer siegte außer ihm?
Jede Seite ein Sieg.
Wer kochte den Siegesschmaus?
Alle zehn Jahre ein großer Mann.
Wer bezahlte die Spesen?
So viele Berichte.
So viele Fragen.**

Aus: Gesammelte Werke. © Suhrkamp Verlag, Frankfurt am Main 1967.

Das Arbeitsergebnis von Frauen in einem Seminar

Fragen lesender Frauen

**Wer baute das siebentorige Theben?
In den Büchern stehen die Namen von Königen.
Und wo sind die Königinnen?
Die Prophetinnen? Die Priesterinnen?
Wer hat sie vertrieben?
Was haben sie Felsbrocken herbeigeschleppt!
Wer hat ihnen Wasser gebracht, das Essen bereitet?
Wer hat die Schrammen und Wunden versorgt?
Und das mehrmals zerstörte Babylon –
Wer baute es so viele Male auf?
Aber wer zerstörte es eigentlich?
In welchen Häusern des goldstrahlenden
Lima wohnten die Bauleute?
Wohnten sie dort allein?
Was war mit ihren Familien?
Wohin gingen am Abend, wo die Chinesische Mauer
Fertig war,
Die Maurer? Ins Bordell?
Das große Rom ist voll von Triumphbögen.
Über wen triumphierten die Cäsaren?
Wer beweinte die Toten?
Bei wem blieben die Kinder?
Wer zog die künftigen Krieger heran?
Hatte das viel besungene Byzanz
Nur Paläste für seine BewohnerInnen?
Selbst in dem sagenhaften Atlantis
Brüllten in der Nacht, wo das Meer es verschlang,
Die Ersaufenden nach ihren Müttern!
Der junge Alexander eroberte Indien.
War die Mutter daran schuld?
Cäsar schlug die Gallier.
Wem musste er sich beweisen?
Philipp von Spanien weinte, als seine Flotte
Untergegangen war. Hat er auch mal mit
Seiner Frau geweint?
Friedrich der Zweite siegte im Siebenjährigen Krieg.
Um welchen Preis?
Wer zählte die Kreuze?
Immerzu Siege. Wer kochte den Leichenschmaus?
Alle zehn Jahre ein großer Mann.
Auf wessen Kosten?
So viele Berichte.
So viele Vergessene.**

Vgl. Brigitte Dehne: Geschichte – für Mädchen und Jungen. In: Gerold Niemetz (Hrsg.): Vernachlässigte Fragen der Geschichtsdidaktik. Stuttgart 1992, S. 74 ff.

Gedichte gegen den Krieg

Vorbereitung und Beginn des Golfkriegs haben unsere Schülerinnen und Schüler stark beunruhigt.
Im Deutschunterricht schienen mir Gedichte besonders geeignet, um Empfindungen von uns als Zuschauern und ansatzweise der Opfer in den Kellern auszudrücken. Daher änderte ich den Ablauf einer Unterrichtseinheit. Wir hatten noch im Dezember, thematisch Weihnachten verbunden, mit dem Mittel der Zeilenkombinationen ein Gedicht (Advent von Rilke) rekonstruiert und als Paralleltext zu Brechts „Fahrend in einem bequemen Wagen“ Gedichte selbst verfasst.

Ziel dieser „handlungsorientierten“ Methoden war es, den Schülerinnen und Schülern einen Zugang zur Lyrik zu verschaffen und nicht zu blockieren (z. B. durch „Zerpflücken“). Die Texte sollen in einem „Klassenbuch“, einer oder zwei auch in der Schülerzeitung abgedruckt werden.

Nächster Schritt sollte die freie Produktion eines Gedichts sein, wobei ich nun das Thema Winter durch das Thema Krieg ersetzte. Ich schrieb das Wort „Krieg“ an die Tafel und bat die Schülerinnen und Schüler, in Assoziationsketten aufzuschreiben, was ihnen dazu einfiel: Krieg – Soldaten – Panzer – Kanone – Granate – Tote z. B. Diese Ketten verbanden wir dann an der Tafel, sodass ein ganzes Netz assoziierter Begriffe entstand, ein „Cluster“ (engl. Traube, Gruppe).

Mit Hilfe dieses Clusters schrieben die Schülerinnen und Schüler dann ihre Gedichte; zuvor knüpfte ich kurz an die Ergebnisse vorheriger Stunden an und hielt an der Tafel fest, dass sich Gedichte reimen oder nicht reimen können, dass sie in Versen geschrieben sind und oft mit rhythmischen Elementen wie Wiederholungen arbeiten.
Bei der Verseinteilung half das anschließende Vorlesen (das erste und das letzte Wort eines Verses wird beim Vortrag hervorgehoben). Hier ergaben sich auch ganz spontan Einsichten in „Stilfragen“: so z. B. wurden die Reime eines Gedichts als „verniedlichend“ empfunden, sie machten, so eine Schülerin, das Thema lächerlich. Dies drückte auch die Ernsthaftigkeit aus, mit der die Schülerinnen und Schüler gearbeitet hatten und nun zu ihren Texten standen.

Krieg

**Der Krieg ist grausam und tötet
viele unschuldige Frauen, Männer, Kinder
und Tiere.
Er zerstört die Umwelt,
er macht uns traurig,
er verbreitet Furcht und Angst.
Er zerstört Familien
und ganze Dörfer.**

**Der Krieg bringt uns Krankheit
und Seuchen.
Die Mütter trauern um ihre Männer
die ohne Furcht in den Krieg zogen
und qualvoll starben.**

**Man hört Hilfeschreie, kreischende
und weinende Menschen.
Sie sitzen in ihren feuchten
und engen Kellern und warten qualvoll
auf das bittere Ende!**

Trotz mancher Klischees („Saddam, Herrscher aller Bösen“) kam mir beim Lesen der Schülergedichte der Gedanke, dass in diesen Versen mehr Wirklichkeit (Wahrheit?) steckt, als in den abendlichen Fernsehnachrichten.

Jetzt sammeln wir noch Bilder und Schlagzeilen aus Zeitungen, mit denen wir die Gedichte illustrieren wollen, um sie dann in einem Schaukasten der Schule auszuhängen.

Erhard Korn: Gedichte gegen den Krieg. In: Die Unterrichtspraxis. Beilage zur Lehrerzeitung der GEW Baden-Württemberg, Heft 1/2 1991.

Märchen verwirren

Märchen sind Geschichten besonderer Art. Oft sind sie verdichtete Volksweisheiten, die in symbolischer Weise Entwicklungsprozesse darstellen.

Sie beschreiben nicht nur heile Welten, sondern oft genug auch die Welt der Schurken, Hexen, Räuber und Mörder.
Wenn Märchen heute als reine Kindergeschichten abgetan werden, so ist dies nicht nur historisch falsch. Ursprünglich sind sie als Texte von Erwachsenen für Erwachsene entstanden und wurden im deutschsprachigen Raum erst von Wilhelm Grimm geschönt und so geändert, dass sie den heute so bekannten, scheinbar unverkennbaren biedermeierlichen Märchenton erhalten haben.
Als Texte für Erwachsene haben sie heute durch ihre symbolhafte Darstellung von (Entwicklungs- und zwischenmenschlichen) Konflikten und deren Lösungsmöglichkeiten vor allem in der Psychologie und Psychoanalyse weite Verbreitung und Beachtung gefunden.

Märchen werden so zwar primär auf der individualpsychologischen und psychoanalytischen Ebene analysiert und gedeutet, sie haben jedoch auch für den Bereich der Lehrerfortbildung ebenso wie für Schule und Unterricht ihren Sinn und ihre Berechtigung, weil

- ▲ sie die menschliche Existenz auch mit ihren dunklen Seiten darstellen;
- ▲ sie sich um den tieferen Sinn des Lebens und Erlebens drehen;
- ▲ es in ihnen immer auch um die Möglichkeiten von und Fähigkeiten zur Konfliktlösung geht;
- ▲ sie existenzielle Lebensfragen und Probleme aufgreifen (etwa die Frage, was der Mensch im Alter noch wert ist in „Die Bremer Stadtmusikanten" oder warum es dem Schlechten gut geht und dem Guten schlecht in „Frau Holle").

Märchen als Einstieg

Ein Abschnitt aus einem Märchen oder auch ein ganzes Märchen kann sehr anschaulich in ein Thema einführen. Ausschnitte aus den „Bremer Stadtmusikanten" illustrieren z. B. die Problematik des Altwerdens.

Märchen zu Ende schreiben

Das Vorlesen von Märchen kann an einer bestimmten Stelle abgebrochen werden und die Gruppe wird aufgefordert, dieses Märchen nun aus ihrer Sicht zu Ende zu schreiben.

Märchen verwirren

Die Märchengeschichte wird neu erzählt. Dazu kann z. B. die Handlung in die Gegenwart übertragen werden. Ein bestimmter Sprachstil (z. B. Politikersprache, Juristensprache, Werbesprache etc.) kann für die Erzählung vorgegeben werden. Die Handlung, die Rollen und Charaktere können neu bestimmt werden (Iring Fetscher hat z. B. seine Umdichtung von „Der Wolf und die sieben Geißlein" mit dem Titel „Zur Rehabilitation der Wölfe" überschrieben).

Die Botschaft heute

Märchen können auf ihren Aussagewert für die Gegenwart hin untersucht werden. Es kann geforscht werden, wo überall (in der Berichterstattung, in Karikaturen, in der Werbung etc.) Märchenmotive verwendet werden.

Märchen in der politischen Symbolik

Viele Märchenbilder werden in der politischen Symbolik, in Reden oder Karikaturen aufgegriffen. Hierfür können Beispiele gesammelt und ausgewertet werden.

Die Botschaft spielen

Eine ganz neue Erfahrung kann es sein, wenn versucht wird, die Handlung bzw. die Botschaft des Märchens spielerisch aufzugreifen und umzusetzen. So wurde z. B. bei einem Seminar das Märchen „Hans im Glück" so weiterbearbeitet, dass jede Teilnehmerin und jeder Teilnehmer eine Orange bekam und in die Ortschaft zum Tausch geschickt wurde. Im Laufe eines Nachmittags wurden die vielfältigsten Dinge bei Privatpersonen oder Geschäften eingetauscht, diese wieder weitergetauscht usw.

Die Bremer Stadtmusikanten

Es hatte ein Mann einen Esel, der schon lange Jahre die Säcke unverdrossen zur Mühle getragen hatte, dessen Kräfte aber nun zu Ende gingen, sodass er zur Arbeit immer untauglicher ward. Da dachte der Herr daran, ihn aus dem Futter zu schaffen, aber der Esel merkte, dass kein guter Wind wehte, lief fort und machte sich auf den Weg nach Bremen; dort meinte er, könnte er ja Stadtmusikant werden. Als er ein Weilchen fortgegangen war, fand er einen Jagdhund auf dem Wege liegen, der japste wie einer, der sich müde gelaufen hat. „Nun, was japst du so, Packan?“, fragte der Esel. „Ach“, sagte der Hund, „weil ich alt bin und jeden Tag schwächer werde, auch auf der Jagd nicht mehr fort kann, hat mich mein Herr wollen totschlagen, da hab ich Reißaus genommen; aber womit soll ich nun mein Brot verdienen?“ – „Weißt du was?“, sprach der Esel, „Ich gehe nach Bremen und werde dort Stadtmusikant, gehe mit und lass dich auch bei der Musik annehmen. Ich spiele die Laute und du schlägst die Pauken.“ Der Hund war's zufrieden, und sie gingen weiter. Es dauerte nicht lange, so saß da eine Katze an dem Weg und machte ein Gesicht wie drei Tage Regenwetter. „Nun, was ist dir in die Quere gekommen, alter Bartputzer?“, sprach der Esel. „Wer kann da lustig sein, wenn's einem an den Kragen geht“, antwortete die Katze, „weil ich nun zu Jahren komme, meine Zähne stumpf werden und ich lieber hinter dem Ofen sitze und spinne, als nach Mäusen herumjage, hat mich meine Frau ersäufen wollen; ich habe mich zwar noch fortgemacht, aber nun ist guter Rat teuer: Wo soll ich hin?

Brüder Grimm: Kinder- und Hausmärchen. Bayreuth 1978, S. 83 f.

Vom Schlechten und Guten

„Eine Witwe hatte zwei Töchter, davon war die eine schön und fleißig, die andere hässlich und faul. Sie hatte aber die hässliche und faule, weil sie ihre rechte Tochter war, viel lieber, und die andere musste alle Arbeit tun.“ Das Märchen von „Frau Holle“ greift, wie viele andere auch, ein Thema auf, das die Menschen quält, seitdem sie sich über den merkwürdigen Gang der Welt Gedanken machen: Warum, so fragt es, geht es in der Welt immer wieder dem Schlechten gut, dem Guten aber schlecht?

Eugen Drewermann: Lieb Schwesterlein, laß mich herein. Grimms Märchen tiefenpsychologisch gedeutet. München 1992, S. 1.

Märchen in der Juristenausbildung

Im großen Sitzungssaal von Münsters Amtsgerichtsgebäude musste sich die Hexe aus „Hänsel und Gretel“ verantworten: Zum ersten Mal im Rahmen der Juristenausbildung in Deutschland durften angehende Verteidiger, Staatsanwälte und Richter in einem märchenhaften Strafprozess ihre künftige Arbeit praxisorientiert üben. Solche Übungsverfahren haben in angelsächsischen Ländern bereits Tradition.

Die Liste der Vorwürfe gegen die Hexe war lang: Freiheitsberaubung, Verstöße gegen das Jugendarbeitsschutzgesetz und gegen das Baurecht (Errichtung eines Knusperhäuschens).

Die Verteidigung überzeugte das Gericht jedoch durch ein brillantes Plädoyer, dass die Delinquentin keineswegs ein Ungeheuer sei, sondern eine freundliche Frau, die es mit den armen Kindern nur gut gemeint habe.

Entsprechend mild fiel das Urteil aus. In puncto Freiheitsberaubung wurde die Hexe freigesprochen. Nach der Beweisaufnahme hielten es die Richter für erwiesen, dass sie Hänsel zwar Stallarrest verordnet hatte, aber nur, weil sie mit dem Frechling nicht fertig geworden war.

Verurteilt wurde die Hexe aber zu einer Strafe von 3.000 Talern wegen Verstoßes gegen das Jugendarbeitsschutzgesetz – weil sie Gretel zu Arbeiten herangezogen hatte, die Minderjährige nicht verrichten dürfen.

Die Welt, 3. 12. 1993.

Märchen verwirren

Arbeitsmaterial

Zum Beispiel Rotkäppchen

Rotkäppchen 1937

„Es war einmal vor vielen, vielen Jahren in Deutschland ein Wald, den der Arbeitsdienst noch nicht gerodet hatte, und in diesem Wald lebte ein Wolf. An einem schönen Sonntag nun, es war gerade Erntedankfest, da ging ein kleines BDM-Mädel durch den Wald. Es hatte ein rotes Käppchen auf und wollte seine arische Großmutter besuchen, die in einem Mütterheim der NSV untergebracht war. In der Hand trug es ein Körbchen mit einer Pfundspende und einer Flasche Patenwein.

Da begegnete ihm der böse Wolf. Er hatte ein ganz braunes Fell, damit niemand gleich von Anbeginn seine rassenfremden Absichten merken sollte. Rotkäppchen dachte auch nichts Böses, weil es ja wusste, dass alle Volksschädlinge im Konzentrationslager saßen, und glaubte, einen ganz gewöhnlichen bürgerlichen Hund vor sich zu haben.

‚Hei, Rotkäppchen', sagte der Wolf. ‚Wo gehst du denn hin?' Rotkäppchen antwortete: ‚Ich gehe zu meiner Oma ins Mütterheim.' – ‚So', sagte der Wolf. ‚Aber dann bring ihr doch ein paar Blumen mit, mit denen das Amt für Schönheit der Holzarbeit den Wald geschmückt hat!' Sogleich machte sich Rotkäppchen daran, ein Erntesträußchen zu pflücken. Der Wolf aber eilte zum Mütterheim, fraß die Großmutter auf, schlüpfte in ihre Kleider, steckte sich das Frauenschaftsabzeichen an und legte sich ins Bett.

Da kam auch Rotkäppchen schon zur Tür herein und fragte: ‚Nun, liebe Oma, wie geht es dir?' Der Wolf versuchte, die volksnahe Stimme der Oma nachzumachen, und antwortete: ‚Gut, mein liebes Kind.' – Rotkäppchen fragte: ‚Warum sprichst du heute so andersartig zu mir?' Der Wolf antwortete: ‚Die Rednerausbildung am Vormittag hat mich zu sehr beansprucht.' – ‚Aber Oma, was hast du für große Ohren?' ‚Damit ich das Geflüster der Meckerer besser hören kann!' – ‚Was hast du denn für große Augen?' – ‚Damit ich die Wühlmäuschen besser sehen kann!' – ‚Was hast du denn für einen großen Mund?' – ‚Du weißt doch, dass ich in der Kulturgemeinde bin!' Und mit diesen Worten fraß er das arme Rotkäppchen, legte sich ins Bett und schlief in seiner verantwortungslosen Art sofort ein und schnarchte.

Da ging draußen der Kreisjägermeister vorbei. Er hörte ihn und dachte: Wie kann eine arische Großmutter so rassenfremd schnarchen? Und als er nachsah, da fand er den Wolf; und er schoss ihn, obwohl er keinen Jagdschein für Wölfe hatte, auf eigene Verantwortung hin tot. Dann schlitzte er ihm den Bauch auf und fand Großmutter und Kind noch lebend. War das eine Freude! Der Wolf wurde dem Reichsnährstand zugewiesen und zu Fleisch im eigenen Saft verarbeitet. Der Kreisjägermeister durfte an der Uniform einen goldgestickten Wolf tragen, Rotkäppchen wurde zur Unterführerin im BDM befördert, und die Großmutter durfte auf einem funkelnagelneuen KdF-Dampfer eine Erholungsreise nach Madeira machen."

Wugg Retzer. Münchner Netteste Nachrichten (Faschingsausgabe der Münchner Neuesten Nachrichten) 1937. Nachdruck: Süddeutsche Zeitung, 22. Februar 1952.

Rotkäppchen 1955

„Im Kinderanfall unserer Stadtgemeinde ist eine hierorts wohnhafte, noch unbeschulte Minderjährige aktenkundig, welche durch ihre unübliche Kopfbekleidung gewohnheitsrechtlich Rotkäppchen genannt zu werden pflegt. Der Mutter besagter R. wurde seitens deren Mutter ein Schreiben zugestellt, in welcher dieselbe Mitteilung ihrer Krankheit und Pflegebedürftigkeit machte, worauf die Mutter der R. dieser die Auflage machte, der Großmutter eine Sendung von Nahrungs- und Genussmitteln zu Genesungszwecken zuzustellen.

Vor ihrer Inmarschsetzung wurde die R. seitens ihrer Mutter schulisch über das Verbot betreffs Verlassens der Waldwege auf Kreisebene belehrt. Dieselbe machte sich infolge Nichtbeachtung dieser Vorschrift straffällig und begegnete beim Übertreten des diesbezüglichen Blumenpflückverbotes einem polizeilich nicht gemeldeten Wolf ohne festen Wohnsitz. Dieser verlangte in unberechtigter Amtsanmaßung Einsichtnahme in das zu Transportzwecken von Konsumgütern dienende Korbbehältnis und traf in Tötungsabsicht die Feststellung, dass die R. zu ihrer verschwägerten und verwandten im Baumbestand angemieteten Großmutter eilends war.

Da wolfseits Verknappung auf dem Ernährungssektor vorherrschend war, fasste er den Beschluss, bei der Großmutter der R. unter Vorlage falscher Papiere vorsprachig zu werden ..."

Thaddäus Troll: Rotkäppchen, in: Lutz Röhrich: Gebärde, Metapher, Parodie. Düsseldorf 1967, S. 139 f.

Literaturhinweise

Drewermann, Eugen: Lieb Schwesterlein, laß mich herein. Grimms Märchen tiefenpsychologisch gedeutet. München 2000.

Fetscher, Iring: Wer hat Dornröschen wachgeküßt? Das Märchen-Verwirrbuch. Frankfurt/M. 1995.

Fromm, Erich: Märchen, Mythen, Träume. Eine Einführung in das Verständnis einer vergessenen Sprache. Reinbek 1997.

Grimm Jacob u. a.: Grimms Märchen. Gesamtausgabe. Utting 2000.

Mieder, Wolfgang (Hrsg.): Grimmige Märchen. Prosatexte von Ilse Aichinger bis Martin Walser. Frankfurt/M. 1998.

Pertler, Cordula und Peter: Kinder erleben Märchen. Methoden und Ideen. München 1998.

Schieder, Brigitta: Märchen. Nahrung für die Kinderseele. Einführung in den ganzheitlichen Umgang mit Märchen. Gütersloh 1996.

Kast, Verena: Familienkonflikte im Märchen. Eine psychologische Deutung. München 1988.

Parodien

Parodien sind Umdichtungen oder Nachahmungen bekannter Lieder, Gedichte, Texte, Reden etc. in denen i. d. R. eine Kritik an herrschenden sozialen oder politischen Zuständen geübt wird.

Diese Kritik wird vor allem durch das Mittel der Übertreibung und Verzerrung erreicht.

Die Parodie kann jedoch nicht nur anprangern, sondern gleichzeitig immanent zur Beseitigung von Missständen aufrufen.

Auseinandersetzung mit vorgegebenen Parodien

Zeitgenössische politische Parodien finden sich vor allem in einschlägigen Zeitschriften (wie z. B. „Eulenspiegel“ oder „Titanic“). Aber auch manche Rede eines Politikers und mancher Schriftsatz einer Behörde liest sich wie eine Parodie.

Parodien selbst erstellen

Parodien können auf der Grundlage von Gedichten, Liedern, Reden, Stellungnahmen, Werbeanzeigen usw. leicht in Gruppen erstellt werden. Dies ist ein Prozess, der Spaß macht, zumal wenn das Produkt anschließend im Plenum vorgetragen wird.

Vorhandene Parodien aufführen

Die Texte von Kabarettisten enthalten zahlreiche Parodien, die so übernommen oder leicht verändert vorgetragen werden können. Die Texte können entweder von der Seminarleitung zuvor ausgewählt werden, oder aber die Gruppe selbst wählt aus einer Sammlung von Parodien die entsprechenden Stücke aus.
Nach einer kurzen Vorbereitungsphase können so im Plenum die Parodien vorgetragen werden.

Parodie, griechisch: „Nebengesang“.

Literarische Gattung, die ein als bekannt vorausgesetztes literarisches Werk in ironischer oder satirischer Absicht unter Beibehaltung charakteristischer Formmittel, aber mit gegenteiliger Intention nachahmt.

Klaus Budzinski: Hermes Handlexikon: Das Kabarett. Düsseldorf 1985, S. 193.

Viele Fragen an den „Ossi“

Bei der Umgestaltung und Neubesetzung des öffentlichen Dienstes in den neuen Bundesländern mussten Betroffene Fragebogen vor allem zur Parteimitgliedschaft in der SED oder den Blockparteien sowie der Zusammenarbeit mit der Staatssicherheit ausfüllen.
Betroffene haben einen eigenen Fragebogen entwickelt:

Zusatzfragebogen zur Aufnahme/Weiterbeschäftigung im öffentlichen Dienst (Regionalgebiet Ost)

- ▲ Name/Vorname (unverschlüsselt angeben): ...
- ▲ Geburtsdatum/-ort: ...
- ▲ Unrechtsstaatsklinik: Ja/Nein
- ▲ Geschlossene Gebärstation: Ja/Nein
- ▲ Hat zu Ihrer Geburt eine DDR-Hebamme oder ein in der DDR approbierter Arzt wissentlich oder unwissentlich beigetragen?: Ja/Nein
- ▲ Sind Sie in einer Klinik abgewickelt worden?: Ja/Nein
- ▲ Wenn ja, unter Protest?: ...
- ▲ Geburtsland: ...
- ▲ Wenn DDR, warum haben Sie sich gerade für dieses Land entschieden? (ausführliche Begründung): ...
- ▲ Sind Sie von Ihrer Mutter gestillt worden?: Ja/Nein
- ▲ Wenn ja, war Ihre Mutter in der Stillphase Genossin? Ja/Nein
- ▲ Hatte Ihr vermutlicher Vater eventuelle Kontakte zur Stasi?: Ja/Nein
- ▲ Wenn ja, was hat er Sie als Erstes gefragt? (lückenlose Aufstellung der Fragen. Erklärung zur Vollständigkeit beifügen: ...
- ▲ Wenn nein, was hat er nicht gefragt? (lückenlose Aufstellung der nicht gestellten Fragen. Erklärung zur Vollstandigkeit beifügen: ...
- ▲ Bisherige Funktionen und Ämter: ...
- ▲ Haben Sie in Ihrer Familie oder in einem anderen sozialistischen Kollektiv eine Funktion gehabt? (z.B. Tisch decken, Aufräumen, Flaschen sammeln): ...
- ▲ Schulen, besonders Parteischulen, einschließlich Schwangeren- und Mütterberatung, Kinderkrippe, Kindergarten (Muttihefte beifügen), Polytechnische Oberschule etc.: ...
- ▲ Sind sie anerkanntes Opfer der zentralistisch verordneten Zwangsschutzimpfung?: Ja/Nein
- ▲ Haben Sie regelmäßig am Betriebsessen teilgenommen?: Ja/Nein
- ▲ Welchen DDR-Produkten haben Sie Widerstand geleistet? (Babysan, Kina, Zekiwa-Kinderwagen, Sandmännchen, Mosaik, Im Nu, Konstruktionsbaukästen, Rahma etc.): ...
- ▲ Sind Sie bereit, alle Bestimmung für eine Tätigkeit im öffentlichen Dienst anzuerkennen und sich jederzeit loyal unterzuordnen?: ...

Erklärung:
Mir ist bekannt, dass unrichtige oder unvollständige Angaben zur sofortigen Lösung des Arbeits-/Dienstvertrages führen kann, auch nachträglich.

Unterschrift.

Frankfurter Rundschau, 7. 3. 1995, S. 4.

Parodien

Frageraster

Fragen zur Interpretation

- ▲ Welches Thema behandelt die Parodie?
- ▲ Warum wurde gerade dieses Thema für die Parodie aufgegriffen?
- ▲ Welcher Ursprungstext liegt der Parodie zu Grunde?
- ▲ Welche kulturellen, politischen, gesellschaftlichen Ereignisse sollen kritisiert werden?
- ▲ Welche Rolle spielen Humor, Scherz, Spott, Ironie?
- ▲ Welche Form der Änderung des Originals hat der Autor gewählt (Auslassung, Hinzufügung, Übertreibung)?
- ▲ An wen richtet sich der Text?
- ▲ Wie wird der Text verbreitet (Kabarett, Zeitschrift, Rundfunk, TV usw.)?
- ▲ Welcher Leser kann auf Grund seiner Kenntnisse die Parodie erkennen und verstehen?
- ▲ Welche angestrebten Wirkungen sind aus dem Text herauslesbar?

Allgemeine Fragen zur Parodie

- ▲ Warum macht das Lesen von Parodien Vergnügen?
- ▲ Welche Wirkungen lassen sich mit Parodien erzielen, die mit anderen Texten nicht zu erzielen sind?
- ▲ Wie erklärt sich die Erscheinung der unfreiwilligen Komik? Welche Bewertungsmaßstäbe werden dabei herangezogen?
- ▲ Welche Funktionen erfüllt die Parodie?

Beim Spott hört der Spaß auf

Die bayerische Landesregierung hat ein fertiges Schulbuch für den Musikunterricht zensiert, weil es das kritische „BayWa-Lied" der „Biermösl Blosn" enthielt.

„... Erreicht den Hof mit Müh und Not ..." Haitzinger / tz. München

Den Text „Gott mit dir, du Land der Bayern, deutsche Erde, Vaterland! Über deine weiten Gauen ruhe deine Segenshand" hatten die Kabarettisten Christoph, Hans und Michael Well (bekannt als „Biermösl Blosn") in ihrem „BayWa-Lied" bereits vor 20 Jahren verändert in: „Gott mit dir, du Land der BayWa, deutscher Dünger aus Phosphat, über deinen weiten Fluren, liegt Chemie von fruah bis spaat". Die SPD im Landtag ist erst 2001 auf diesen vier Jahre alten Vorgang gestoßen und wollte die Gründe hierfür wissen. Das BayWa-Lied gehöre nicht zu den Dingen, die in der Schule gelernt werden sollen, meinte der Kulturstaatssekretär Feller in seiner Antwort, ganz abgesehen davon, dass Schulbücher keine Firmenwerbung enthalten dürften.

Vgl. Schwäbisches Tagblatt, 13. 12. 2001

Literaturhinweise

Eco, Umberto: Platon im Striptease-Lokal. Parodien und Travestien. München 1993.

Eco, Umberto: Sämtliche Glossen und Parodien. München 2002.

Freund, Winfried: Kein Pardon für Klassiker. Parodien. Ditzingen 1992.

Fruttero, Carlo u. a.: Ein Hoch auf die Dummheit. Porträts, Pamphlete, Parodien. 1997.

Harbecke, Ulrich: Literadatsch. Neue Parodien. Hamburg 1999.

Mann, Dieter: Mein Name sei Gänseklein. CD. Literarische Parodien und Gegendarstellungen. Patmos Verlag 1999.

Neubauer, Martin: Das Unverzeihliche. CD. Goethe- und Schiller- Parodien. Litraton 1999.

Verweyen, Theodor / Witting Gunther: Walpurga, die taufrische Amme. Parodien und Travestien von Homer bis Handke. München 1997.

Wawerzinek, Peter: Es war einmal ... Parodien zur DDR- Literatur. Berlin 1996.

Wende, Waltraud: Goethe- Parodien. Zur Wirkungsgeschichte eines Klassikers. Stuttgart 1999.

Literarische Parodien
www.zum.de/Faecher/D/Saar/gym/parodien.htm

Zehn kleine Meckerlein

Zehn kleine Meckerlein
Die tranken einmal Wein
Der eine machte Goebbels nach
Da waren's nur noch neun

Neun kleine Meckerlein
Die haben was gedacht
Dem einen hat man's angemerkt
Da waren's nur noch acht

Acht kleine Meckerlein
Die haben was geschrieben
Und bei dem einen fand man's dann
Da waren's nur noch sieben

Sieben kleine Meckerlein
Die fragte man: na schmeckt's
Der eine sagte Schweinefraß
Da waren's nur noch sechs

Sechs kleine Meckerlein
Die trafen einen Pimpf[1]
Der eine sagte Lausebalg
Da waren's nur noch fünf

Fünf kleine Meckerlein
Die spielten mal Klavier
Der eine spielte Mendelssohn[2]
Da waren's nur noch vier

Vier kleine Meckerlein
Die sprachen mal von Ley'[3]
Der eine sagte Immerblau
Da waren's nur noch drei

Drei kleine Meckerlein
Die hörten Radio
Der eine stellte England ein
Da waren's nur noch zwo

Zwei kleine Meckerlein
Die traten mal in Dreck
Der eine sagte Nazibraun
Da war er auch schon weg

Der letzte, der ließ dies Gedicht
Am falschen Orte sehn
Da bracht man ihn nach Dachau[4] hin
Da waren's wieder zehn

Diese Parodie gehört im Gegensatz zu ihrer Vorlage nicht mehr der Volksüberlieferung an, sondern stellt die gezielte Kritik eines anonym gebliebenen Regimegegners dar. Es ist auffällig, dass unter dem Zwang der Zensur im totalitären Staat sich die innere Opposition mit Vorliebe volkstümlicher Themen und Gattungen zu parodistischer Kritik bedient.

Peter Rühmkorf: Über das Volksvermögen. © 1967 by Rowohlt Verlag GmbH, Reinbek.

Anmerkungen

1 Volktümliche Bezeichnung für die Mitglieder des nationalsozialistischen Deutschen Jungvolks.
2 Felix Mendelssohn-Bartholdy (1809–47), Komponist jüdischer Abstammung, dessen Musik während des Dritten Reiches geächtet war.
3 Robert Ley (1890–1945), nationalsozialistischer Politiker, der als Nachfolgeorganisation der aufgelösten Gewerkschaften die Deutsche Arbeitsfront gründete und für seine Trunksucht weithin bekannt war.
4 Während des Dritten Reichs befand sich dort ein Konzentrationslager.

Kabarett – I

Kabarett ist nicht nur (anspruchsvolle) Unterhaltung, sondern immer auch ein Spiegel der Zeitgeschichte. Es ist auf Provokation angelegt und wirkt so faszinierend oder aber auch abstoßend oder irritierend. Gerade darin liegt seine Funktion: gesellschaftliche und politische Ereignisse zu hinterfragen, zu demaskieren und zu kritisieren.

Kabarett in der Bildungsarbeit kann deutlich machen, mit welcher (scheinbaren) Leichtigkeit Zusammenhänge analysiert und präsentiert werden können, wie mit einfachen Stilmitteln Verfremdungen und Zuspitzungen möglich sind, die alle Verstehen und Deuten können.

Kabaretttexte sind eigentlich keine Lesetexte, sondern gewinnen ihre Wirkung wesentlich durch die Art des Vortrags. Deshalb ist es wichtig, nicht (nur) mit Abschriften zu arbeiten, sondern Hörbeispiele oder Videoaufzeichnungen zu verwenden.

Kabarett und Bildungsarbeit

Über die didaktische Umsetzung des Genres in der Bildungsarbeit und im politischen Unterricht ist freilich bislang nur wenig nachgedacht worden. Dabei könnte sich durchaus ergeben, dass das Kabarett in hervorragender Weise geeignet ist, um die verschiedenen Nahtstellen zwischen Literatur und Politik, Kultur und Subkultur und satirisch gespiegelter Zeitgeschichte exemplarisch herauszuarbeiten. Anders als das Geschichtsbuch, das dem „objektiven Rückblick" verpflichtet ist, setzt das Kabarett in Lied, Wort und Ton auf die subjektive, auch polemische Ablichtung von gesellschaftlichen Fragen und Ereignissen. Es geht dabei nicht um den allgemeinen Standpunkt, sondern um die Bewertung der Geschichte durch das artistische Individuum.

Christian Hörburger: Kabarett in der Bildungsarbeit. In: puzzle. Zeitschrift für Friedenspädagogik, 3/93, S. M1.

Was man mit Kabarettstücken machen kann

- ▲ Zeitgeschichte durchschaubar machen, indem Kabaretttexte auf ihren historischen Kontext bezogen werden.
- ▲ Eigene Texte schreiben und spielen. Der Höhepunkt des Umgangs mit Kabarett ist, eigene Texte zum aktuellen Zeitgeschehen zu verfassen und selbst (im Plenum oder auch einer größeren Gruppe) vorzutragen.
- ▲ Den formalen Aufbau eines Kabaretttextes übernehmen und auf eine andere Situation beziehen bzw. neu formulieren (siehe Arbeitsmaterial).
- ▲ Texte nach Vorlagen bearbeiten oder verfremden.
- ▲ Auf einem Blatt Papier in groben Umrissen ein Bühnenbild für den Kabarettvortrag skizzieren.
- ▲ Eine kurze Zeitungskritik von 10 bis 15 Zeilen schreiben. Dabei die Rolle eines erklärten Gegners des Kabarettisten bzw. eines begeisterten Zuschauers einnehmen.
- ▲ Die Grenzen des Kabaretts diskutieren. Gibt es Grenzen die der Kabarettvortrag respektieren sollte? Wo sind diese zu ziehen? Welches sind die Kritierein hierfür? (Z. B. Verletzung der Intimsphäre von Personen, Beleidigung von Minderheiten?)

Befragung von Kabaretttexten

- ▲ Vor welchem Hintergrund ist der Text vermutlich entstanden?
- ▲ Welches sind die Stilmittel, die eingesetzt werden?
- ▲ An welche Zielgruppe richtet sich der Vortrag?
- ▲ Welcher Vorkenntnisse bedarf die Leserin bzw. der Leser?
- ▲ Was wird kritisiert?
- ▲ Welches Verständnis von Politik verbirgt sich hinter dem Vortrag?
- ▲ Ist der Text auch auf andere Persönlichkeiten im öffentlichen Leben übertragbar?
- ▲ Worin besteht der Unterschied zwischen der gedruckten Fassung und dem Tondokument?
- ▲ Wie ist die Reaktion beim Fernsehpublikum einzuschätzen im Gegensatz zu einem Bühnenvortrag?

Kabarett – 2

Parodie – Satire – Kabarett

Parodien sind Verfremdungen. Ernste und oft anspruchsvolle Vorlagen werden ins Lächerliche gezogen. Wörter, Satzteile oder ganze Sätze eines Originals werden mit Begriffen und Wendungen aus einem anderen, meist banalen Zusammenhang ersetzt.

Satire ist nicht an Vorlagen gebunden. Durch Kritik und Spott werden Zustände oder Personen demaskiert und an den Pranger gestellt. Übertreibung und Lächerlichkeit sind wichtige Stilmittel. Satire kann sich vielerlei Formen bedienen: der Kurzgeschichte, des Romans, der Fabel, des Gedichts, des Liedes usw.

Kabarett vereinigt in ihrem Vortrag Parodie und Satire. Es ist dabei der direkte Bezug zum Publikum (wenngleich auch oft über Medien vermittelt), der das Kabarett ausmacht und von dessen Kontakt und Unmittelbarkeit es lebt. Kabarett versteht sich als Verfechterin der Meinungsfreiheit und prangert mit seinen Mitteln politische Missstände an.

Das Kabarett

Das Kabarett verfolgt als Gattung keine Doktrin. Es ist gemütvoll, eifernd, ätzend, auch langweilig, wenn die Sprache versagt. Es gibt sich oft parteilich und mit Bedacht weltverbessernd. Dort, wo bestallte oder unbestallte Zensoren mit der Schere Hand anlegen, lohnt es sich allemal zuzuhören. Der Griff nach dem freien Wort, unter den Bedingungen der Diktatur üblich, beim öffentlich-rechtlichen Rundfunk keineswegs abgeschafft und durch den Begriff „Ausgewogenheit" entschuldigt, hat unter allen Regierungsformen Tradition. Das obrigkeitsstaatliche Verbot der spöttelnden oder kritischen Nachricht, der Eingriff in den literarischen und künstlerischen Prozess, in letzter Konsequenz Berufsverbot oder gar Inhaftierung in Gefängnis oder Konzentrationslager, gehören zum extremsten Risiko für die Künstler.

Christian Hörburger: Nihilisten – Pazifisten – Nestbeschmutzer. Gesichtete Zeit im Spiegel des Kabaretts. Tübingen 1993, S. 15.

Mathematik im Wandel

Volkschule 1950
Ein Bauer verkauft einen Sack Kartoffeln für 20 Mark. Die Erzeugungskosten betragen 4/5 des Erlöses. Wie hoch ist der Gewinn?

Realschule 1960
Ein Bauer verkauft einen Sack Kartoffeln für 20 Mark. Die Erzeugungskosten betragen 16 Mark. Berechne bitte den Gewinn.

Gymnasium 1970
Ein Bauer verkauft eine Menge Kartoffeln (K) für eine Menge Geld (G). G hat die Mächtigkeit 20. Für die Elemente g aus G gilt: g ist 1 Mark. In Strichmengen müsstest du für die Menge G „zwanzig" (- - - - - - - - - - - - - - - - - - - -) Strichlein machen, für jedes Element g eines. Die Menge der Erzeugungskosten (E) ist um „vier" (- - - -) Strichlein weniger mächtig als die Menge G. Zeichne das Bild der Menge E als Teilmenge der Menge G und gib die Lösungsmenge (L) an für die Frage: Wie mächtig ist die Gewinnmenge?

Integrierte Gesamtschule 1983
Ein Bauer verkauft einen Sack Kartoffeln für 20 Mark. Die Erzeugunskosten betragen 16 Mark, der Gewinn beträgt 4 Mark. Aufgabe: Unterstreiche das Wort „Kartoffeln" und diskutiere mit deinem Nachbarn darüber.

Reformierte Schule 1988
Ein kapitalistisch-privilegierter bauer bereicherd sich one rechtsfärtigunk an ein sak kartoflen um 4 dm. untersuche den tekst auf inhaldlische gramatische ortogravische und zeichensätsunksfäler. korigire die aufgabenstlunk und demonstriere gegen die losunk.

Verfasser unbekannt.

Literaturhinweise

Cepl-Kaufmann, Gertrude u. a.: Wenn es dem Kom(m)ödchen nicht gefällt. Ein Kabarett in Deutschland. Düsseldorf 2000.

Hildebrandt, Dieter: Vater unser, gleich nach der Werbung. Müchen 2001.

Hörburger, Christian: Nihilisten – Pazifisten – Nestbeschmutzer. Gesichtete Zeit im Spiegel des Kabaretts. Tübingen 1993.

Kühn, Volker: Kleinkunststücke. 5 Bde. Frankfurt/M. 2001.

Kühn, Volker (Hrsg.): Sprüche, Gags und scharfe Sachen. Kabarett-Geschichten aus 100 Jahren Kabarett-Geschichte. Berlin 2002.

Polt, Gerhard: Circus Maximus. Das gesammelte Werk in einem Band. Kein & Aber 2002.

Schwiedrzik, Wolfgang M. (Hrsg.): Totentanz-Kabarett im KZ. CD mit DVD- Video. Edition Mnemosyne 2000.

Valentin, Karl: Semmelnknödeln. Das Beste aus seinem Werk. München 1996.

Kabarett
Erfahrungsbericht

Literarische Vorlagen ergänzen

In Arbeitsgruppen sollten bekannte literarische Vorlagen (Gedichte, Lieder) so mit Zwischentexten ergänzt werden, dass ein typischer Sprachstil (z. B. Kirchensprache, Amtssprache) zum Ausdruck kommt.
Zur Einstimmung wurde ein Vortrag von Dieter Hildebrandt vorgespielt:

Dieter Hildebrandt:

Der Mond ist aufgegangen
Helmut Kohl spricht Matthias Claudius

Der Mond,
meine Damen und Herren, und
das möchte ich hier in aller Offenheit sagen,
ist aufgegangen!
Und niemand von Ihnen, liebe Freunde, meine Damen und Herren, wird mich daran hindern, hier in aller Entschlossenheit festzustellen:
Die goldnen Sternlein prangen
und wenn Sie mich fragen, meine Freunde, wo, dann sage ich es Ihnen:
am Himmel!
Und zwar, und das sei hier in aller Eindeutigkeit gesagt, so, wie meine Freunde und ich uns immer zu allen Problemen geäußert haben:
hell und klar.
Und ich scheue mich auch nicht, hier an dieser Stelle ganz konkret zu behaupten:
Der Wald steht schwarz und ...
lassen Sie mich das hinzufügen
und schweiget.
Und hier sind wir doch alle aufgerufen – gemeinsam –, die uns alle tief bewegende Frage an uns gemeinsam zu richten: Wie geht es denn weiter? Und ich habe den Mut und die tiefe Bereitschaft und die Entschlossenheit, hier in allem Freimut und aller Entschiedenheit zu bekennen, dass ich es weiß! Nämlich:
Und aus den Wiesen steiget
das, was meine Reden immer ausgezeichnet hat:
der weiße Nebel wunderbar.

Quelle: „Der Mond ist aufgegangen" aus: Dieter Hildebrandt: Was bleibt mir übrig. © 1986 Kindler Verlag, München.

Ergebnisse aus Seminargruppen

Amtssprache

Hänschen klein,
Sohn der verehelichten und ortsansässigen Bürger Peter und Martha Klein, geb. Groß
ging allein
unter Missachtung der elterlichen Aufsichtspflichten von seinem Wohnort Lonsingen, Richtung Gächingen
in die weite Welt hinein.
Stock und Hut, so die Beschreibung des Vermissten,
stehen ihm gut.
Laut glaubhafter Zeugenaussagen war der zuletzt am Ortsausgang Lonsingen gesehene Junge *froh und wohlgemut.*

Aus einem Seminar mit Angestellten des öffentlichen Dienstes.

Kirchensprache

Situation: Abtei in T., 13. 12. 1992, Äbtissinnenweihe. Der Bischof ist da, hält den Ritus und anschließend die Ansprache:

Liebe Schwestern und Brüder im Glauben,

ganz besonders darf ich mich an Sie, verehrte Mutter Äbtissin, wenden: *Suse, liebe Suse!*
Sie schauen heute erwartungsvoll in die Zukunft: *Was raschelt im Stroh?*
Alle Ihre lieben Mitschwestern sind erwartungsfroh hier versammelt und feiern mit Ihnen diesen hohen Tag – viele Gäste aus nah und fern, Arme und Reiche, unter Ihnen *die kleinen Entchen, die haben kein Schuh.*
Dieses Problem wird uns zwar in Zukunft noch sehr beschäftigen, und ich wage zu behaupten: Wir werden die Hände nicht in den Schoß legen! Immer hat die Kirche vertraut auf den Heiligen Geist *und den Schuster, denn der hat's Leder!*
Aber, liebe Schwestern und Brüder im Glauben: Mit dem Leder allein ist es nicht getan! Der Schuster hat ja *kein Leisten dazu!*
Aber auch dieses Problem kann uns nicht entmutigen. Im Vertrauen auf Gott und alle Heiligen müssen wir uns in echter Bußgesinnung noch eine Weile gedulden, und so lange gehen halt *die kleinen Entchen und haben kein Schuh!*
Amen.

Aus einem Seminar mit kirchlichen Mitarbeitern.

Gewerkschaftssprache

Liebe Kollegen und Kollegen!

In diesem Betrieb glauben noch alle, *alle meine Entchen* an die Unternehmerversprechen, wir säßen noch alle in einem Boot. Die betriebliche Realität zeigt uns aber alltäglich, wir *schwimmen auf dem See, schwimmen auf dem See.*
Und deshalb, liebe Kollegen und Kollegen, lasst uns in die nächsten Tarifverhandlung den Arbeitgebereingriffen solidarisch entgegenstehen, lasst uns jetzt nicht nach der Devise verfahren *„Köpfchen in das Wasser"*, sondern lasst uns die Lehre aus unserer Geschichte ziehen, die da heißt: *„Schwänzchen in die Höh"*.

Glück auf.

Aus einem Seminar mit Gewerkschaftsjugendlichen.

Was darf Kabarett?

1986 wurde eine Folge der Sendereihe *Scheibenwischer* vom Bayerischen Rundfunk abgesetzt.
Unter anderem erzürnte folgender Text von Werner Koczwara die bayerischen Medienwächter:

Der verstrahlte Großvater

(Lisa Fitz kommt auf die Bühne, setzt sich ans Telefon und wählt.)

Lisa Fitz:
Ja? Hallo? Ist dort die Strahlenschutzkommission? Ja? Na prima, also es geht um Folgendes: Unser Großvater, gestern ist er übrigens 91 geworden, der war neulich draußen im Garten, das heißt, er saß eben draußen in seinem Rollstuhl ... der macht das übrigens fast jeden Tag, das ist bei dem ganz normal, bloß jetzt war's eben so, dass es auf einmal angefangen hat zu regnen und ... von uns hat leider keiner dran gedacht, den Großvater reinzuholen, und auf die Art und Weise ist der gute Mann geschlagene vier Stunden im Regen gesessen. Klar, das wär natürlich nicht weiter schlimm, aber wir haben uns jetzt eben gedacht, wegen dem russischen Kernkraftwerk, wissen Sie, da hat's doch geheißen, man soll sich bei Regen möglichst nicht im Freien aufhalten ... ich mein, wie soll ich sagen, wir befürchten jetzt eben, dass der Großvater schon ordentlich was abgekriegt hat von der Radioaktivität, und wie gesagt, gestern ist er 91 geworden, da muß man ja auch jeden Tag mit dem Schlimmsten rechnen ... und deswegen ... ich mein, den kann man ja nicht so einfach begraben, am Ende verstrahlt der noch den ganzen Friedhof ... und jetzt wollt ich eben wissen: Müssen wir unseren Großvater jetzt endlagern? Oder vielleicht muss man ihn ja auch wiederaufbereiten, ich versteh von diesen Dingen ja nichts, aber man macht sich nun mal so seine Gedanken, wo ich doch erst kürzlich in der Zeitung gelesen hab, dass radioaktiv verseuchte Leute nicht normal begraben werden dürfen. Die sind doch praktisch ... wie sagt man dazu? Sondermüll, richtig. Ja, gut, können Sie mir vielleicht sagen, wie das laufen soll, weil irgend so etwas wie eine Beerdigung muss man einem Menschen ja geben ... gibt's da vielleicht Richtlinien dafür, zum Beispiel, ob der Pfarrer seine Predigt im Strahlenschutzanzug halten muss? ... Gibt's nicht, aha ... aber eine anständige Beerdigung, das ist doch das Einzige, worauf sich der Großvater jetzt noch freut, ich meine, vielleicht täte es eine richtig weihevolle Endlagerung ja auch, aber ein bisschen christlich müsste es eben schon zugehen ... Wieso geht das nicht?! ... Ach was! Die Halbwertzeit von meinem Großvater interessiert mich nicht! Solche Sachen hätten Sie sich eben überlegen sollen, bevor Sie mit der Atomspalterei angefangen haben, jetzt haben wir den Salat, und der Großvater darf's ausbaden ... Ja, ebenfalls, wiederhörn.

(Sie legt den Hörer auf.)

Opa lassen wir nicht mehr an die frische Luft. Ab 100 Millirem ist man nämlich kein Christ mehr.

(Lisa Fitz geht ab.)

Scheibenwischer, 22. 5. 86. Zitiert nach: Dieter Hildebrandt: Scheibenwischer Zensur. München 1986, S. 29–32.

Witze

Frage an Radio Eriwan:
„Kann man in Russland sein Leben in vollen Zügen genießen?"

Radio Eriwan antwortet:
„Im Prinzip ja, aber es kommt auf die Bahnstrecke an."

Bildungsarbeit ist häufig eine sehr nüchterne, humorlose Angelegenheit. Witze sollen jedoch hier nicht nur als „Unterhaltung" der Teilnehmerinnen und Teilnehmer verstanden werden, sondern auch als Aussage über Stimmungen und Befindlichkeiten in der Bevölkerung. Dies trifft insbesondere für den politischen Witz zu.

Witze können tödlich wirken. Witze können Waffen sein: Der Schwache, der Unterdrückte besitzt sie oft als letzte Waffe. So ist der politische Witz in Diktaturen, in totalitären Gesellschaften verboten. Denn zur geschlossenen Gesellschaft gehört eine gewisse Zensur, ein Redeverbot. Der Mensch sucht in geschlossenen Gesellschaften Ventile, um „Dampf abzulassen", um dem permanenten Druck, der auf ihm lastet, zu entkommen.

Dass Witz – und vielleicht überhaupt Humor – eine der Möglichkeiten der Angstbewältigung darstellt, ist vielleicht eine der allgemeinsten Aussagen, welche sich aus den psychodynamischen Untersuchungen über Witze ableiten lassen.

Der ethnische Witz beschreibt häufig die Gemütslage der Zugewanderten, aber auch das Verhältnis zwischen Immigranten und Einheimischen. Häufig werden auch besondere Bevölkerungsgruppen mit Witzen belegt (Schotten-Witze, Ostfriesen-Witze), die diesen Gruppen zugeschriebene Eigenschaften besonders betonen.

Nach Sigmund Freud hat sich kein anderes Volk so unbarmherzig zur Zielscheibe seiner eigenen Witze gemacht wie das jüdische.

Wie Witze verwendet werden können

- ▲ Das Erzählen eines politischen Witzes
  als Einstieg und „Aufhänger".
- ▲ Sammeln von Witzen
  zu einem bestimmten Thema (Bevölkerungsgruppe, historische Situation usw.). Untersuchung der Sammlung anhand des Fragerasters (siehe nächste Seite).
- ▲ Auswertung von
  in Zeitschriften abgedruckten Witzen.
- ▲ Umsetzung von Witzen
  in politische Karikaturen.

Beispiele

Ethnische Witze

Frage: „Warum gibt es in Ostfriesland Ebbe und Flut?"
Antwort: „Als die Ostfriesen ans Meer kamen, hat das Wasser sich so erschrocken, dass es sich ganz weit zurückzog. Und nun kommt es jeden Tag zweimal, um zu gucken, ob die immer noch da sind."

Ein Jude in einem amerikanischen Eisenbahnabteil. Ein Neger steigt ein. Schweigen. Der Neger zieht eine hebräische Zeitung hervor und beginnt zu lesen. Beugt sich der Jude zu ihm und sagt: „Sagen Sie – Neger allein ist Ihnen gar nicht genug?"

„Wie viele Polen braucht man, um ein Kidnapping durchzuführen?" – „Sechs." – „Wieso sechs?" – „Einen, um das Kind zu rauben, die anderen fünf, um den Erpresserbrief abzufassen."

Eine Handelsdelegation der DDR fliegt nach Afrika. Unterwegs kommt es zu einer Notlandung. Aus dem Busch erscheinen plötzlich wilde Neger und nehmen die Delegation gefangen. Man bringt sie ins Dorf. Dort sieht der Stammeshäuptling die Gefangenen an und fällt das Urteil: „Alle werden heute zum Abendbrot gegessen, nur diesen einen da lassen wir frei."
„Wieso?", fragen die Neger.
Darauf der Häuptling:
„Das ist mein Kollege von der volkswirtschaftlichen Fakultät der Humboldt-Universität in Ost-Berlin."

Witze über soziale Gruppen

Der berühmte Arzt zum Patienten: „Also, ehe wir überhaupt anfangen – eine Konsultation kostet bei mir 100 Mark. Dafür dürfen Sie zwei Fragen stellen. Ist das klar?"
Patient: „Ja! Aber, Herr Doktor, finden Sie das nicht ein bisschen teuer, 100 Mark für zwei Fragen?"
Arzt: „Nein, und jetzt Ihre zweite Frage, bitte."

Literaturhinweise

Best, Otto F.: Volk ohne Witz. Über ein deutsches Defizit.Frankfurt/M. 1992.
Damm, Fritz: Wir dekorieren. 40 Jahre politischer Witz in der DDR. Frankfurt/M. 1993.
Freud, Sigmund: Der Witz und seine Beziehung zum Unbewußten / Der Humor. Frankfurt/M. 1992.
Landmann, Salcia (Hrsg.): Der jüdische Witz. Soziologie und Sammlung. Düsseldorf 1999.
Röhrich, Lutz: Der Witz. Figuren, Formen, Funktionen. Stuttgart 1991.
Wiener, Ralf: Gefährliches Lachen. Schwarzer Humor im Dritten Reich. Reinbek 1994.
Witze bis zur Wende. 40 Jahre politischer Witz in der DDR. München 1996.

Witze

Frageraster

Fragen und Hinweise zur Interpretation von Witzen

Wer sind die Handelnden
in den Witzen? ______

Gegen wen oder was
richtet sich die Pointe des Witzes? ______

Ist bekannt, in welcher Situation
der Witz entstanden ist? ______

Von wem wird der Witz weitererzählt? ______

Wie erklärt es sich,
dass Witze über körperliche Gebrechen kaum in Gegenwart von Betroffenen (z. B. Stotterern) erzählt werden? ______

Welche Stereotypen
tauchen in Witzen über soziale Gruppen auf (z. B. über Ärzte, Lehrer, Adelige ...)? ______

Werden bei ethnischen Witzen
zutreffende Eigenschaften beschrieben oder herrschen soziale Vorurteile vor? ______

Welche Kenntnisse und Voraussetzungen
sind notwendig, um ethnische (oder politische) Witze verstehen zu können? ______

Welche Wirkungen werden
politischen Witzen in totalitären, welche in demokratischen Gesellschaften zugeschrieben? ______

Was verraten politische Witze über
die politischen Zustände und die Menschen in einer Gesellschaft? ______

Vgl. Hannost Lixfeld: Witz. Arbeitstexte für den Unterricht. Stuttgart 1986, S. 62 ff.

Der Flüsterwitz im Dritten Reich

Jeder Witz, der während der braunen Herrschaft unter Vertrauenswürdigen von Mund zu Mund weitergesagt wurde, war eine Ladung Sprengstoff am Fundament des Monsterstaats. Die Ideologen wussten genau, dass ihr rauschender, aber dennoch dürftiger Weltanschauungszauber durch Spott plötzlich lächerlich werden konnte. Falsches Pathos verbirgt bekanntlich leicht einen hohlen Innenraum. Weil sie diese Zusammenhänge kannten, richtete sich im Dritten Reich der finstere Zorn der Parteiführer auf den Witzbold. Er entsprach dem Rüstungssaboteur. Beide taten der Wehrkraft Abbruch, und also verwirkten sie zumindest ihre Freiheit.

Totalitäre Systeme sind auf sturen Ernst zugeschnitten und verstehen keinerlei Spaß.

Der Witz bleibt ein Spiel des Geistes, wen es trifft, den trifft es. Er geißelt scharf den neuen Gott Hitler, seine von ihm erhobenen und von seiner Gnade allein abhängigen Kreaturen, und er geißelt schließlich den ganzen Betrieb des Dritten Reiches. Dabei ist ihm eigen, dass er nicht die Ideen als Ideen ironisiert, sondern den verunstalteten Menschen in seiner Abhängigkeit, sei es als Nutznießer, sei es als Ausgebeuteter. Dabei darf das Missverständnis nicht aufkommen, der Flüsterwitz diene etwa als Beweis für die Gegnerschaft des deutschen Volkes gegenüber dem Nationalsozialismus. Davon kann keine Rede sein.

Die Tatsache der Soziabilität des Individuums schafft eine im Wesen bedingte dauernde Spannung zwischen dem Persönlichkeitsanspruch und dem Gruppenbestreben nach Einordnung des Individuums.

In den nichttotalitären Staatsformen wird die genannte Dauerspannung gelöst durch die Möglichkeit beständigen Widerspruchs in beliebiger Form, vom unverhohlenen Witz bis zur ironischen Leserzuschrift, vom offenen Brief in der Tagespresse bis zum Protest gegenüber Parlament und Regierung. Damit pendelt sich im Menschen etwas aus. Er bleibt ein Sprechender, er befreit sich, redet es sich von der Seele, obwohl keine sichtbare politische Wirkung zu Stande kommen muss. Die Tat selbst hat erlösenden Charakter und muss nicht durch Erfolg nachträglich ausgewiesen werden.

Der Witz ist das letzte freie Spiel des Individuums, das der Staat nicht „gleichschalten“ kann und das er darum fürchtet oder hasst.

Indem sie mit der Waffe des Witzes das ihnen feindlich gegenüberstehende System anfechten, bilden sie im kleinen Kreise neu, was in nicht totalitären Lebensformen den großen Bereich der öffentlichen Kritik ausmacht. Der Flüsterwitz korrespondiert mit jenen heimlichen Zirkeln, in denen verantwortliche Menschen gefährliche Arbeit leisten, indem sie forschen, wie man zum Sturz des absoluten Systems und zum Aufbau einer besseren Ordnung beitragen könne.

Der Flüsterwitz vermittelt also anthropologische Aufschlüsse über den Menschen im Totalitarismus, wie sie von anderen Dokumenten nicht erwartet werden können. Er sagt etwas aus über die Grundbefindlichkeit in einem Lebenskreis, in welchem das Unrecht regiert und die Perversion sich unangefochten brüsten darf, wie es im NS-Staat der Fall war. Er enthüllt das Selbstverständnis des Menschen unter dem äußersten Druck staatlicher Willkür und zeigt den Zusammenstoß von Einzelanspruch und kollektiver Gewalt, von Individualgewissen und Gruppenmoral.

Zusammenfassend lässt sich über die Struktur der Witze und der ihnen entsprechenden politischen Karikaturen Folgendes sagen: Sie unternehmen es, das Wesen von Menschen und Umständen scharf auszuleuchten, obwohl oft einseitig akzentuierend. Damit machen sie aber verborgene Kräfte und Tendenzen sichtbar und tragen folglich zur Klärung der Situation bei, wie sie damals empfunden wurde. Das Witzphänomen steht nicht nur repräsentativ für das völkische Empfinden, für den „Zeitgeist“ jener Jahre, sondern es erschließt auch eine Sicht auf den Menschen, die sonst verborgen bliebe. Aus einem anthropologischen Einzelbefund, wie er sich am Witz darstellt, ergeben sich Möglichkeiten, den ganzen Menschen zu verstehen. Jeder einzelne Witz ist individuelle Situationsantwort und zeugt für seinen – meist unbekannten – Urheber; jeder dieser Witze erhebt sich aber auch ins Überindividuelle, indem er „umgeht“, begegnet und erweckt und durch seine aggressive Neigung und demaskierende Kraft den Gruppenmitgliedern noch nicht hinlänglich geklärte Erfahrungen zugänglich macht.

Hans-Jochen Gamm: Der Flüsterwitz im Dritten Reich. München 1963, S. 167–175, Auszüge.

Politische Witze aus dem Nationalsozialismus

Die Reichsregierung hat dem Allmächtigen eine Kirche gebaut. Sie will damit ihre Dankbarkeit für seine Mitwirkung am Sieg über Frankreich ausdrücken. Folgende Widmungen werden angebracht.
Von Goebbels: Der erste Geist im Dritten Reich dem dritten Geist im Himmelreich.
Von Göring: Von Mir.
Von Hitler: Dem Allmächtigen – Sein Führer.

Brief einer Berliner Arbeiterfamilie an ihre Verwandten im Ausland: „Uns geht es gut. Hitler führt uns einer besseren Zukunft entgegen. Fritz, der das Gegenteil behauptet hat, wird morgen beerdigt.“

Das Auto des Führers fährt den Hund eines Fleischers tot. Adolf schickt den Chauffeur in den Fleischerladen, um sich zu entschuldigen und Schadenersatz anzubieten. Der Chauffeur sagt: „Heil Hitler! Der Hund ist tot …“
Da ruft der Fleischer: „Endlich! Hier, nehmen Sie die großen Würste mit!“

Reden – I

Reden können in der Bildungsarbeit vielerlei Funktionen erfüllen. Sie können angehört und auf ihre emotionale Wirkung hin untersucht werden (hierzu benötigt man allerdings Tondokumente), sie können in ihrer schriftlichen Form nach Aufbau und Argumentation analysiert werden, und Reden können selbst verfasst und vorgetragen werden.

Das Grundproblem der Rede ist das Verhältnis von Inhalt und Form, von äußerem Anlass der Rede und der Art, wie die Rednerin bzw. der Redner diesen Anlass den Hörerinnen bzw. den Hörern nahe bringt.
Was macht eine Rede gut, bedeutend, weltbewegend? Der Anlass, das Ereignis, das dahinter steht, oder die Form, in der dieses Anliegen vorgetragen wird? Oder vielleicht beides, also gerade die Verbindung, die beide in einer Rede eingehen müssen, um zu einem guten Ergebnis zu führen?

Von der Rede zur Meinungsäußerung

Heute werden vielleicht mehr Reden gehalten als je zuvor, und dennoch ist es sicher nicht vermessen zu sagen, dass wenig große Reden gehalten werden. Die Rede diente einst dazu, den Hörer in seiner Meinung zu beeinflussen, ihn zu einer Gesinnungsänderung, zu einer Tat zu veranlassen. Heute ist die politische Entscheidung zum Zeitpunkt der Rede oft schon gefallen oder zumindest kaum noch zu beeinflussen. Die Rede ist zur reinen Meinungsäußerung, Deklaration geworden. Hier überschneidet sie sich mit der Gattung Vortrag, die im Unterschied zur Rede mehr darstellen, berichten will. Aber auch hier drängen die modernen Medien die Bedeutung der Rede mehr und mehr zurück. Nur selten bringt heute eine Rede noch wirklich Neues, das noch nicht zumindest dem Inhalt nach schon vorher bekannt und veröffentlicht ist.

Wirkung

Die Rede verführt keine Unschuldigen, sie täuscht die Aufmerksamen nicht. Sie kann die krasse Kundgebung der Macht sein und der Jubel der Zustimmenden nichts anderes als Ausdruck des wehrlosen Ausgeliefertseins. Gewalt über Andersdenkende, die sich der Freiheit, ihre Ansicht vorzubringen, nicht begeben haben oder ihrer nicht beraubt worden sind, hat die Rede nicht.

Die freie Rede

Die Rede entzieht sich genau genommen der Fixierung. Nicht jede wird mit Manuskript gehalten. Die schriftliche Wiedergabe, noch dazu weit entfernt von der eigentlichen Originalsituation, kann nur die Worte, nicht aber die Atmosphäre, die Spannungen und das Verhalten der Zuhörer und des Redners wiedergeben. Denn für die Beurteilung, für das Nacherleben der Rede so wichtige Umstände, werden selten so genau überliefert, dass ihre Bedeutung zu sichern wäre.
Aber auch die neueren Reden, selten frei gehalten, oft nur verlesen, während die Zuhörer schon im Besitz des Manuskriptes sind, bieten dem aufmerksamen Leser noch Überraschungen. Nicht jeder Redner war der Situation gewachsen, die ihn zum Sprecher machte, manch einer wich doch von der vorgesehenen Linie ab.

Vgl. Reden, die die Welt bewegten. 10. aktualisierte Auflage, Stuttgart 1989, Einleitung.

Typen von Reden

Begrüßungsreden
Abschiedsreden
Eröffnungsreden
Trauerreden
Gedenkreden
Wahlkampfreden
Rechtfertigungsreden
Bekanntgaben
Mahnreden
Erinnerungsreden
Lobreden

Reden – 2

Analyse von Reden in Bundestags- oder Landtagsprotokollen

Über viele politisch strittige Themen finden Bundestags- oder Landtagsdebatten statt. Die Protokolle können bei den zuständigen Presseabteilungen angefordert werden (oder sind z. T. in der Wochenzeitung „Das Parlament" abgedruckt). Die Reden von Abgeordneten verschiedener Fraktionen können vergleichend analysiert werden (siehe auch: „Texte analysieren").

Reden umschreiben

Ausgangspunkt hierfür sind Redemanuskripte oder Mitschnitte. „Wie würde ich bzw. unsere Kleingruppe die Rede inhaltlich und formal gestalten?"
Eine gute Vorübung hierzu ist die Verfremdung der als Arbeitsmaterial verwendeten Rede durch Umkehrung ihrer Aussagen ins Gegenteil. Wie hört sie sich nun an?

Anfertigung einer eigenen Rede

Hierzu müssen der genaue Anlass und die Form vorgegeben werden (z. B. Rede des Sozialdezernenten anlässlich der Abschiebung des einmillionsten Asylbewerbers). Es empfielt sich dann, die Rede in Kleingruppen von 4 bis 6 Personen ausarbeiten und anschließend im Plenum vortragen zu lassen.

Mit Reden experimentieren

In Kleingruppen können Abschnitte einer Rede laut vorgelesen werden. Der Inhalt wird mit eigenen Worten laut vorgetragen. Der Inhalt wird auf ein Schlagwort reduziert. Der Tonfall wird nur noch mit Silben (Bla, Bla ..., Ja, Ja ..., Nein, Nein ...) verbalisiert.
Die Reden werden in verschiedenen Stimmungen vorgetragen (ernst, heiter usw.).
Die Zuhörer zeigen keine Reaktion, zustimmende Reaktion (Kopfnicken), ablehnende Reaktion (Kopfschütteln). Welche Erfahrungen werden dabei gemacht?

Reden illustrieren

Während Reden vorgetragen oder abgespielt werden, sollen die Zuhörerinnen und Zuhörer die Rede auf einem Blatt illustrieren bzw. zu der Rede das malen, was ihnen spontan zu den einzelnen Abschnitten einfällt.
Die Rede kann auch zuerst ganz angehört werden. Anschließend besteht die Aufgabe, den Inhalt der Rede (die wesentliche Botschaft) in einem Bild (Plakat, Werbeanzeige usw.) auszudrücken. Dies kann in Kleingruppen geschehen, die sich dann zunächst einigen müssen, welches die wesentliche Aussage ist.

Reden in Bewegung umsetzen

Eine Rede kann nicht nur angehört und analysiert werden, sie kann auch in Bewegung umgesetzt und durch Bewegung (z. B. Tanzszenen) interpretiert werden. Dies setzt neben entsprechenden Räumlichkeiten auch voraus, dass die Teilnehmerinnen und Teilnehmer (und natürlich die Seminarleitung) bereits etwas Erfahrung mit darstellendem Spiel haben.

Literaturhinweise

Baum, Roman: Die Macht der Rhetorik. Besser reden – mehr erreichen. Ueberreuter Wirschaftsverlag 2002.
Baumgartner, Wolfgang: Politische Reden. Aphorismen. Norderstedt 2001.
Beyme, Klaus von: Die großen Regierungserklärungen der deutschen Bundeskanzler von Adenauer bis Schmidt. München 1998.
Brückner, Christine: Wenn du geredest hättest, Desdemona. Ungehaltene Reden ungehaltener Frauen. München 1997.
Eppler, Erhard: Kavalleriepferde beim Hornsignal. Die Krise der Politik im Spiegel der Sprache. Frankfurt/M. 1992.
Recker, Marie-Luise (Hrsg.): Politische Reden 1945–1990. Frankfurt/M. 1999.
Recker, Marie-Luise (Hrsg.): Bibliothek der Geschichte und Politik, 25 Bde., Politische Reden. Frankfurt 1999.
Schmölders, Claudia (Hrsg.): Stimmen von Führern. In: Friedrich Kittler u.a. (Hrsg.): Zwischen Rauschen und Offenbarung. Berlin 2002.

Internet
Bundestagsreden:
www.bundestag.de

Analyse von Reden

- ▲ In welcher Situation ist die Rede entstanden?
- ▲ Welche Ziele und Absichten werden verfolgt?
- ▲ Welches sind die Schlüsselwörter der Rede (z. B. „wir", „Freiheit", „Westen")?
- ▲ Welche Gruppen und Staaten werden benannt, wie werden sie beschrieben?
- ▲ Welche Personen werden benannt (wie oft und warum)?
- ▲ Was besagen die Schlüsselwörter in ihrem Kontext?
- ▲ Wie ist der rhetorische Aufbau der Rede? Wie kommen die drei Grundfiguren „Aufwertung", „Abwertung" und „Beschwichtigung" vor und mit welchen Mitteln werden sie angestrebt?
- ▲ Wie ist der Satzbau? Wie werden Aussagen begründet und abgeleitet?
- ▲ Mit welchen Mitteln wird die Dynamik der Rede hergestellt (z. B. Worte wie „wirken", „schaffen", „gestalten")?
- ▲ Aus welchen Bereichen werden die verwendeten Bilder gewählt?

Vgl. Hans Dieter Zimmermann: Die politische Rede. Der Sprachgebrauch Bonner Politiker. 2. Auflage, Stuttgart 1972.

„Plastikwörter" in der politischen Sprache

Wie „Entwicklung", so finden wir auch das blasse und blass machende Wörtchen „Lage" häufig geschmückt durch Adjektive, die dann das Substantiv vergessen lassen: die „energiepolitische", die „sicherheitspolitische", die „medienpolitische" oder gar die „arbeitsmarktpolitische Lage". All diese schwierigen Konstruktionen vernebeln Tatbestände, die sich klarer und einfacher benennen ließen. Und sie entlasten.

Für Arbeitslosigkeit kann man nach Verantwortlichen suchen, aber kaum für die „arbeitsmarktpolitische Lage". Wer spricht schon von der „Versorgung" der Menschen in Moskau? Fast alle reden von der „Versorgungslage", die „angespannt", „ungeklärt", „bedrohlich", „katastrophal" oder auch „leicht verbessert" sei. Was ist der Unterschied zwischen einer schlechten Versorgung und einer schlechten Versorgungslage? In der Sache keiner. Nur: Lage hat etwas Objektives an sich. Lage gehört zu den „gegebenen Bedingungen". Mit einer Lage muss man sich meistens abfinden. Mit einer schlechten Versorgung dürfen sich Politiker nicht abfinden.

Am deutlichsten vielleicht wird dies, wo nicht von „Versorgung", sondern von „Entsorgung" gesprochen wird. Die „schwierige", „ungeklärte" oder gar „unübersichtliche Entsorgungslage" unserer Atomkraftwerke bedeutet schlicht, dass nicht klar ist, wo die Abfälle schließlich landen sollen. Und dafür gibt es, sogar laut Gesetz, Zuständige.

Erhard Eppler: Kavalleriepferde beim Hornsignal – Die Krise der Politik im Spiegel der Sprache. Frankfurt/M. 1992.

Leitfaden zur Vortragsbeurteilung

Formaler Ablauf
- Auftritt
- Äußere Erscheinung
- Kontaktaufnahme zum Publikum
- Konzentration/Nervosität
- Reaktion auf Zwischenrufe und Fragen
- Pauseneinsatz
- Zusammenfassung
- Abgang

Sprache
- Aussprache
- Sprechtempo
- Stimmmodulation
- Lautstärke
- Sprachrhythmus
- Klangfarbe

Anschaulichkeit
- Satzbau
- Wortwahl und Begriffe
- Beschreibungen und Vergleiche

Nonverbale Anteile
- Körperhaltung
- Gestik
- Mimik
- Blickkontakt
- Sicherheit

Gesamteindruck
- Glaubwürdigkeit
- Sympathie

Offensiv sprechen, klären und überzeugen!

Aus einem Leitfaden über Aufbau und Anlage politischer Reden der Jungen Union Baden-Württemberg.

Wie Sie unsere Position am wirkungsvollsten darstellen ...

▲ Benutzen Sie so oft wie nur eben möglich unser gemeinsames Marken- und Gütezeichen!
Überall wo wir dem Bürger begegnen, ziehen wir unsere Flagge auf, machen wir deutlich, dass unser Name verpflichtet: CDU, christlich-demokratisch, christlich-sozial, Männer und Frauen der Union usw.

▲ Geschlossenheit, Einigkeit und Gemeinschaft: Sprechen Sie in der „Wir"-Form!
„Wir" macht aus vielen Einzelnen eine Gruppe; „Wir" beweist unsere Geschlossenheit und Einigkeit. „Wir" bezieht auch den Zuhörer mit ein, gibt ihm die Gewissheit, zu unserer Gruppe, zu unserer Gemeinschaft zu gehören. „Wir" ist das Zeichen unserer Solidarität.

▲ Nennen Sie Namen!
Politik wird von Menschen gemacht.
Sorgen Sie für eine konkrete Rede, indem Sie unsere Politiker beim Namen nennen! Vor allem durch Vor- und Zunamen personalisieren Sie positiv. Es ist dann die Rede von Helmut Kohl und eben nicht von dem Parteivorsitzenden, dem Ministerpräsidenten. Es ist die Rede von dem Menschen und nicht von der für den Bürger außerordentlich abstrakten Symbolfigur.

▲ Auch Politiker sind Menschen!
Scheuen Sie sich nicht, gelegentlich auch den „human touch" der Anekdoten zu nutzen, in denen sich das Menschliche unserer Politiker zeigt!

Wie Sie den Bürger am ehesten erreichen ...

▲ Wählen Sie die direkte Anrede!
▲ Solidarisieren Sie sich mit Ihrem Publikum!
▲ Fragen Sie den Hörer, fordern Sie ihn auf!
▲ Jeder Hörer ein Anwalt unserer Sache!

Vgl. Junge Union Baden-Württemberg (Hrsg.): Aufbau und Anlage politischer Reden. Stuttgart 1981.

Rhetorische Strategien

In politischen Reden sind u. a. folgende Rhetorische Strategien zu finden:

1. Konsequenzen aufzeigen
Werden positive und negative Konsequenzen gegeneinander abgewogen?
2. Analogien bilden
Ist die verglichene Situation für die Übertragbarkeit von Schlussfolgerungen hinreichend ähnlich?
3. Induktive Erfahrung
Stützt die Heranziehung historischer (persönlicher o. ä.) Erfahrungen die Richtigkeit der Argumentation?
4. Berufung auf Autoritäten
(quantiative, qualitative, moralische)
Auf welche Autoritäten wird zurückgegriffen? Warum soll durch die Autorität die eigene Argumentation gestärkt werden? Wird dem Gegner abgesprochen, die Eigenschaften einer Autorität zu besitzen, bzw. diese für sich in Anspruch nehmen zu können?
5. Moralische Argumentation
Warum wird eine Aufteilung der Positionen in „Gut" und „Böse" vorgenommen? Wird der gegnerischen Position Unmoral unterstellt?

Werden die Strategien korrekt und fair angewandt, stellen sie einen wichtigen Beitrag zur politischen Kultur dar (rationaler Diskurs)? Werden sie manipulativ verwendet (etwa in Krisen- und Kriegssituationen), tragen sie zur Desinformation bei? Eine korrekte Anwendung unterstellt ein rationales Handeln der anderen Seite.

Vgl. Walther Kindt, Swen Osterkamp, Tim Bernard: Die Waffen der Rhetorik. In Frankfurter Rundschau, 7. 3. 2003, S. 9.

Hitlers Rede beim Erntedankfest 1937
(Auszug)

Deutsche! Volksgenossen und Volksgenossinnen! Meine deutschen Bauern!

Unter den großen demonstrativen Gemeinschaftskundgebungen des deutschen Volkes und des neuen Reiches nimmt das Erntedankfest einen ersten Platz ein. In ihm soll sich nicht nur das deutsche Bauerntum, sondern auch das deutsche Stadtvolk vor dem ganzen Volk zu den Grundsätzen bekennen, die in erster Linie seine Unabhängigkeit und damit sein Leben ermöglichen.

Die Zeit vor unserer Machtübernahme wurde von anderen Prinzipien beherrscht als unseren jetzigen. Damals gab es eine liberale Parole, die lautete: „Jeder kann tun, was er will!" Und dann folgte die marxistische Lebensparole, die lautete: „Jede Klasse kann tun, was sie will, d. h., was zu tun sie stark genug ist."

Heute aber gibt es nun nur eine Parole: Jeder muss tun, was allen nützt, was allen zugute kommt!

(Lang anhaltender stürmischer Beifall der Massen.)

Wie wäre es möglich, eine Gemeinschaft aufzurichten, wenn in ihr jeder das tun wollte, was er glaubt, tun zu können!

Wir sind hier versammelt – eine gewaltige Kundgebung, eine gigantische Demonstration! Und doch sind Sie alle in diesem Augenblick nur ein Teil eines gesamten Größeren! Darin liegt das Geheimnis jeder Leistung und jeden Erfolges!
Genau so unmöglich aber ist die Parole, dass jede Klasse tun kann, was sie tun will. Auch diese Parole haben wir in Deutschland kennen gelernt. Sie hat ihren letzten Ausdruck gefunden in dem Satz: „Und wenn dein starker Arm es will, dann stehen alle Räder still." Jawohl – die Räder sind still gestanden! Aber man konnte sie auch nicht mehr in Gang bringen! Das Ergebnis dieser Parole haben wir kennen gelernt:
sieben Millionen Erwerbslose, eine vernichtete Wirtschaft, ein ruiniertes Bauerntum.

Es gibt daher keine Freiheit des Einzelnen, so wenig es eine Freiheit der Klasse gibt. (...)
Es kann nur eine Freiheit geben: die *Freiheit des Volkes!* Und diese Freiheit kann nur dann gewährleistet werden, wenn jeder Einzelne bereit ist, dafür auch sein Opfer zu bringen.

(Begeisterte Zustimmung der Massen.)

(...)

Zitiert nach: Utz Maas: „Als der Geist der Gemeinschaft eine Sprache fand". Sprache im Nationalsozialismus. Versuch einer historischen Argumentationsanalyse. Opladen 1984, S. 58 f.

Rednerschulung in der NSDAP

Früh hatte die NSDAP sich zur Ausbildung ihrer Sprachrohre eine eigene Rednerschule zugelegt. Ihr Initiator war Fritz Reinhardt, Gründer auch der Deutschen Fernhandelsschule und nach 1933 Staatssekretär der Finanzen. 1928 hatte er mit der rhetorischen Beschulung seiner Parteimitgänger begonnen. Dabei wurde Wert darauf gelegt, dass die Kursteilnehmer nicht zu Schauspielern werden. Am wichtigsten sei Sachkenntnis in allen Themen, „die Sie ihnen", den Volksgenossen, „einhämmern möchten". Man solle niemals etwas verteidigen, stets in angreifender Haltung antworten. Die Rede selbst solle dialogisch gebaut sein, damit am besten überhaupt keine Fragen mehr aufkommen, weil alle schon gestellt und beantwortet sind. Hitler selbst hatte in „Mein Kampf" seine Rhetorik als eine qualifiziert, die vermutete Einwände stets vorwegnähme und bereits in der Rede erledige, nicht erst in der nachfolgenden Diskussion.

Jürgen Kaube: Politik als Beschallung. In: Frankfurter Allgemeine Sonntagszeitung, 22. 9. 2002, S. 68, Auszug.

Textanalyse – I

In der Literaturwissenschaft und im Deutschunterricht der Schulen ist Textanalyse eine weithin angewendete Methode. Mit ihrer Hilfe erschließen sich hintergründige Inhalte und Motive von Stellungnahmen, Presseerklärungen, Reden usw.

Zum Vorgehen bei der Textanalyse

Mit Texten umgehen, sie zu deuten und verstehen zu lernen, sollte am besten in Kleingruppen geschehen. Dabei ist bereits bei der Auswahl des Textes darauf zu achten, dass er nicht zu lang ist (maximal zwei Schreibmaschinenseiten) sowie, dass Hilfsmittel für die Bedeutung von Fremdwörtern usw. zur Verfügung stehen.

Einen Text deuten heißt, mit anderen über den Text ein Gespräch führen. Aber woran kann man sich beim Deutungsgespräch halten? Soll man sich nur auf das beziehen, was im Text steht? Aber was steht wirklich im Text? Im Text steht, was wir hineindeuten, weil wir es herauslesen können – auf Grund von Gewohnheit, Kenntnis und Interesse. Deshalb muss das Textverständnis in der Gruppe ausgehandelt werden.

Zum Kontext des Textes

- ▲ Vergewissern Sie sich, in welcher Umgebung der Text steht.
  (Das lässt meistens etwas über die Absichten des Schreibers – oder des Herausgebers – erkennen. Und: Es bringt einen auf neue Einfälle bei der eigentlichen Deutung.)
- ▲ Überlegen Sie, in welche Kontexte (zu welchen anderen Texten) der vorliegende Text auch noch passen könnte.
  (So können Sie die Eigenart des gegebenen Kontextes besser erfassen.)

Zum Text selbst

- ▲ Sie können den Text besser verstehen, wenn Sie ihn laut lesen. Vielleicht abwechselnd mit anderen, vielleicht allein, je nachdem, was sinnvoller ist.
  In welchem Ton können Sie ihn lesen? In welchem Ton sicher nicht? Hat der Ton mit dem Thema und mit dem Inhalt des Textes zu tun? (Oft kommt man mit diesen Fragen viel leichter an den Text heran als mit Fragen nach dem Sinn.)
- ▲ Teilen Sie (den anderen, aber auch sich selbst) ausdrücklich mit, wie Sie den Text verstehen. Was sind die ersten Eindrücke gewesen? Was, denken Sie, soll mit dem Text mitgeteilt sein? Mit welcher Absicht?
  (Oft reden die Leute über die richtige Deutung eines Textes, ohne sich gegenseitig klarzumachen, wie sie den Text überhaupt verstehen. Sie nehmen Stellung – aber nur scheinbar zum selben Textverständnis; denn fast jeder versteht ihn anders.)
- ▲ Versuchen Sie den Text klarer zu verstehen, indem Sie mit ihm analytisch umgehen:
  - Eine andere Überschrift, einen anderen Titel finden.
  - Abschnitt für Abschnitt (Einheit für Einheit) mit eigenen Worten (möglichst kurz) wiedergeben.
  - Das Thema des Textes auf eigene Weise, im eigenen Stil formulieren.
  - Den ganzen Text auswendig aufschreiben (so wie man sich erinnert); die eigene Fassung mit der Originalfassung des Textes vergleichen. (Das kann man auch gleich zu mehreren machen; Sie werden sich wundern, wie verschieden die eigenen Fassungen ausfallen!)
  - Den Text neu schreiben – wie er Ihrer Auffassung nach auch hätte geschrieben werden können (oder hätte geschrieben werden sollen). Auch hier lohnt sich der Vergleich mit verschiedenen eigenen Neufassungen!

40–60

Textanalyse – 2

Zur Situation des Textes

- ▲ In welcher Situation wurde der Text verfasst und mit welcher Absicht:
  - aus der Sicht des Autors,
  - aus der Sicht seiner Zeitgenossen,
  - aus der Sicht heutiger (informierter) Zeitgenossen?

  (Der Autor, seine Zeitgenossen und heutige Beobachter werden Situation und Absicht des Schreibers womöglich verschieden sehen.)
- ▲ Welche waren oder – wenn es sich um einen aktuellen Text handelt – sind die Bedingungen und Umstände, unter denen der Text entstanden, bekannt gemacht und verbreitet worden ist?
- ▲ Wie war die Lebenssituation (und die Lebensgeschichte) der Schreiberin bzw. des Schreibers oder der Rednerin bzw. des Redners? (Ob die Situation, die äußeren Umstände und die mitmenschlichen Bedingungen sowie die Lebensgeschichte des Autors den Text in einem anderen Licht erscheinen lassen?)

Zur Deutungssituation

- ▲ Werden Sie sich der Absicht bewusst, mit der Sie den Text verstehen und deuten wollen. Vor allen Dingen: Welches ist das Ziel der Deutung, und für wen ist das Ergebnis der Deutung wichtig?
- ▲ Verständigen Sie sich mit den anderen ausdrücklich über Ihre Deutungsabsicht. (Unklarheiten über das Ziel erschweren eine Deutung.)
- ▲ Machen Sie sich klar, mit welchen Deutungsschritten Sie zu einem gemeinsamen Ergebnis kommen wollen. (Drauflosreden ist zwar ein beliebtes, aber nicht das brauchbarste Verfahren.)
- ▲ Verständigen Sie sich über die verschiedenen Deutungsansprüche. (Wollen Sie verschiedene Deutungen ausprobieren – oder eine einzige aushandeln?)
- ▲ Beachten Sie, dass „Argumentieren“ bedeutet, Behauptungen zu begründen und zu widerlegen.

Vgl. Wolfgang Boettchner u. a.: Sprache. Das Buch, das alles über Sprache sagt. Braunschweig 1983, S. 274 f.

Literaturhinweis

Brinkler, Klaus: Linguistische Textanalyse. Eine Einführung in Grundbegriffe und Methoden. Berlin 2001

Einecke, Günther: Unterrichtsideen Textanalyse und Grammatik. Lehrerband. Vorschläge für den integrierten Unterricht. 5.–10. Schuljahr. Stuttgart 1997.

Jäger, Siegfried: Text- und Diskursanalyse. Eine Einführung zur Analyse politischer Texte. Duisburg 1991.

Ludwigsen, Horst: Sprachbetrachtung und Textanalyse. Ein Lehr- und Arbeitsbuch. Bad Homburg 1998.

Titscher, Stefan: Methoden der Textanalyse. Leitfaden und Überblick. Opladen 1998.

Tiefenhermeneutische Textanalyse

Mit der tiefenhermeneutischen Textanalyse ist es möglich, mehr zu verstehen als die manifesten Sinngehalte eines Textes. Sie will auch Vorstellungen und Fantasien erschließen, die dem Bewusstsein nicht unmittelbar zugänglich sind. Hierzu werden bestimmte Fragen an den Text gerichtet, welche die Aufmerksamkeit auf die verschiedenen Sinnschichten des Textes lenken:

- ▲ Mit der interpretationsleitenden Fragestellung: Worüber wird gesprochen? erschließt das logische Verstehen den sachlichen Gehalt eines Textes.
- ▲ Mit der Frage: Wie wird miteinander gesprochen? versucht das psychologische Verstehen den Beziehungsgehalt des Gesprochenen zu ermitteln.
- ▲ Im szenischen Verstehen richtet sich die Aufmerksamkeit auf die Art und Weise der Rede: In welcher Art und Weise wird worüber gesprochen?
- ▲ Das tiefenhermeneutische Verstehen schließlich fragt danach, warum in dieser Weise gesprochen wird. Mit der Sinnerschließungsfrage: Warum wird wie über etwas gesprochen? sollen die latenten, nicht direkt bewussten Intentionen und Vorstellungen entschlüsselt werden.

Thomas Leithäuser u. a. (Hrsg.): Gewalt und Sicherheit im öffentlichen Raum. Eine sozialpsychologische Untersuchung. Gießen 2002, S. 13.

Analyseraster für rechtsextremistische und neonazistische Texte

Um welche Art des Textes handelt es sich?

- Rede
- Interview
- Zeitungsartikel
- Flugblatt
- Programmatische Schrift
- Aufruf
- Anzeige
- Protokoll
- Liedtext
- Roman

Wer sind die Adressatinnen und Adressaten

- Die eigene Gefolgschaft
- Verunsicherte und Unzufriedene
- Jugendliche, Redaktionen von Schülerzeitungen
- Intellektuelle und Studentinnen bzw. Studenten
- Vertriebene
- Fußball-Fan-Gruppen
- Fans der Musikszene
- Ökologie- und Friedensgruppen
- Bewohner der neuen Bundesländer

Welche Merkmale des rechtsextremistischen Weltbildes kommen zum Ausdruck?

- Statische Orientierung (Wandel bedeutet Abweichung, Verfremdung)
- Spaltung der Gesellschaft in Oben und Unten
- Hierarchische Gliederung (ungleiche Rechte)
- Befürwortung eines übermächtigen Staates
- Ein Führer im Machtzentrum
- Maßgeblichkeit des Vergangenen
- Vorrangstellung des Mannes
- Denken in Freund-Feind-Kategorien
- Hohe Bewertung von Krieg und Kriegführung
- Kriege als „natürlich" und somit unausweichlich
- Kriege als „nützlich", weil erzieherisch (Auslese, Bewährung)
- Krieg als legales Mittel der Interessensdurchsetzung
- Leben als Kampf, in dem das Schwache untergehen muss

Welche grundlegenden Ideen kommen zum Ausdruck?

- Völkischer Nationalismus (Kriterien: Abstammung, Territorium)
- Blut- und Bodenmystik
- Rassen- und Abstammungslehren
- Verschwörungstheorien
- Rechtfertigung des Antisemitismus
- Besondere Berufung der „germanischen Rasse"
- Deutschland als „geopolitisches Zentrum" Europas
- Überlegenheit der nordischen Rasse
- Natürliche Rangordung im Volk
- Biologische Rechtfertigung sozialer Ungleichheit
- Recht des Stärkeren
- Rassenvielfalt durch Separierung der Ethnien

Welche Ziele werden benannt?

- Errichtung eines (völkischen) Nationalstaates
- Wiederherstellung des großdeutschen Reiches
- Beseitigung des demokratisch-parlamentarischen Systems
- Beseitigung pluraler und föderaler Strukturen
- Aufhebung der Individualrechte
- Ausschaltung jeder politischen Opposition
- Beseitigung weltanschaulicher Alternativen (vor allem des „Judäo-Christentums" und des „Bolschewismus")
- Relativierung der NS-Verbrechen
- Revision der Geschichtsschreibung
- Befreiung Deutschlands von Fremden und Andersdenkenden
- Reinhaltung des deutschen Erbgutes
- Ausgrenzung von Behinderten unter eugenischen Gesichtspunkten
- Ausgrenzung von Frauen aus dem öffentlichen Leben
- Aufhebung des „universalistischen" Denkens, wonach „alle" Menschen gleichwertig sind (Menschenrechte)

Textanalyse

Arbeitsmaterial – 2

Was wird hoch bewertet?

Härte
Zucht und Ordnung
Blinder Gehorsam
Bedingungslose Unterordnung
Rituale, Traditionen, Symbole
Unbedingter Durchsetzungswillen
Wehr- und Kampfbereitschaft
Gewalt als Mittel, Ziele zu erreichen
Macht- und Stärkedemonstrationen

Welche Begriffe und Worte werden für die Gegner verwendet?

Kriminalisierungen (Verbrecher, Betrüger, Volksverräter, Spitzel usw.)

Zuschreibung moralischer und sozialer Minderwertigkeiten (Pöbel, Handlanger, dreckiges Pack, Geschmeiß, Gesinnungslumpen usw.)

Biologistische Abwertungen (Brut, entartet, sittlich und biologisch verfallen, Parasiten, minderwertiges Erbgut usw.)

Welche Begriffe und Worte werden für die eigene Gefolgschaft und Ziele verwendet?

Idealisierungen (Freiheitskampf, edle Rasse, sauber, anständig, weiß, treu usw.)

Sakrale Zuschreibungen (göttliche Vorsehung, ewige Werte und Normen, heiliges germanisches Großreich usw.)

mythisch-mystische Überhöhungen der Vergangenheit und Zukunft, Glorifizierung der Märtyrerrolle, Heroisierung des Todes

Verschwörungsvorwürfe (politische Verfolgung statt Straftaten; verweigerte Gedankenfreiheit bei Leugnung der Kriegsverbrechen; Kollaboration mit den Siegern bei Anerkennung der Ostgrenzen usw.)

Welche Techniken der Ansprache der Leserinnen und Leser werden verwendet?

Verweis auf Autoritäten (Dichter, Prominenz usw.)

Weckung negativer Assoziationen (Bolschewist, Kanaken usw.)

Ressentimentbildende Ausdrucksweisen (Asylantenflut)

Vermischung von Legenden und Fakten (geschichtliche Ereignisse und altgermanische Mythen)

Methaphern erhalten die Funktion einer Begründung („Das Boot ist voll“)

Analogien werden als Schlussfolgerungen ausgegeben („weiß und deutsch = sauber und gut“)

Scheinfragen suggerieren Offenheit („Entschied Verrat den II. Weltkrieg?“)

Vgl. Astrid Lange: Was die Rechten Lesen. Fünfzig rechtsextreme Zeitschriften. Ziele, Inhalte, Taktik. München 1993.

Textarbeit – mehr als Lesen

Textarbeit bedeutet mit bestimmten Fragestellungen und Methoden an einen Text heranzugehen, ihn zu zergliedern, zu bebildern, neu zusammenzusetzen usw.

Es geht also nicht nur um das Lesen und Verstehen, sondern um das „handhabbar" machen von Texten. Dadurch erschließt sich das Verständnis und die Darstellungsform. Der „Respekt" vor Texten verringert sich.

Textarbeit ist produktorientiert, d. h. beim Umgang mit dem Text sollen kleine eigene Produkte entstehen, die dem gemeinsamen Verständnis dienen.

Dialog mit einem Text

▲ Thesengeleitetes/fragegeleitetes Lesen
Bevor der Text gelesen wird, werden bestimmte Thesen oder Fragestellungen formuliert. Der Text wird dann auf mögliche Antworten befragt.

▲ Zentralbegriffe markieren
Die Schlüsselbegriffe des Textes werden markiert und eventuell gesondert notiert.

▲ Sprechblasen zum Text
Einzelne Abschnitte oder zentrale Aussagen werden als Sprechblasen (des Autors oder einer anderen Person) notiert.

Textstruktur darstellen

▲ Drei-Schritt-Gliederung entwerfen
Für den Text wird eine klassische Drei-Schritt-Gliederung (Einstieg, Hauptteil, Schluss) entworfen.

▲ Inhaltsverzeichnis erstellen
Ein möglichst detailliertes Inhaltsverzeichnis wird angefertigt, indem die einzelnen Abschnitte und Hauptaussagen gegliedert werden.

▲ Text in einem Satz ausdrücken
Die zentrale Aussage des Textes wird in einem Satz (oder Slogan oder T-Shirt-Aufschrift) gefasst.

▲ Überschriften entwerfen
Für die einzelnen Abschnitte werden passende Überschriften gesucht.

▲ Ablaufdiagramm erstellen
In Form eines Diagramms wird die Argumentation des Textes nachgezeichnet.

▲ Tafelbild kreieren
Aufbau und zentrale Aussagen des Textes werden in Form eines Tafelbildes visualisiert.

Lernmittel entwickeln

▲ Schlagwortregister erstellen
Für ein Schlagwortverzeichnis wichtige Begriffe werden markiert und alphabethisch aufgelistet.

▲ Karteikarten anlegen
Die zentralen Aussagen werden auf Karteikarten geschrieben und als Teil eines Zettelkastens angelegt.

▲ Lernkartei erstellen
Die zentralen Aussagen werden als Teil einer Lernkartei erfasst.

▲ Frage-Antwort-Karten erstellen
Die Aussagen und Thesen des Textes werden in die Form von Frage und Antwort gebracht. Jeweils eine Frage wird auf die Vorderseite einer Karteikarte, die Antwort auf die Rückseite geschrieben.

Kreativer Umgang mit dem Text

▲ Text ins Gegenteil verkehren:
Der Text wird so umgeschrieben, dass sich seine ursprüngliche Intention ins Gegenteil verkehrt.

▲ Text in spezifische Sprachformen bringen:
Der Text wird als Zeitungsmeldung, Rundfunkreportage, Politikerrede usw. formuliert.

Lesehilfen

▲ **Jede bzw. jeder** liest den Text zunächst allein und notiert sich unverständliche Begriffe und Passagen. Die wichtigste Regel ist dabei, dass sich niemand zu verstecken braucht. Selbst die banalsten und einfachsten Fragen müssen gestellt werden, weil ansonsten nicht nur der gemeinsame Lernfortschritt leidet, sondern es sich häufig auch zeigt, dass vieles, was selbst als banal eingeschätzt wird, von anderen Teilnehmerinnen und Teilnehmern als äußerst problematisch gesehen wird.

▲ **Als hilfreich zeigt** sich immer wieder, dass die Teilnehmerinnen und Teilnehmer bei schwierigen Textstellen zunächst von sich berichten, wie sie diese Stelle verstehen, welchen Bedeutungsinhalt sie hat. Dabei werden persönliche Sichtweisen und Erfahrungen mit den Textinhalten verknüpft.

▲ **Wenn die gesamte Gruppe** mit einem Text nicht zurechtkommt, können Expertinnen bzw. Experten hinzugezogen werden, oder es wird die Aufgabe an eine Teilnehmerin oder einen Teilnehmer delegiert, sich das nötige Wissen zum Verständnis zu verschaffen.

Vgl. Inge Brenner u. a.: AV-Medien im Sachunterricht der Grundschule. Tübingen 1982.

Kontrafaktische Texte

Die Kontrafaktur ist eines der beliebtesten und auch ältesten Sprachspiele. Früher verstand man darunter die geistliche Nachdichtung eines weltlichen Liedes (und umgekehrt) unter Beibehaltung der Melodie. Heute ist eine Kontrafaktur die Nachdichtung oder die Umkehrung eines bekannten Gedichts/Textes.

Kontrafaktische Stücke zu schreiben bietet eine Möglichkeit, die spannungsvollen, oft widersprüchlichen Lebenserwartungen, -hoffnungen, -ängste zu artikulieren.

Sinnvoll ist es, der Kontrafaktur einen Basistext (z. B. das Lied: „Keine Heimat" von H. Grönemeyer) zu Grunde zu legen, der gewissermaßen als Rohmaterial dient, damit sich die Gruppe daran abarbeiten kann. Dieses Vorgehen macht es möglich, über den Textinhalt und seine Kontrafaktur die Polarität und Spannweite von Lebenseinstellungen, -erfahrungen und Gefühlslagen in der Gruppe zum Ausdruck zu bringen. Der Text „Keine Heimat" spiegelt auf vielfältige Weise Erfahrungen mit Entfremdung, Isolation, Selbstsucht und Zerstörung wider (siehe Beispiel), wie umgekehrt die zu erstellende Kontrafaktur den Momenten von Lebendigkeit, Solidarität und Liebesfähigkeit sprachlichen Ausdruck verleihen kann.

Beispiel:

Text eines Jugendlichen
(Peter, 17 Jahre)

Original: viel liebes über dich
du bist in keinem punkt
zu akzeptieren wie du weißt
selbst nicht wie du
denkst oder fühlst
nein so geht es nicht
so ist es nicht gut
du mußt völlig anders sein
dein gang deine sprache dein
reden dein tun
alles im eimer und ganz
ganz tief drinnen nur schwer zu sehen
kein stückchen positives
alles zerfressen
ich kann dir nur wünschen
daß es schnell geht

Kontrafaktur: wenig böses über mich
ich bin in jedem punkt
zu akzeptieren wie ich weiß
sogar wie ich denke oder fühl'
ja so geht es doch

ich will so bleiben wie ich bin
mein gang meine sprache mein
reden mein tun
alles in butter und ganz
weit nach außen sehr gut zu sehen
kein stückchen negatives
sehr aufbauend
ich kann mir nur wünschen
daß es lange so bleibt

Vgl. Ludwigh Pongratz: Lebendiges Lernen mit Texten von Erich Fromm. Anregungen und Vorschläge für die Arbeit in Gruppen. In: Johannes Claßen (Hrsg.): Erich Fromm und die Kritische Pädagogik. Weinheim/Basel 1991, S. 142.

Vorgehensweise

- ▲ Originaltext zerschneiden;
  Textteile in der Reihenfolge des Originals nummerieren; unter den Teilnehmern (die keine Kenntnis vom Original haben) die Teile nach dem Zufallsprinzip verteilen.
  Arbeitsanweisung: „Bitte, schreiben Sie auf Ihren leeren Papierstreifen die Nummer des Textsegments, das Sie erhalten haben. Schreiben Sie dahinter die Kontrafaktur Ihrer Textzeile. Beißen Sie sich dabei nicht äußerlich an den Wörtern oder Redeweisen fest, sondern versuchen Sie, einen Gegenentwurf zum inneren Sinn oder Grundgefühl des Textes zu finden."
  Beispiel: Die fantasieloseste Kontrafaktur zur Textzeile „Keine innere Heimat, keine Heimat mehr" wäre etwa: „Es gibt eine Heimat." Dem ausgedrückten Grundgefühl aber kämen näher: „Fühl mich geborgen", oder: „Bin bei mir selbst zu Hause", oder „Habe (wieder) Boden unter den Füßen" u. Ä.
- ▲ Nach ca. zehn Minuten werden die
  Kontrafakturen eingesammelt.
- ▲ Nun beginnt die Arbeit in
  zwei Kleingruppen: Während die eine Gruppe die Aufgabe hat, die neu entstandenen Textzeilen in der richtigen Reihenfolge zusammenzusetzen und redaktionell zu überarbeiten („sprachlich abzurunden"), hat die andere Gruppe zum Ziel, mit den (nicht nummerierten) Teilen des Originaltextes zu arbeiten und daraus einen Text („ihren Text") zu erstellen. Dabei kommt es nicht auf größtmögliche Nähe zum Original an, sondern auf die Nähe zur eigenen Lebenserfahrung.
- ▲ Das Ergebnis sind schließlich
  zwei in Inhalt und Form durchaus unterschiedliche Texte, deren Entstehungsprozess in sich zugleich den Beginn des Austausches in der Gruppe über ihre eigene Lebenssituation einschließt.

Weiterarbeit/Auswertung

▲ Im Plenum findet ein Austausch über die Erfahrungen während der Texterstellung statt.
Als Leitfaden könnten dazu u. a. dienen:
- Wie hat mir die Arbeit an der Textcollage gefallen?
- Wann war ich am eifrigsten bei der Sache?
- Was hat mich an der Textarbeit gestört?
- In welche Äußerungen eines Gruppenmitgliedes konnte ich mich am leichtesten hineinversetzen?
- Mit wem fiel mir die Zusammenarbeit schwer?

▲ Vorstellung der Textergebnisse.
Die Texte sollten nicht in schulmeisterlicher Manier zerredet werden (etwa in der Art: „Was wollen uns die Autoren damit sagen?"), sondern in ihrem Eigengehalt und Aussagegewicht zur Geltung kommen. Damit die Texte ihre Wirkung entfalten können, wäre es denkbar, die Gruppe aufzufordern, einen kurzen Moment still zu werden. In diese Stille hinein kann dann eine Teilnehmerin oder ein Teilnehmer den Text seiner Gruppe rezitieren. Alle anderen sollten sich währenddessen darauf konzentrieren, welche Gefühle sich beim Zuhören in ihnen regen, welche Bilder und Assoziationen sie mit Wörtern, Sätzen, Sprachrhythmen und Pausen verbinden, welche Erwartungen die Überschrift in ihnen weckt und wie sie der Text schließlich entlässt. Bei dieser anfänglichen Form von Meditation über den Text sind widersprüchliche Einfälle und Gefühle durchaus zugelassen.

▲ Die Empfindungen, Eindrücke und Assoziationen sollten von jedem Gruppenmitglied auf vorbereitete kleine Zettel notiert werden. Es empfiehlt sich, zunächst das Ergebnis der Textarbeit mit den Originalbausteinen zu reflektieren. Die Reflexionsphase sollte nicht zu lange ausgedehnt werden.

▲ Ihren Abschluss findet sie in der musikalischen Präsentation des Originals.

▲ Die Textcollage wird auf einen großen Pappbogen geklebt, und die zugehörigen Zettel werden von den Teilnehmerinnen und Teilnehmern nach eigenem Empfinden darum herum gruppiert. (Es wäre auch denkbar, die Beziehungen zwischen Text und Emotionen durch Pfeile, Symbole, Markierungen etc. zu ergänzen.)

Vgl. Ludwigh Pongratz: Lebendiges Lernen mit Texten von Erich Fromm. Anregungen und Vorschläge für die Arbeit in Gruppen. In: Johannes Claßen (Hrsg.): Erich Fromm und die Kritische Pädagogik. Weinheim/Basel 1991, S. 139 ff.

ca. 60

H. Grönemeyer: „keine Heimat"

gesichter sehen verbittert aus
kein lachen ähnlicher laut, mienen gefrorn
vom ehrgeiz getrieben, schmal der mund
züge verhärmt, ungesund, traurig uniform
zähne knirschen durch die Luft
irgendwer um hilfe ruft, das gehör ausgehängt
der schere im kopf den schneid geschenkt
die seele verhökert, alles sinnentleert
keine innere heimat, keine heimat mehr
banker schichten schweißgebadet geld
freiheit, die nichts mehr zählt, falschem traum vertraut
scheine bewacht, herzinfarkt
auf körpern übernachtet und versagt,
ausgelaugt
blick zum boden, kein kontakt
die schwächsten abgehackt, mit sich selbst unversöhnt
sich um asyl gebeten, abgelehnt
die seele verhökert, alles sinnentleert
keine innere heimat, keine heimat mehr
überreiztes geschrei nach neuer moral
jagd nach sensationen, jeder preis wird bezahlt
jeder gegen jeden, hauptsache es knallt
die seele verhökert, alles sinnentleert
keine innere heimat, keine heimat mehr

Liedtext von H. Grönemeyer: „keine Heimat" (LP „Ö")

Wortspiele und Metaphern – I

Unsere Sprachgewohnheiten, unsere Begriffe und Bilder die wir verwenden bestimmen letztlich, wie wir die Welt wahrnehmen. Unsere Sprache modelliert wesentlich unsere Vorstellungswelt. Definitionen, Fragen und Metaphern sind drei Elemente, aus denen unsere Weltsicht mit konstruiert wird.

Metaphern sind bildhafte Umschreibungen für abstrakte Begriffe, Zusammenhänge oder Ereignisse. Sie machen für alle anschaulich, was mit einem Begriff gemeint ist, oder wie ein Zusammenhang verstanden werden kann. Im Alltag werden ständig Metaphern oder Analogien gebraucht, um etwas zu be- oder zu umschreiben: „Das ist so ähnlich, wie ..." Dabei handelt es sich um nichts anderes als um bildhafte Vergleiche mit Bekanntem. Solche Vergleiche werden spontan, ohne langes Nachdenken gezogen.

Vielfach kommt es nicht so sehr auf begriffliche Schärfe, sondern auf gemeinsames Verstehen an. Metaphern können hier sehr hilfreich sein, zumal Metaphern zu allen Begriffen oder Ereignissen gebildet werden können.

Wortspiele können

▲ einen assoziativen Zugang
zu einem Thema kreieren, da sie Begriffsfelder einkreisen oder Zusammenhänge erschließen helfen.

▲ durch Verfremdungen
oder ungewohnte Verbindungen von Begriffen demaskieren.

▲ dazu beitragen, Sondersprachen
durchschaubar zu machen. Solche Sondersprachen werden von vielen gesellschaftlichen Gruppen benützt: von Drogenabhängigen ebenso wie von Fußballfans.

Was man machen könnte ...

Wortassoziationen
Alle Worte und Wortverbindungen zu einem bestimmten Begriff sollen aufgeschrieben werden. Möglich sind Einzelarbeit, Partnerarbeit oder auch Plenumsarbeit.
Eine Hilfestellung kann die Benutzung einer ABC-Liste sein. Welche Begriffe mit dem Anfangsbuchstaben „A", „B", „C", usw. fallen ein.

Nicht nur Dichter setzen Metaphern ein

Ja, Dichter setzen Metaphern ein, um uns beim Sehen und Fühlen zu helfen. Aber Biologen, Physiker, Historiker, Linguisten tun das auch, jeder, der etwas über die Welt auszusagen versucht, tut das. Eine Metapher ist ein Ornament. Sie ist ein Wahrnehmungsorgan. Durch Metaphern sehen wir die Welt. (...)
Ist das menschliche Gehirn zum Beispiel eine dunkle Höhle (die Erleuchtung braucht)? Ein Muskel (der Übung braucht)? Ein Gefäß (das gefüllt werden muss)? Ein Tonklumpen (der geformt werden muss)? Ein Garten (der kultiviert werden muss)? Oder ist es, wie heute so viele behaupten, ein Computer, der Daten verarbeitet?

Neil Postman: Keine Götter mehr. Das Ende der Erziehung. Berlin 1995, S. 217 f.

Buchstabenassoziationen
Die Buchstaben eines Begriffes werden untereinander geschrieben. Jede/r schreibt nun hinter jeden Buchstaben das Wort, das ihr/ihm zum jeweiligen Buchstaben einfällt.
Dies sind natürlich individuelle Assoziationen, die einen subjektiven Bedeutungszusammenhang deutlich machen, also noch keine Definition eines Begriffes darstellen.

Vorsilben
Die spielerische Verwendung von Vorsilben kann helfen fantastische Wörter zu produzieren, die oft unsinnig sind, in vielen Fällen aber auch erhellend sein können.
Man nimmt also verschiedene Substantive und ergänzt diese mit Vorsilben oder Wörtern wie z. B. „Euro-", „Mikro-", „Daten-", „Super-", „Sonder-", „Mega-" usw.
Dadurch erhält man Wörter, wie z. B. „Euroapfel", „Eurogeld", „Euroabfall", „Euroauto", „Euroluft", „Europolitiker", „Eurogewinn" ...
„Megaapfel", „Megageld", „Megaabfall", „Megaauto", „Megaluft", „Megapolitiker", „Megagewinn" ...
Vorsilben wie „An-", „Ent-" oder „Anti-" ergeben wiederum völlig andere Assoziationen wie z. B. die Silben „Inter-", „Poly-" oder „Volks-".

Nachgefragt werden kann auch, welche Vorsilben zurzeit gerade in der Amts-, Politiker- oder Werbesprache häufig gebraucht werden.

Wortspiele und Metaphern – 2

Wortstämme ergänzen
Ein Wortstamm wird durch Nachsilben oder einen weiteren Begriff ergänzt. Wobei es auch hier zunächst darum geht, viele fantastische Lösungen zu finden und dann erst nach dem Bedeutungsgehalt zu fragen. Zum Beispiel ist der Zusatz „-park“ in den letzten Jahren äußerst populär geworden (Wohnpark, Industriepark, Spielpark, Entsorgungspark usw.).

Wortmaschinen
Wortmaschinen funktionieren nach dem einfachen Prinzip, dass jeweils eine Reihe von Vorsilben, Stammwörtern und Nachsilben oder aber auch drei verschiedene Substantive willkürlich miteinander verbunden werden. Es entstehen so viele nichts sagende aber wohlklingende Wortgebilde, die in Argumentationen oder Vorträgen eingebaut werden können (vgl. Arbeitsmaterial).

Sondersprachen entschleiern
Für viele gesellschaftliche Bereiche existieren Sondersprachen. Die in diesen Sprachen vorkommenden Begriffe werden gesammelt, gruppiert und entschlüsselt. Des Weiteren wird nach ihrer Funktion und den Zusammenhängen ihrer Verwendung gefragt. Die Drogensondersprache umfasst in ihrem Kernwortschaft z. B. Wörter wie „linken, antesten, aufziehen, umgehen, vermitteln, rippen, checken, schießen, dealen, drücken, aufkochen, ballern“ oder auch „Kohle, Besteck, Löffel, Fixe, Schuss, Druck, Feeling“.

Metaphern bilden
Je nachdem, welche Metapher, welches Bild für die Erklärung oder Beschreibung eines Zusammenhanges gebracht wird, gehen die Assoziationen und Gedanken in die eine oder andere Richtung. Dieses Phänomen kann bewusst eingesetzt werden, um zu zeigen wie sehr unser Denken von bildhaften Analogien geprägt ist. Wie verändern sich zum Beispiel die Sichtweise und das Verständnis von Sprache bei folgenden Vorgaben:

- ▲ Sprache ist wie ein Baum …
- ▲ Sprache ist wie ein Fluss …
- ▲ Sprache ist wie ein Gebäude …

Die jeweils gewählten Bilder lassen nur bestimmte Möglichkeiten zu, etwas auszudrücken.
Um bestimmte Zusammenhänge von den Teilnehmerinnen und Teilnehmern erklären zu lassen, werden Satzanfänge, mit bildhaften Analogien vorgegeben. Die Teilnehmerinnen und Teilnehmer haben nun die Aufgabe, den entsprechenden Begriff zu erklären und sollen dabei im Bild bleiben.

Man kann die Metapher auch offen lassen (z. B. Sprache ist wie …) sodass die Teilnehmerinnen und Teilnehmer selbst Bilder finden müssen.

Metaphern und Lernen

Metaphern stellen häufig eine Veranschaulichung bereit. Sie helfen, abstrakte Ideen zu visualisieren. Sie scheinen auch geeignet zu sein, das Denken mit dem „Fühlen“ zu verbinden, also die kognitive und die affektive Dimension des Lernens zu verbinden.

Vorteile
- ▲ Sie ermöglichen das Verständnis von abstrakten Begriffen durch den Vergleich mit Dingen und Vorgängen der realen Welt.
- ▲ Sie können eine Visualisierung (Verbildlichung) des Abstrakten bereitstellen und damit für eine Veranschaulichung des Abstrakten sorgen.
- ▲ Sie können eine motivierende Funktion haben, weil sie auf Bekanntes zurückgreifen und weil sie neue und überraschende Perspektiven eröffnen.

Nachteile
- ▲ Die Strukturen oder die sonstigen Eigenschaften des Begriffes und der Metapher stimmen nie vollständig überein. Deshalb müssen die Grenzen des Analogiebereiches deutlich gemacht werden.
- ▲ Metaphern und Analogien können nur dann fruchtbar sein, wenn sie den Teilnehmerinnen und Teilnehmern tatsächlich vertraut sind.
- ▲ Die fruchtbare Verwendung von Analogien und Metaphern bedarf sorgfältiger Planung und Vorbereitung. Es bei der spontanen Verwendung zu belassen ist oft zu wenig.

Vgl. Reinders Duit / Shawn Glynn: Analogien und Metaphern, Brücken zum Verständnis im schülergerechten Physikunterricht. In: Peter Häußler (Hrsg.): Physikunterricht und Menschenbildung. Kiel 1992, S. 223 ff.

Wortspiele und Metaphern

Arbeitsmaterial – I

Computersprache

Computersprache entschlüsseln

Was bedeutet folgende Anzeige im Klartext?
Intel Pentium IV, Tower, 256 MB RAM, 128 K, Cache, PCI-Bus, 1 MB VRAM, 40 GB HD, 3,5" Floppy 1,4 MB, 17", CDRW-DVD-Laufwerk, LCD-Monitor, Keyboard, Maus, 2 x USB, Firewire, Windows 2000.

Abkürzungen in Computer-Netzwerken
In den verschiedenen Computer-Netzwerken haben sich international eine Reihe von Abkürzungen etabliert, die in vielen Nachrichten zu finden sind, um so Platz, Zeit und Kosten zu sparen. Z. B:

AFAIK:	As Far As I Know
AKA:	Also Known As
ASAP:	As Soon As Possible
B4:	Before
BION:	Believe It Or Not
BRS:	Big Red Switch (the power switch on your computer)
BTW:	By The Way
FYI:	For Your Information
IME:	In My Experience
IMO:	In My Opinion
IMPOV:	In My Point Of View
NRN:	No Reply Necessary
OTOH:	On The Other Hand
RFD:	Request For Discussion
TIA:	Thanks In Advice
WRT:	With Regards To

Die PC-Wortmaschine

Nonsense-Worte selbst erfinden:

	1	2	3
A	local	management	directory
B	central	deskop	system
C	sub	processing	circuit
D	inter	power	plant
E	direct	intermediate	unit
F	mini	DOS	tower
G	3,5"	Windows	controller
H	desktop	operating	board

Beispiel:
1B, 2G, 3A = central-Windows-directory

Computer-Betriebssysteme in Metaphern

MS-DOS ist calvinistisch

„Tatsache ist, dass sich die Welt spaltet – in Macintosh-Benutzer und Benutzer des kompatiblen Betriebssystems MS-DOS. Ich bin zutiefst überzeugt, dass Macintosh katholisch und MS-DOS protestantisch ist.
Genauer: Macintosh ist katholischer Gegenreformer und leidet unter der Erziehungsvorschrift „Ratio studiorum“ der Jesuiten. Er ist heiter, freundlich, konziliant, und er sagt seinem Gläubigen, was er zu tun hat, Schritt für Schritt, um, wenn schon nicht das Himmelreich, so doch den endgültigen Druck eines Dokuments zuwege zu bringen. Er ist katechetisch, das Wesen der Offenbarung löst sich auf in verständliche Formeln und prächtige Ikonen. Alle haben ein Recht auf das Heil.
MS-DOS dagegen ist protestantisch, nachgerade calvinistisch. Es sieht eine freie Interpretation der Schriften vor, es fordert persönliche und quälende Entscheidungen, es nötigt zu feinsinniger Deutung und setzt voraus, dass das Heil nicht für alle in Reichweite ist. Um das System in Gang zu setzen, sind persönliche Aktionen des Benutzers zur Auslegung des Programms nötig: Weit entfernt von der barocken Gemeinschaft der Feinsinnigen, ist der MS-DOS-Benutzer eingeschlossen in der Einsamkeit der eigenen, inneren Werte.
Nun ließe sich einwenden, dass sich das Universum des DOS mit dem Übergang zu Windows der gegenreformerischen Toleranz des Macintosh annähert. Und tatsächlich: Windows stellt eine Kirchenspaltung anglikanischer Art dar – mit großen Zeremonien in der Kathedrale, aber auch mit der Möglichkeit, jäh zu DOS zurückzukehren, um unendlich viele Dinge auf der Grundlage bizarrer Entscheidungen zu modifizieren: Letztendlich kann man die Priesterwürde dann auch Frauen und Schwulen zuerkennen.
Natürlich haben Katholizismus und Protestantismus der beiden Betriebssysteme nichts zu tun mit der kulturellen und religiösen Einstellung der Benutzer.
Dennoch muss man sich fragen, ob auf lange Sicht nicht die Benutzung des einen anstatt des anderen Systems zu tief greifenden inneren Veränderungen beim Anwender führt.“

Umberto Eco: MS-DOS ist calvinistisch. In: Spiegel special, Nr. 3/1995, S. 138 f.

Wortspiele und Metaphern

Arbeitsmaterial – 2

Der „Entsorgungspark" der Atomindustrie

Als seinerzeit der Wolf die Kreide gefressen hatte, klang seine Stimme fein und lieblich, und die sieben dummen Geißlein merkten gar nicht, mit wem sie es zu tun hatten; sie glaubten, es wäre die gute Mutter Geiß.
Wenn einer Kreide frisst, muss das noch nicht heißen, dass er ein Wolf ist – aber Kreide ist Kreide, und wer sie in den Mund nimmt, hat mit dem Argwohn zu rechnen, dass etwas beschönigt werden soll, was so schön nicht ist. Einst hieß die Atomenergie „Atomenergie" und die Atomkraftwerke hießen „Atomkraftwerke". Als man merkte, dass dies die Geißlein ängstigte, kaufte man Kreide und sprach fortan von „Kernenergie" und „Kernkraftwerken".

„Atom" – das reimte sich auf Hiroshima und Nagasaki, „Kern" hingegen hat ewas anheimelnd Verlässliches, etwas so standfester Würde, und wer daran zweifelt, macht sich gleich verdächtig, ein loser Vogel zu sein, der Würde und Verlässlichkeit nicht zu schätzen weiß.

In den „Kern"-Kraftwerken gibt es (auch dies hat die Kreide bewirkt), wenn es einen Unfall gibt, keinen Unfall, sondern nur einen „Störfall". Was immer bei einem solchen Störfall passieren mag, es wird durch die Benennung nicht als das Unglück beschrieben, das es für die Betroffenen darstellt, sondern als die Störung, die es dem Betriebsablauf zufügt. Da wird die Absicht der Beschönigung augenfällig, die Sprachregelung triumphiert über die immerhin mögliche Realität, die Grenze zwischen dem Malheur und dem Fiasko wird mit Fleiß verwischt.

Den Geißlein soll es fein und lieblich klingen wie die Stimme von Mutter und Geiß und alle Angst soll ihnen verfliegen. Fein und lieblich klingt auch die jüngste dieser Wortschöpfungen, die da lautet: „Entsorgungspark".

„Park" – da denken die Geißlein und sollen denken an Stadtpark, Erholungspark, Naturpark, an Bäume, frische Luft und blauen Himmel. Entsorgungs-Park – das könnte, so denken sie, ein Park sein, in dem man seine Sorgen an die Äste hängt. Das Gegenteil ist richtig. Im Entsorgungspark wird niemand seiner Sorgen ledig, vielmehr gibt er selbst Anlass zu neuen Sorgen. Das Wort „Park" leitet sich nämlich nicht vom Stadtpark her, sondern eher vom Begriff des Maschinenparks, und „Entsorgung" ist nichts anderes als Müllabfuhr, Wegschaffung und Verwertung von Unrat. Der Unrat, der sich im Entsorgungspark zusammenballt wie Autos auf einem Parkplatz, stammt aus den Atomkraftwerken: Im Entsorgungspark werden die abgebrannten Brennelemente der Atomreaktoren zusammengekarrt und ausgeschlachtet; Brauchbares wird aussortiert und der Rest deponiert für alle Ewigkeit – so hofft man wenigstens.

Jürgen Dahl. In: Scheidewege, Vierteljahresschrift für skeptisches Denken. Klett Verlag, Stuttgart 1977/1.

Waffennamen aus der Antike entlehnt

Apollo	Gott des geistigen Lebens und der Kunst *Raumfahrtprogramm*
Ariadne	kretische Königstocher, Gemahlin des Dionysos *Minensuchboot*
Atlas	Titan, Träger des Himmelgewölbes *Interkontinentalrakete*
Hades	Bruder des Zeus, König der Unterwelt *französische Rakete*
Jupiter	(griech.: Zeus) Vater der Götter *bodengestützte Mittelstreckenrakete*
Nike	Siegesgöttin *Rakete, Sportschuhmarke*

Vgl. Werner Wintersteiner: Krieg und Frieden in der Sprache. Vorschläge für den Unterricht. In: puzzle, Zeitschrift für Friedenspädagogik. Nr. 1/1994, S. M1–M4.

Impulstexte – I

Impulstexte sind kurze Texte oder Textpassagen aus Zeitungen, Reden, Gedichten usw., die provozierend und anregend wirken und zu einer Stellungnahme herausfordern. Impulstexte stellen ein Thema nicht ausführlich dar oder durchdringen es gar analytisch. Sie greifen einzelne Aspekte heraus und heben diese hervor. Oft sind sie auch einseitig und parteiisch. Doch genau darin liegt ihr Wert für die Bildungsarbeit.

Impulstexte leben von unerwarteten Wendungen, die oft erst im letzten Satz vollzogen werden und dann die ganze Tiefe des Textes verdeutlichen.

Als Impulstexte eignen sich insbesondere auch Kurzgeschichten und Parabeln. Es empfielt sich, eine kleine Sammlung solcher Texte auf Vorrat anzulegen. Denn sie gezielt zu einem Thema zu suchen ist oft sehr zeitaufwändig.

Mit Impulstexten muss jedoch sparsam umgegangen werden, da sie sich schnell verbrauchen und ihre Wirkung auch aus dem „Neuen“, bislang nicht gekannten, also dem Überraschungseffekt kommt.

Anwendungsmöglichkeiten

Einstieg

Impulstexte können vorgetragen oder vorgelesen werden, um schnell an ein Thema heranzuführen bzw. einen thematischen Aspekt sofort mit seiner ganzen Problematik zu öffnen.

Arbeitshilfen

Impulstexte können schriftlich für die Einzel- oder Kleingruppenarbeit zur Verfügung gestellt werden, mit dem Hinweis

- ▲ die Argumentation bzw. Aussagen und deren Begründungen nachzuvollziehen und
- ▲ eine eigene Stellungnahme zum Text und zum Thema zu formulieren.

Abschluss

Impulstexte können zum Abschluss einer Arbeitseinheit oder Diskussion vorgelesen werden, wenn sie die offenen Fragen nochmals deutlich machen oder auch Hinweise zur weiteren Bestätigung mit dem Thema geben.

Typisch Ausländer!

Im Schnellrestaurant kauft sie sich eine große Portion Kaffee, trägt den „Pott“ vorsichtig zu einem Stehtisch und hängt ihre Handtasche an den Haken unter der Tischplatte. Der Zucker fehlt noch, stellt sie fest und geht wieder zur Theke, ein Päckchen zu holen. Als sie sich umdreht, traut sie ihren Augen nicht: steht doch da ein Ausländer, schwarzhaarig, schnurrbärtig, mit abgetragener Jacke – und trinkt aus ihrer Tasse.

Die Frau überlegt. Dann stellt sie sich daneben, deutet abwechselnd auf den Kaffee und auf sich. Der Fremde nickt, holt eine zweite Tasse und gießt den halben Kaffee hinein. Reden ist sinnlos, denkt sie, der andere versteht offenbar kein Deutsch. Er zündet sich eine Zigarette an, geht wiederum an den Schalter und kommt mit einem Stück Streuselkuchen zurück, das er freundlich nickend vor sie stellt. Dann verabschiedet er sich in einer Sprache die sie nicht versteht.

Na gut, denkt die ältere Dame: Das mit dem Kuchen war ja anständig. Nach dem letzten Streusel will sie ihre Handtasche nehmen – und greift ins Leere. Die Tasche ist weg.

Also doch ein gemeiner Krimineller, und wie raffiniert der das eingefädelt hat.

Empört, mit hochrotem Kopf sieht sie sich im Lokal um. Zwei Tische weiter steht ein Pott Kaffee, längst kalt geworden. Darunter baumelt einsam ihre schwarze Tasche am Haken.

Brot für die Welt (Hrsg.): Aktions-Zeitung „Frauen gestalten die Welt“. Stuttgart 1995.

Texte zum Themenbereich Kaufen und Verkaufen

Meine Kürbisse

Ein Mann ging mit einem Korb voller Kürbisse zum Markt, um sie dort zu verkaufen. Auf dem Weg fragte ihn jemand: „Wessen Früchte verkaufst du da?"
„Meine natürlich", antwortete der Bauer.
„Wer hat sie ausgesät?"
„Meine Frau."
„Wer hat sie gegossen und das Unkraut gejätet?"
„Sie, wer sonst?"
„Und wer hat die Früchte geerntet?"
„Nun, sie macht all diese Arbeiten!"
„Ja, warum sind dies dann aber deine Kürbisse?"
„Nun, sie ist meine Frau!"

Nord-Süd-Blätter, Nr. 2. Zitiert nach terre des hommes (Hrsg.): Eulenspielgel Nr. 49, 1995 S. 1.

Herr M. und die Erdnüsse

Auf einem Markt in Tanzania fiel Herrn M. eine junge Frau auf, die Erdnüsse verkaufte. Sie saß neben einem großen Sack, aus dem sie die Nüsse in Tüten abfüllte und vor sich auf einem Brett sortierte: große, mittlere und kleine Tüten, randvoll mit dem goldgelben Früchten, denen es keine Mühe machte, Herrn M.'s Verlangen zu wecken. Er fragte nach dem Preis der kleinsten Tüte: 10 Cent. Und die mittlere? 10 Cent! Herr M. wurde ganz aufgeregt: Und die großen? Die Frau schaute ihn verwundert an und schrieb eine große „10" auf das Papier.
Da gab es kein Halten mehr. Herr M. rief seinen Begleiter herbei und stapelte ihm 20 der großen Tüten auf die Arme, bezahlte und ging weiter, stolz über den gelungenen Handel. Doch er hielt noch mal ein, wandte sich zurück und fragte: Sag, wer kauft dir eigentlich die ganzen mittleren und kleinen Tüten ab? Die Frau lachte ihn an und rief: Menschen, die nicht so einen großen Hunger haben wie du!

Afrikanissimo – Die Entdeckung einer Literatur. Wuppertal/München 1991, S. 4.

Der Verkäufer und der Elch

Kennen Sie das Sprichwort „Dem Elch eine Gasmaske verkaufen"? Das sagt man bei uns von jemandem, der sehr tüchtig ist, und ich möchte jetzt erzählen, wie es zu diesem Sprichwort gekommen ist.

Es gab einmal einen Verkäufer, der war dafür berühmt, dass er allen etwas verkaufen konnte.
Er hatte schon einem Zahnarzt eine Zahnbürste verkauft, einem Bäcker ein Brot und einem Blinden einen Fernsehapparat.
„Ein wirklich guter Verkäufer bist du aber erst", sagten seine Freunde zu ihm, „wenn du einem Elch eine Gasmaske verkaufst."
Da ging der Verkäufer so weit nach Norden, bis er in einen Wald kam, in dem nur Elche wohnten.
„Guten Tag", sagte er zum ersten Elch, den er traf, „Sie brauchen bestimmt eine Gasmaske."
„Wozu?", fragte der Elch. „Die Luft ist gut hier."
„Alle haben heutzutage eine Gasmaske", sagte der Verkäufer. „Es tut mir Leid", sagte der Elch, „aber ich brauche keine." „Warten Sie nur", sagte der Verkäufer, „Sie brauchen schon noch eine."
Und wenig später begann er mitten in dem Wald, in dem nur Elche wohnten, eine Fabrik zu bauen. Als die Fabrik fertig war, stiegen so viel giftige Abgase aus dem Schornstein, dass der Elch bald zum Verkäufer kam und zu ihm sagte: „Jetzt brauche ich eine Gasmaske." „Das habe ich gedacht", sagte der Verkäufer und verkaufte ihm sofort eine. „Qualitätsware!", sagte er lustig. „Die anderen Elche", sagte der Elch, „brauchen jetzt auch Gasmasken. Hast du noch mehr?" (Elche kennen die Höflichkeitsform mit „Sie" nicht.) „Da habt ihr Glück", sagte der Verkäufer, „ich habe noch Tausende."
„Übrigens", sagte der Elch, „was machst du in deiner Fabrik?" „Gasmasken", sagte der Verkäufer …

PS: Ich weiß doch nicht genau, ob es ein schweizerisches oder ein schwedisches Sprichwort ist, aber die beiden Länder werden ja oft verwechselt.

Franz Hohler: Der Verkäufer und der Elch. In: Ein eigenartiger Tag. Lesebuch von Franz Hohler. Darmstadt/Neuwied 1979, S. 74–75.

Aktivierende Methoden

- Visionengalerie
- Brainstorming
- Streitlinie
- Positionenspiel
- Fantasiereise
- Lebenskurve
- Entscheidungen durch „Punkten“
- Das Ampelspiel
- Die amerikanische Debatte
- Assoziationskette
- Prioritätenspiel
- Fragen
- Umfragen
- Legenden, Mythen, Vorurteile
- 10 Worte
- Spinnwebanalyse
- Szenarios
- Polaritätsprofile

Bei aktivierenden Methoden stehen das Engagement und die Handlungsmöglichkeiten der Teilnehmerinnen und Teilnehmer im Vordergrund.

Diese entwickeln, verändern und gestalten Vorgaben im Rahmen von Spielen und Übungen. Aktivierende Methoden führen oft sehr schnell in eine vertiefende Auseinandersetzung mit einer Thematik ein oder machen z. B. schlaglichtartig das Meinungsspektrum der Teilnehmerinnen und Teilnehmer deutlich. Dabei können diese Übungen und Spiele auf sehr unterschiedlichen Ebenen angesiedelt sein: im Bereich der Fantasie, der kreativen Gestaltung oder des gemeinsamen Handelns.

In einem weiten Verständnis sind auch eine Reihe von Methoden, die anderen Kapiteln zugeordnet sind, als aktivierend zu bezeichnen.

Visionengalerie

Bei dieser Übung werden Zukunftsvorstellungen (Visionen) bildhaft dargestellt. Die Methode eignet sich gut zum Einstieg in zukunftsbezogene Themen, da Persönliches und Politisches gemeinsam ausgedrückt werden kann.

Malen ist eine ursprüngliche und direkte Ausdrucksform, die oft sehr gefühlsbetont ist. Malen ermöglicht, eigenen Fantasien nachzuhängen, ohne Leistungsdruck, ohne richtig oder falsch, ohne Inneres nach außen zu kehren.

Jede bzw. jeder trägt eine Vision einer anderen, besseren Welt oder aber auch einer Welt, die nicht mehr zu retten ist, in sich. Diese Visionen sollen bildhaft dargestellt werden. Je nach Thema des Gesamtseminars kann die Arbeitsanweisung sehr offen (etwa: Unsere Zukunft in 30 Jahren) oder eher gezielt (Meine Schule im Jahr 2010) erfolgen.

Ablauf

- ▲ Die Aufgabe wird erklärt.
- ▲ Jedes Gruppenmitglied erhält ein großes Blatt Papier (DIN A1). Ferner müssen genügend Farben (Wachsmalkreiden, evtl. Fingerfarben, Holzmalstifte etc.) vorhanden sein. Alle malen oder/und schreiben nun ihre Vision.
- ▲ Bei großen Gruppen können Visionen auch in Gruppenarbeit (3–4 Personen) entstehen.
- ▲ Die Visionen werden als Ausstellung an die Wand geheftet.
- ▲ Die Visionen werden erklärt und besprochen.

Auswertung

Die Bilder werden an die Wände geheftet, sodass eine kleine Galerie entsteht. Man kann nun feierlich eine Ausstellungseröffnung gestalten, bei der sogar alle Künstlerinnen und Künstler anwesend sind und ihr Werk vorstellen. Viele Visionen sind sehr symbolhaft gezeichnet und bedürfen deshalb der Erklärung. Da Nachfragen erlaubt sind, kommt i. d. R. rasch ein Austausch über Zukunftshoffnungen und Ängste zu Stande, zumal Gemeinsamkeiten und Unterschiede deutlich werden.

Bei der Auswertung sollte auch nachgeforscht werden, auf welcher Basis die einzelnen Visionen entstanden sind, sowie darüber, was getan werden kann, damit diese Vision eintritt bzw. nicht eintritt.

Bitte berücksichtigen

Die Art der Formulierung der Aufgabe entscheidet stark darüber, ob nur negative oder auch positive Visionen gestaltet werden. Wenn stark negativ eingefärbte Visionen bestimmend sind, so sollten dennoch Handlungsansätze herausgearbeitet werden, die verhindern helfen, dass diese Visionen Wirklichkeit werden.

Bei Erwachsenen ist Malen oft mit Ängsten verbunden („Ich kann nicht malen"). Deshalb ist es wichtig, eine angstfreie Atmosphäre zu schaffen, in der nicht zensiert und bewertet wird, sondern alle Ausdrucksformen anerkannt werden. Dennoch gibt es immer wieder Teilnehmerinnen und Teilnehmer, die sich lieber schriftlich ausdrücken, indem sie ihre Visionen in Stichworten formulieren. Auch dies ist erlaubt.

Material

- ▲ Für jede Teilnehmerin und jeden Teilnehmer einen Bogen Papier (DIN A1)
- ▲ genügend Stifte und Farben
- ▲ Pin-Nadeln oder Klebeband, um die Papierbogen an die Wand zu hängen

90–120

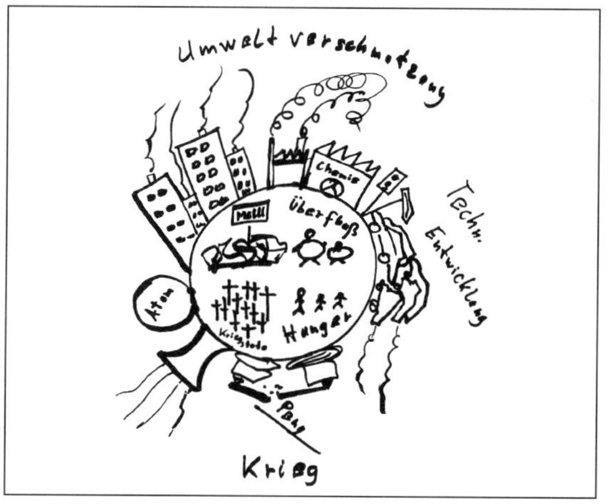

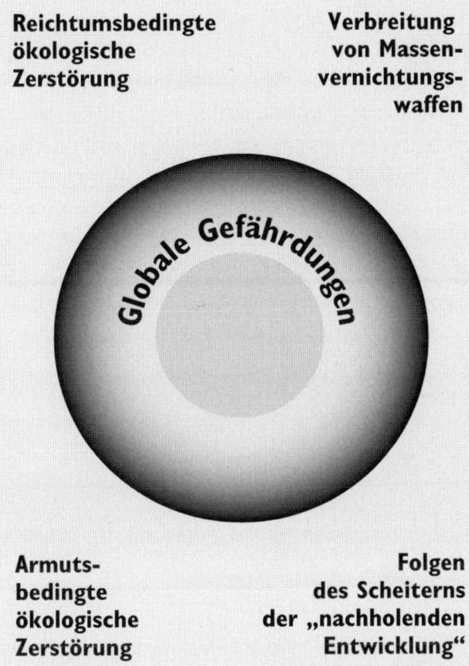

Michael Zürn u. a.: Globale Gefährdungen. Problemfelder und Auswege. Tübingen 1995, S. 2.

Der 11. September 2001 – und 10 Jahre danach?

Nach dem 11. September 2001. Nichts wird mehr so sein wie früher. Aber wie wird unsere Welt in 10 Jahren aussehen? Der Zukunftsforscher Matthias Horx hat versucht, vier Szenarien für das kommende Jahrzehnt zu skizzieren.

1. Djihad Age. Das dunkle Zeitalter
Es kommt überall auf dem Planeten zu chronischen kriegerischen Auseinandersetzungen. Selbstmord-Attentate und Kamikaze-Terror häufen sich.
Die Weltgesellschaft fällt in eine kollektive Depression. Bürgerkriege sind allgegenwärtig. Rassismus und Ausländerfeindlichkeit werden zum überall spürbaren Grundton in der Gesellschaft. Rassistische Übergriffe und Spannungen innerhalb der Ethnien erschüttern 80 Prozent der Erde.

2. Globalisierung. Der Planet wächst zusammen
Beim Prozess der Terrorbekämpfung kommen sich die einzelnen Machtblöcke näher. Der Nahost-Konflikt endet mit einem Friedensschluss zwischen Israel und Palästina. Das Trauma des Terrors führt zu einem neuen Weltbewusstsein. „One-World“-Ethik setzt sich durch. Toleranz und friedliches Miteinander haben im Jahr 2010 ein großes Stück Terrain erobert.

3. Separation. Der Zerfall der Wohlstandsinseln
Es setzen sich die Kräfte durch, die auf eine Renationalisierung der Welt bauen. Europa distanziert sich langsam von den USA, deren kriegerische Verwicklungen in vielen Ländern von der europäischen Bevölkerung nicht mehr mitgetragen werden. Dauerhafte Spannungen mit Russland und Fernost sowie wirtschaftlicher Niedergang in den USA führen zu einer Revision der wirtschaftlichen Globalisierung. Das aufsteigende China übernimmt die Rolle der USA als Weltmacht.

4. Security Age. Das Sicherheits-Zeitalter
Es kommt in den nächsten Jahren immer wieder zu schweren Terroranschlägen in den westlichen Metropolen. Die militärischen Aktionen gegen den Fundamentalismus verpuffen im Leeren, die USA und ihre Verbündeten verwickeln sich in lang anhaltende militärische Auseinandersetzungen. Die weltweite Anti-Terror-Koalition hält jedoch. Die Menschen gewöhnen sich mittelfristig an die Bedrohung durch Terrorismus. Scharfe Kontrollen gehören zum Alltag. Die Sicherheitsbranche boomt. Ein „westlicher Block“ schirmt sich gegen den Rest der Welt ab.

n-tv Newmagazin. burdo Sonderheft Nr. 1, 11.Oktober 2001, S. 98.

Bei einer Abstimmung im Internet, im Oktober 2001, votierte die Mehrheit für das Szenario 2. 31 Prozent stimmten für das Szenario 4, 19 Prozent für das Szenario 3 und 15 Prozent für das Szenario 1.
www.zukunftsinstitut.de

Brainstorming

Brainstorming ist ein schneller Weg, Gedanken und Ideen zu einer Frage oder einem Problem zu sammeln. Dabei sind alle Teilnehmerinnen und Teilnehmer einbezogen.

In der ersten Phase äußern die Teilnehmerinnen und Teilnehmer alle Einfälle und Gedanken zu einem Thema, und seien diese noch so „abwegig". Hierzu ist ein offenes Gruppenklima Voraussetzung. Eine Gruppe sollte dann zum Brainstorming greifen, wenn neue, unkonventionelle Ideen gefragt sind.

Beispiel

„Was uns an der Schule in Zusammenhang mit Gewalt Sorge macht"

Schulstress

Sprachschwierigkeiten ausländischer Kinder

Schlägereien mit zunehmender Brutalität

Bandenbildung

Hilflosigkeit der Lehrer

Resignation der Eltern

Plötzliches Ausflippen sonst verträglicher Schüler

Bedrohung

Furcht vor Rache

Diskriminierungen, Demütigungen

Angst vor bestimmten stärkeren Schülern

Solidarisierung mit stärkeren Schülern als Selbstschutz

Böse Worte, Beleidigungen

Unwissenheit der Eltern, was in der Schule passiert

Fehlender oder gestörter Kontakt zwischen Schule und Elternhaus

Auseinandersetzung nationaler Gruppen

Verbote von Kontakten zu Ausländern

Ablauf des Brainstormings

- ▲ Das Problem, die Frage, zu dem/der Einfälle gesammelt werden sollen, muss klar benannt werden.
- ▲ Eine Zeitbegrenzung sollte festgelegt werden (5–10 Minuten).
- ▲ Es muss festgelegt werden, wer die Einfälle wie festhält. Am besten eignet sich eine große Tafel oder eine Wandzeitung.
- ▲ Die Teilnehmerinnen und Teilnehmer sollen nun alle Gedanken äußern, die ihnen zu dem Thema einfallen. Diese sollten am besten in Form eines Stichwortes benannt werden. Gelächter, Beifall usw. wirkt in dieser Phase störend.
- ▲ Alle Ideen werden so festgehalten, dass jede bzw. jeder sie sehen kann.

Nach dieser Kreativphase kommt es in der Auswertungsphase darauf an, die Einfälle zu erläutern, sie zu ordnen und zu bewerten.

Material

- ▲ Wandtafel oder großes Papier
- ▲ Stifte zum Schreiben

Bitte berücksichtigen

Das Brainstorming setzt eine gewisse Vertrautheit der Teilnehmerinnen und Teilnehmer untereinander und Angstfreiheit im Umgang voraus. Deshalb sollte es nicht in der Anfangsphase eines Seminars angewendet werden.

35–45

Zeitbedarf:

ca. 15 Minuten für die Kreativphase, 20–30 Minuten für die Auswertungsphase

Streitlinie

Bei dieser Übung stellen sich die beiden gebildeten Untergruppen in zwei Linien gegenüber.

Dabei stehen die Einzelnen so, dass sie jeweils eine Partnerin bzw. einen Partner als Gegenüber haben. Der Zwischenraum zum Gegenüber und zum Nachbarn sollte jeweils etwa einer Armlänge entsprechen.

Die Streitfrage, das Problem, der Konflikt wird im Partnerdialog ausgetragen, wobei die Positionen der jeweiligen Linie von der Spielleitung bestimmt wird (z. B. Linie „A" vertritt die Position, „Reisen in Diktaturen sollen vermieden werden", Linie „B" die Position, „Reisen in Diktaturen schaden niemandem.").

Besonders geeignet sind Themen, bei denen es sehr kontroverse Meinungen gibt. Die Spielzeit sollte kurz sein; es empfiehlt sich, nach ca. zwei Minuten einen Rollenwechsel vorzunehmen (jetzt wird also von jeder oder jedem die entgegengesetzte Position vertreten).

Der Vorteil dieser Übung etwa gegenüber Rollenspielen ist, dass die gesamte Gruppe einbezogen ist, dass alle gleichzeitig reden, d. h. niemand außer der Partnerin oder dem Partner hört zu. Alle haben eine gemeinsame Erfahrung.

Diese Methode eignet sich besonders gut, um langwierige Diskussionen aufzubrechen.

Bei der Auswertung ist wichtig festzuhalten:
- ▲ Welche Argumente sind gefallen?
- ▲ Wie wurde auf die jeweiligen Argumente reagiert?
- ▲ Gab es ein echtes Aufeinander-Eingehen, oder waren es zwei Monologe?
- ▲ Welche Position zu vertreten ist leichter gefallen?

Beispiel

Während eines Seminars über „Ausländer" erhält die erste Linie die Position „Wenn erst die Ausländer weg sind, dann gibt es wieder mehr Arbeitsplätze, Wohnungen usw.". Die zweite Linie vertritt die Position „Ohne die Ausländer würde unser Sozialsystem zusammenbrechen. Wir brauchen sie dringend".
Jede bzw. jeder versucht nun seine Partnerin bzw. Partner von der jeweils vertretenen Position zu überzeugen.

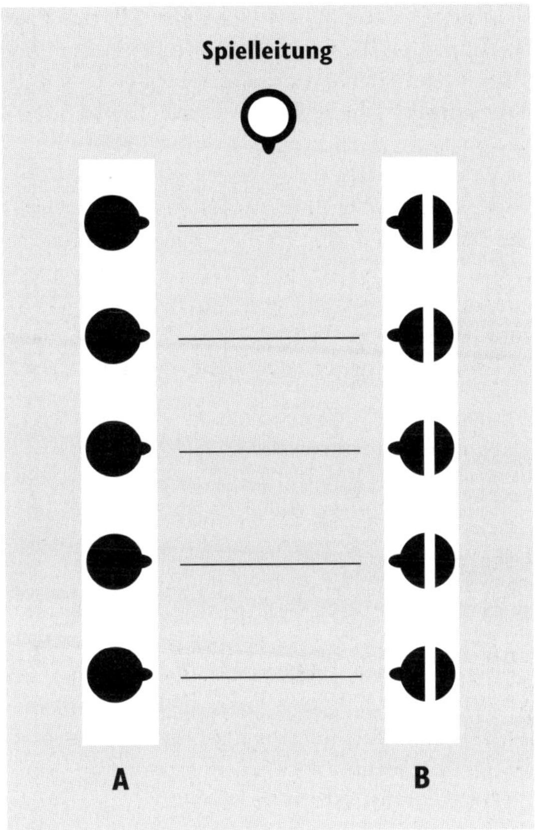

Variation

Die Auseinandersetzung in der Streitlinie kann nicht nur über vorgegebene Themen, sondern auch über Begriffe und Worte gehen. Wenn z. B. zu einer Ja-Nein-Frage die eine Linie das „Ja" und die andere das „Nein" vertritt. Die Partnerin bzw. der Partner soll nun von diesem „Ja" oder „Nein" überzeugt werden, indem nur die beiden Worte „Ja" und „Nein" verwendet werden. Eine solche Übung eignet sich besonders zum Beginn einer Streitlinie.

Zeitbedarf:

Durchführung: 10 Minuten, Auswertung: 15–20 Minuten

Positionenspiel

Je eine Teilnehmerin bzw. ein Teilnehmer übernimmt in Rede und Gegenrede eine Pro- bzw. eine Kontra-Position.
Sie können ihre Argumente 15 Minuten (oder evtl. auch länger in einer Kleingruppe) vorbereiten oder auch spontan beginnen – dies erfordert mehr Mut und Sachkenntnis.

Ausgangssituation

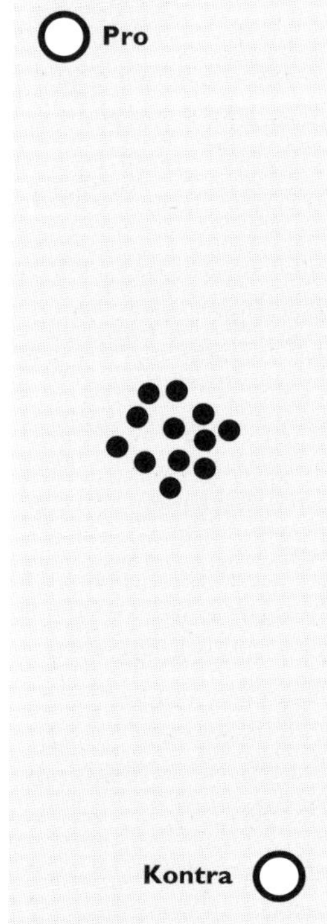

Verteilung nach dem 1. Argument

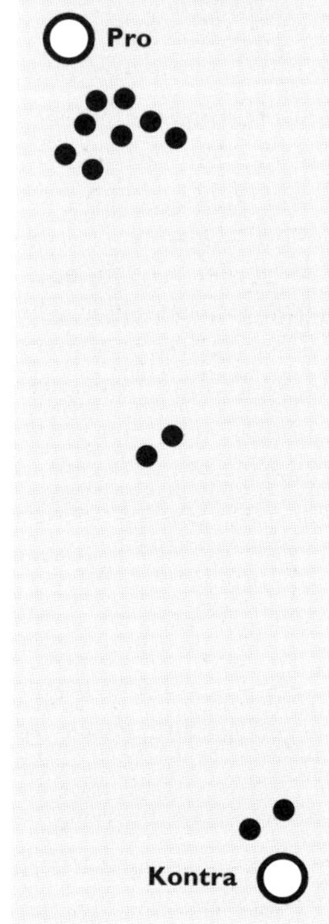

Spielablauf

- ▲ Die Pro-Rednerin oder der Pro-Redner stellt sich in eine Ecke des Raumes, die Kontra-Rednerin oder der Kontra-Redner in die gegenüberliegende. Die restliche Gruppe befindet sich in der Mitte. Ist der Raum wegen der Bestuhlung zu eng, kann man auch auf den Flur ausweichen.
- ▲ Nun tragen beide Rednerinnen bzw. Redner abwechselnd je ein Argument vor. Die Argumente müssen dabei nicht der eigenen tatsächlichen Überzeugung entsprechen.
- ▲ Die Zuhörerinnen und Zuhörer verändern je nach Zustimmung oder Ablehnung dieses Argumentes ihren Standplatz. Sich auf die Rednerin oder den Redner hinbewegen bedeutet Zustimmung, sich von ihr oder ihm wegbewegen, Ablehnung. Reagiert wird also auf jedes einzelne Argument mit einer Veränderung des Standpunktes.
- ▲ Nach ca. 15–20 Minuten (bzw. dem Austausch von ca. 10 bis 15 Argumenten) wird das Spiel beendet.
- ▲ An der Stellung und Verteilung der Gruppe im Raum lässt sich die Überzeugungskraft der jeweiligen Argumente ablesen.

Wichtig ist, nur auf das zu reagieren, was wirklich gesagt wird, nicht auf das, was man gerne hören würde. Vorwissen soll so weitgehend unberücksichtigt bleiben. Natürlich reagiert jede bzw. jeder auf die eigene Interpretation des Gesagten. Dies macht die Notwendigkeit der Differenzierung, Erläuterung und Diskussion deutlich, die im Anschluß an das Spiel stattfinden müssen.

Beispiel für Themenvorschläge

Pro: Es ist sinnvoll, mit rechtsextremen Jugendlichen das Gespräch zu suchen.

Kontra: Gespräche mit rechtsextremen Jugendlichen werden die Ansichten dieser Jugendlichen nicht ändern und sind daher abzulehnen.

Variationen

- ▲ Wenn die Gruppe groß genug ist, können auch 2–3 Personen die Rolle der Pro- bzw. Kontra-Gruppe einnehmen. Sie wechseln sich dann jeweils mit dem Reden ab.
- ▲ Die jeweiligen Positionen können in Kleingruppen vorbereitet werden. Jeweils eine Sprecherin oder ein Sprecher der Kleingruppe stellt die Position dar.

Diese Übung erfordert ein sehr diszipliniertes Vorgehen und Argumentieren. Sie ermöglicht jedoch, dass sofort die Wirkung einzelner Argumente für die Teilnehmerinnen und Teilnehmer sichtbar und erlebbar wird. Erlebbar wird auch, dass oft die Art und Weise, wie ein Argument vorgetragen wird, über dessen Wirkung entscheidet.

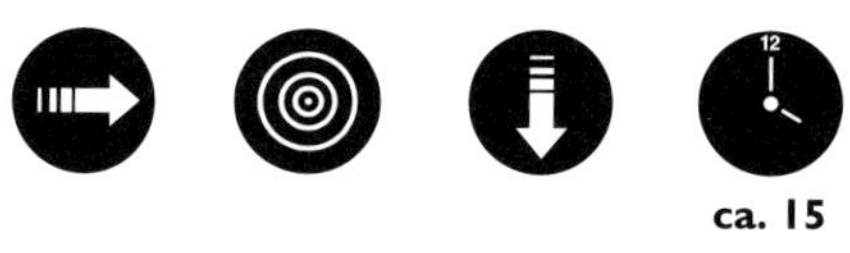

Zeitbedarf:

Ca. 15 Minuten ohne Vorbereitung und Auswertung

Positionenspiel

Erfahrungen

Erfahrung 1

Bei einem Seminar mit Angehörigen der Arbeitsgemeinschaft katholischer Soldaten und von Pax Christi, bei dem es um den Austausch verschiedener Sichtweisen zur Sicherheitspolitik ging, wurde das Spiel eingesetzt, um die jeweiligen Standpunkte bildhaft zu verdeutlichen.
Die beiden vorgegebenen Extreme waren: „Die Bundeswehr sollte vollständig abgerüstet und aufgelöst werden, weil …" (das Vertreten dieser Position wurde übrigens von einem Jugendoffizier übernommen) und: „Die Bundeswehr sollte sich international stärker engagieren und auch bei UN-Kampfeinsätzen teilnehmen."

Auffallend war, dass die beiden Vertreter der jeweiligen Positionen sich sehr weit (ca. 10 m) auf einem langen Flur auseinander stellten und damit (ohne es bewusst beabsichtigt zu haben) auch die Kluft zwischen den beiden Gruppen sichtbar machten. Bereits nach der ersten Runde des Austausches der Argumente scharten sich die Teilnehmerinnen und Teilnehmer, die Pax-Christi angehörten, relativ eng um die Position 1 und die der AG katholischer Soldaten um die Position 2. Während des gesamten Spiels wechselte keine Teilnehmerin und kein Teilnehmer die „Fronten". Annäherungen kamen allenfalls bis knapp vor die (imaginäre) Mittellinie zu Stande.

So wurde sinnlich erfahrbar, was das Gespräch und die Diskussion bislang beherrschte: dass die festgefügten Meinungen sich auch durch noch so differenzierte Argumente nicht bewegen ließen.

Erfahrung 2

Im Rahmen eines Seminars mit Erzieherinnen zum Themenbereich „Gewalt in der Erziehungswelt" wurde das Spiel in der Anfangsphase eingesetzt, um die Schwierigkeit, einen eigenen Standpunkt zu finden, zu verdeutlichen. Als Positionen wurden vorgegeben: „Gewaltspielzeug ist sehr problematisch, weil …" und „Gewaltspielzeug ist für die Entwicklung der Kinder wichtig, weil …"

Es zeigte sich, dass über weite Strecken des Austauschs der Argumente große Teile der Gruppe sich von den jeweils vorgebrachten Argumenten ansprechen ließen und praktisch bei jedem Argument einen „Stand(punkt)wechsel" vollzogen.

Bei der Auswertung wurde den Teilnehmerinnen und Teilnehmern deutlich, dass es offensichtlich sehr viele (gute?) Argumente für beide Positionen gibt und es deshalb darum gehen muss, Kriterien für die Beurteilung zur Hand zu haben. Dies brachte eine hohe Motivation für die weitere Auseinandersetzung mit sich.

Anmerkung: Die vorgegebenen Positionen der Beispiele unterscheiden sich: In Erfahrung 1 schließen sie sich aus, in Erfahrung 2 können sie sich ergänzen.

Fantasiereise – I

Eine Fantasiereise ist ein „projektives Verfahren", d. h., innere Bilder werden auf angebotene Vorstellungsinhalte übertragen. Die Gestalt dieser inneren Bilder wird von der eigenen Befindlichkeit, der lebensgeschichtlichen und aktuellen Erfahrung sowie den Bedürfnissen, Interessen und unbewussten Regungen bestimmt.

Das Verfahren kann für vielfältige Inhalte eingesetzt werden. So eignet sich z. B. eine Fantasiereise sehr gut, um die Bedeutung von Zukunftsvorstellungen herauszuarbeiten.

Fantasiereisen beruhen auf der Vorstellungskraft eines jeden Menschen und regen diese auch an. Die Reise beginnt mit Entspannung – man macht es sich bequem, schließt die Augen, wird insgesamt ruhiger, um dann Anleitungen zur Visualisierung folgen zu können. Man kommt dabei in einen Zustand zwischen Träumen und Tagträumen: Bilder erscheinen wie auf einer inneren Leinwand, man kann Geräusche hören und intensive Gefühle empfinden.

Als Teilnehmerin oder Teilnehmer einer solchen Fantasiereise ist man den Anleitungen gegenüber nicht ausgeliefert, im Gegenteil. Man bekommt durch die Anleitung Impulse, die man nach eigener Kontrolle aufgreift oder auch nicht, die man in der Fantasie weiterentwickelt oder auch nicht. Und vor allem sind es die eigenen Bilder, wie in einem Traum – und nicht die Bilder, die einem durch die Anleitung aufoktroyiert werden können.

Die Fantasien hängen sehr eng mit der gegenwärtigen Befindlichkeit zusammen: mit dem, was einen besonders beschäftigt, was man sich wünscht, wovor man Angst hat. Sie beruhen natürlich auf den Erfahrungen, die ein Mensch gemacht hat.

Fantasiereisen können verschiedene inhaltliche Schwerpunkte haben. Eine Möglichkeit ist z. B. herauszufinden:

- ▲ Wie stellen sich die Teilnehmerinnen und Teilnehmer die Zukunft vor? Ist das Bild von der zukünftigen Welt optimistisch oder pessimistisch? Auf welchem gefühlsmäßigen Hintergrund blicken sie in die Zukunft: mit freudiger Erwartung, Skepsis, Angst?
- ▲ Spielen z. B. Natur und Umwelt in ihrem Leben eine Rolle? Wie werden sie beschrieben: intakt, gestört, zerstört?
- ▲ Wie kommen Industrie und Technik in der eigenen Fantasie vor? Wie werden sie bewertet?

Visualisierung

Um diesen Fragen besser nachgehen zu können, empfiehlt es sich, z. B. unmittelbar nach der Fantasiereise die Teilnehmerinnen und Teilnehmer ein Bild malen oder ihre Eindrücke aufschreiben zu lassen.
Die Bilder können z. B. mit Overhead-Stiften auf Glasdiarahmen gemalt werden. Die anschließende Projektion der Bilder dient dann als Ausgangspunkt für die Erzählungen, bei denen erläutert wird, was während der Reise gesehen und erlebt wurde.

Vgl. Ulrike Unterbrunner: Umweltangst – Umwelterziehung. Vorschläge zur Bewältigung der Ängste Jugendlicher vor Umweltzerstörung. Linz 1991.

„Was in der Gegenwart wirklich Bedeutung hat, wird mit großer Wahrscheinlichkeit in Überlegungen zur Zukunft mit einfließen und in Wünschen und Ängsten hinsichtlich kommender Entwicklungen seinen Ausdruck finden. Zukunftsvorstellungen sind demnach eine Art von Ausdruck des Gegenwärtigen."

U. Unterbrunner, a. a. O., S. 9.

Fantasiereise – 2

Anleitung einer Fantasiereise

- ▲ Sprechen Sie den Text langsam und deutlich. Die Punkte im Text (...) kennzeichnen Pausen.
- ▲ Überlegen Sie, ob Sie während der Fantasiereise untermalende Musik verwenden wollen.
- ▲ Lassen Sie bei der Einstimmungsphase genügend Zeit. Die Teilnehmerinnen und Teilnehmer brauchen verschieden lange, um sich zu entspannen.
- ▲ Fanstasiereisen werden meist im Liegen gemacht. Besteht hierfür keine Möglichkeit, dann sollten sich die Teilnehmerinnen und Teilnehmer bequem hinsetzen und den Kopf auf die verschränkten Arme auf den Tisch legen.
- ▲ Beim Liegen auf dem Boden sollten Sie Decken verwenden; sonst wird es i. d. R. zu kalt.
- ▲ Wenn in der Anfangsphase, beim Entspannen, Lachen oder Gelächter entsteht, sollte das einfach zugelassen werden. Danach kehrt Stille und Entspannung ein.
- ▲ Sie sollten als Leiterin oder Leiter entspannt und nicht nervös sein.
- ▲ Für die Reise und das Malen sollten ca. 1,5 Std. eingeplant werden.

90

Wichtig:

Machen Sie erst selbst eine Fantasiereise unter Anleitung, bevor Sie eine Gruppe anleiten.

Die Reise in die Zukunft

„Lege (setze) dich bequem hin!
Schließe deine Augen!
Atme ein paar Male kräftig aus, dann lass deinen Atem ruhiger werden! ...

Du stehst jetzt in deiner Fantasie auf, gehst hinaus aus dem Raum und hinaus aus dem Gebäude. Du findest einen Weg, den du einfach entlanggehst. Plötzlich entdeckst du in der Ferne ein Tor. Du gehst auf dieses Tor zu ...

Nun stehst du vor dem Tor. Schau es dir an: Woraus besteht es? Welche Farbe hat es? Wie kannst du es öffnen? ...

Und während du so dastehst und schaust, weißt du plötzlich, dass hinter diesem Tor die Zeit eine andere ist. 20 Jahre sind dort schon vergangen. 20 Jahre ist die Zeit hinter dem Tor schon voraus ...

Öffne nun das Tor und geh hinein in diese Welt ... Schau dich da nun einfach um. Vielleicht bist du in der Stadt oder auf dem Land. Vielleicht begegnest du Menschen oder vielleicht auch nicht. Vielleicht kannst du auch etwas hören oder riechen ...
(2 Minuten Stille) ...

Denke nun allmählich wieder ans Zurückkehren, aber laß dir Zeit ... Geh zum Tor zurück, schau dich noch einmal um. Dann geh durch das Tor durch und schließe es fest hinter dir zu. Wenn die Welt angenehm war, die du gesehen hast, kannst du jederzeit wieder zurück. Wenn dir diese Welt unangenehm war, bleibt das Tor ganz fest verschlossen ... Und dann gehe den Weg, den du gekommen bist, wieder in dieses Gebäude zurück, in diesen Raum zurück, und wenn du wieder hier bist, mache die Augen auf und strecke dich."

Nach: Ulrike Unterbrunner: Umweltangst – Umwelterziehung. Vorschläge zur Bewältigung der Ängste Jugendlicher vor Umweltzerstörung. Linz 1991.

Literaturhinweise

Müller, Doris: Phantasiereisen im Unterricht. Braunschweig 1994.
Grawunder, Katharina: Sehnsucht. CD. Phantasiereise mit Musikbegleitung. Darmstadt 2001.
Oaklander, Violett: Gestalttherapie mit Kindern und Jugendlichen. Stuttgart 1991.
Treml, Helga und Hubert: Komm mit zum Regenbogen. Phantasiereisen für Kinder und Jugendliche. Linz 1991.

Fantasiereise

Erfahrungsbericht

Ich habe eine gute Erfahrung gemacht mit einer Identifikationsübung

Die Identifikationsübung sollte die Schülerinnen und Schüler auf die Auseinandersetzung mit dem Thema Asyl vorbereiten. Ich habe die Klasse eingeladen, sich mit einem „bestimmten Verfahren" auf eine gedankliche Reise zu Asylbewerbern zu begeben. Bewusst habe ich Anteile aus einer „Fantasiereise" und aus „Identifikationsübungen" miteinander verbunden.

Mit einer Entspannungsübung habe ich begonnen: bequeme Sitzhaltung suchen, Augen schließen, Atem aufsuchen, Körper verspannen und dann entspannen.

Dabei habe ich folgende Impulse gegeben:

- ▲ So gefällt es mir, ich habe Ruhe in mir …
- ▲ Ich gehe aus dem Klassenraum auf den Schulhof und weiter in die von der Sonne überfluteten Felder …
- ▲ Am Ortsrand treffe ich auf ein Wohnheim/Containerdorf für Asylbewerber …
- ▲ Von niemandem beobachtet, gehe ich hinein …
- ▲ Ich sehe mich um und sehe …
- ▲ Da sind eine Menge Kinder …
- ▲ Ich sehe in die Gesicher der Erwachsenen …
- ▲ Die Menschen sind gekleidet mit …
- ▲ Ich spüre: Etwas Seltsames ist mit mir vorgegangen:
- ▲ Ich bin ein Asylbewerber …
- ▲ Ich sehe mein Gesicht …
- ▲ Ich bin gekleidet …
- ▲ Gehören noch Verwandte zu mir? …
- ▲ Viele Gedanken gehen mir durch den Kopf …
- ▲ In mir kommen Gefühle hoch, ich spüre …
- ▲ Wenn ich könnte, würde ich jetzt …
- ▲ Ich finde einen ruhigen Platz, an dem ich mich niedersetze und mich ganz meinen Gedanken und Gefühlen überlasse …
- ▲ Eine Tür tut sich auf, und ich kann unbemerkt nach draußen gelangen.
- ▲ Ganz in Gedanken gehe ich durch die Felder und spüre die Verwandlung kaum: Ich bin wieder ich …
- ▲ Ich komme zurück in diesen Raum und öffne, wenn mir danach ist, die Augen …

Diese Minireise mit Identifikation, die mit 19 Schülerinnen und Schülern an einer Fachoberschule durchgeführt wurde, dauerte etwa 8–10 Minuten. Das Ergebnis hat mich stark überrascht: Breit angelegte Erzählungen über Orte unterschiedlichster Art, sauber und dreckig, Gefühle von Angst, Einsamkeit, Verfolgung, Ausgeliefertsein, Unentschlossenheit, Abwarten; Gedanken in Angst um die Zukunft, an Verfolgung und Flucht, an wirtschaftliche Not, an Versorgung und Ruhe; und, wenn man könnte, so schnell wie möglich hier weg, wenn es ginge, wieder nach Hause, vielleicht auch in diesem Land bleiben, wenn Freundlichkeit und Gastfreundschaft gegeben wären.

Es gab auch kritische Stimmen: Ich habe mich nicht verwandeln können, ich blieb immer ich, ich habe das Lager gesehen, aber immer als Außenstehender, ich habe so etwas schon öfter versucht, aber ich kann das einfach nicht …

Josef M. Thees

Lebenskurve

Eine „Lebenskurve" ist ein Instrument, um sehr persönliche Aspekte und Verknüpfungen eines Themas deutlich werden zu lassen.

In einer „Lebenskurve" werden persönliche Erlebnisse zu einem bestimmten Thema (Problemfeld) durch Zeichen oder Stichworte eingetragen.

Themenbeispiele

- ▲ Meine Erfahrungen mit Gewalt.
- ▲ Meine „Sicherheitskurve"
  (wann habe ich mich sehr geborgen, wann sehr unsicher und verunsichert gefühlt?).
- ▲ Meine Erfahrungen mit Fremden
  (positive und negative).
- ▲ Meine Schulkarriere.
- ▲ Meine Erfahrungen mit Politik.

Das Blatt eignet sich, um Erinnerungen und Zusammenhänge wieder wachzurufen. Es ist eine Arbeitsunterlage, die bei den Teilnehmerinnen und Teilnehmern verbleibt und nicht eingesammelt werden sollte.

Vorgehensweise

Das Arbeitsblatt, das zuvor der jeweiligen Fragestellung angepasst wurde, wird ausgeteilt, und die Teilnehmerinnen und Teilnehmer werden gebeten, konkrete Begebenheiten und Erlebnisse stichwortartig einzutragen. Danach berichten diese anhand der Lebenskurve ihren persönlichen Hintergrund zu dem jeweiligen Thema.

Möchte man Erfahrungen eines kleineren Zeitraumes (z. B. der Schulzeit) erheben, so empfiehlt es sich, die Jahresleiste in einem 2-Jahres-Abstand neu zu schreiben.

Variationen

- ▲ In die Lebenskurve können auch Ereignisse, die in die Zukunft projiziert werden, eingetragen werden. Die Aufgabenstellung ist dann z. B.: Welche Erfahrungen habe ich bislang in meinem Arbeitsleben gemacht und wie stelle ich mir meine weitere berufliche Zukunft vor?
- ▲ In ein Arbeitsblatt können verschiedene Aspekte eines Themas mit unterschiedlichen Farben eingetragen werden. Zum Beispiel jeweils eine andere Farbe für Erfahrungen in Schule, Beruf, Familie, Sport oder Politik.

Material

- ▲ Je eine Kopie des Arbeitsblattes
  für jede Teilnehmerin bzw. jeden Teilnehmer
- ▲ Genügend Stifte für alle

15–20

Zeitbedarf :

Ca. 15 bis 20 Minuten zum Ausfüllen

Lebenskurve

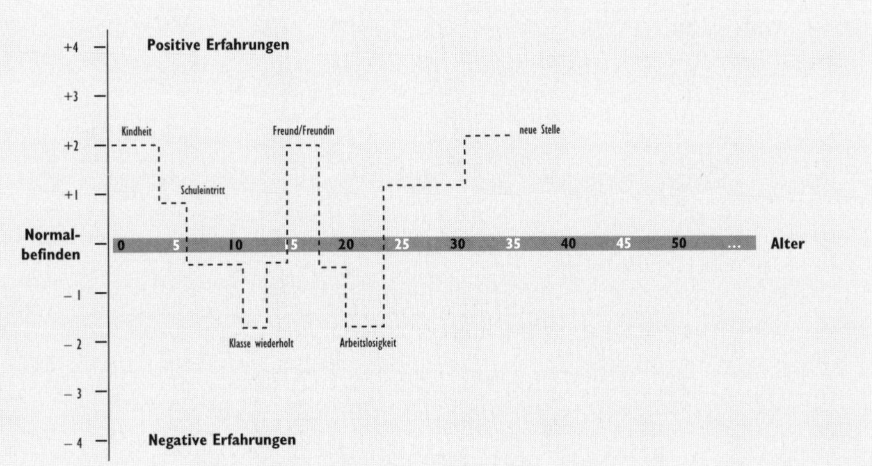

Lebenskurve
Kopiervorlage

Bitte in dieses Blatt konkrete Erlebnisse mit eintragen.

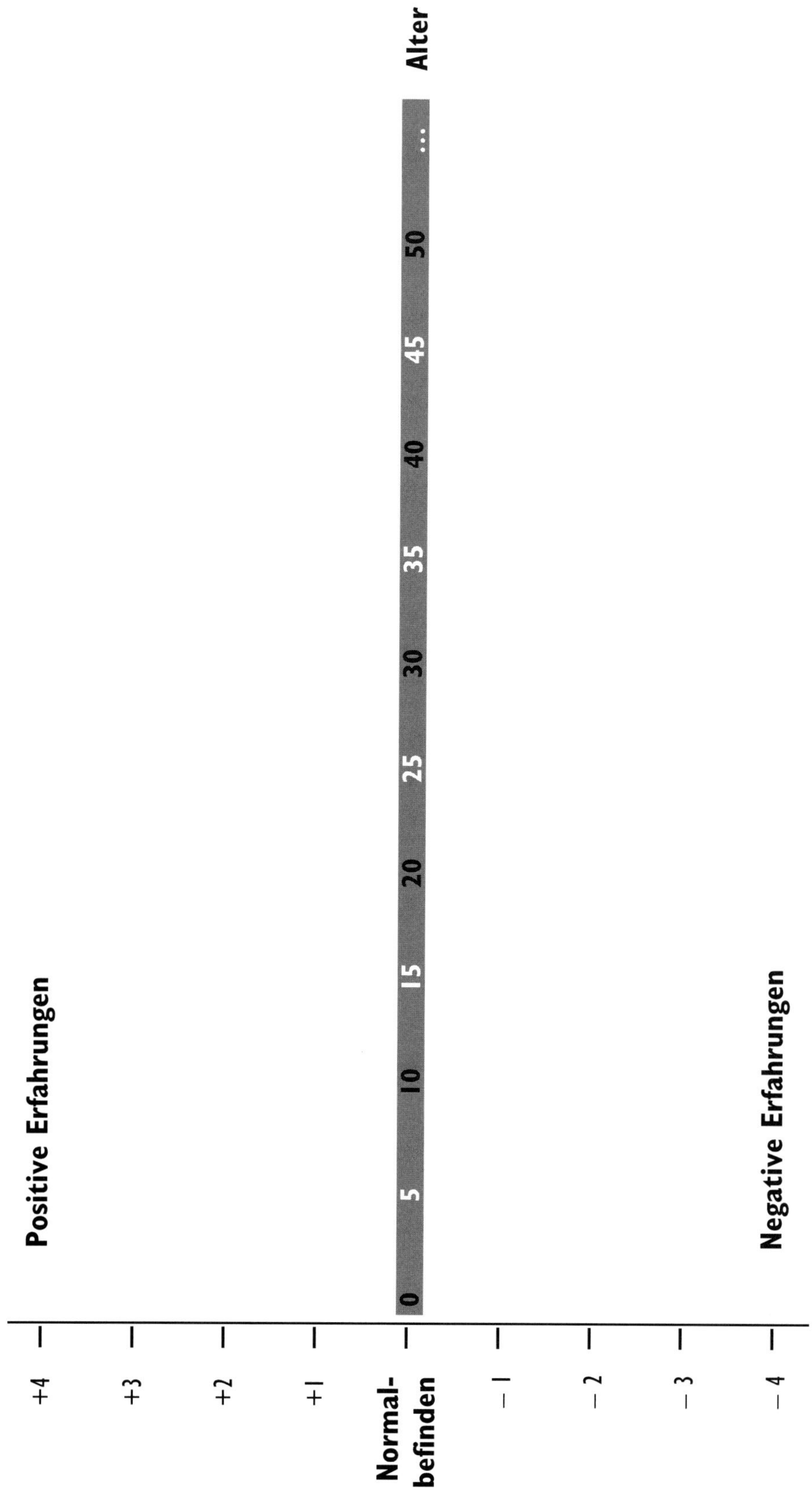

Entscheidungen durch „Punkten“

Jede Teilnehmerin und jeder Teilnehmer erhält (je nach der Anzahl der Aussagen) vier bis sechs Klebepunkte. Das „Aussagenblatt“ ist auf DIN A2 vergrößert worden und hängt an der Wand. Jede bzw. jeder hat nun die Möglichkeit, ihre bzw. seine Punkte zu vergeben, indem sie bzw. er diese direkt vor die Aussage klebt, die sie bzw. er für zutreffend hält.

Auf diese Weise wird das Meinungsspektrum der Teilnehmerinnen und Teilnehmer deutlich, jede und jeder ist sofort mit einbezogen und aktiv geworden. Zudem ist eine gewisse Neugier auf die Entscheidung der anderen geweckt.

Die Gruppe kann nach bestimmten Gesichtspunkten in Teilgruppen aufgeteilt werden, die dann verschiedenfarbige Klebepunkte erhalten (z. B. Frauen rote, Männer blaue; Lehrerinnen und Lehrer verschiedener Schulformen und mit unterschiedlichen Unterrichtsfächern …). Durch die unterschiedlichen Farben der Punkte werden dann auch Trends in den Untergruppen sichtbar.

Vorgehensweise

- ▲ Das Arbeitsblatt wird an die Wand gehängt.
- ▲ Zur Erklärung kann bei großen Gruppen eine Folie des Arbeitsblattes über einen Tageslichtprojektor an die Wand projiziert werden.
- ▲ Jede Teilnehmerin und jeder Teilnehmer erhält (je nach genauer Aufgabenstellung) die entsprechenden Klebepunkte.
- ▲ Die Teilnehmerinnen und Teilnehmer vergeben ihre Klebepunkte.
- ▲ Auswertung, evtl. Ergänzung der Auswahl mit Ergebnissen von Umfragen o. Ä. (siehe Beispiel 2).

Variationen

- ▲ Für unterschiedliche Teilfragen können verschiedenfarbige Klebepunkte verwendet werden (siehe Beispiel 1).
- ▲ Die Frageform kann variiert werden, z. B.: wie würde dein Vater (deine Freundin) entscheiden?
- ▲ Mit Hilfe von Klebepunkten können auch Entscheidungen über die Themenfindung oder das weitere Vorgehen getroffen werden.

Material

- ▲ Vergrößerung des Arbeitsblattes auf mindestens DIN A2
- ▲ Für jede Teilnehmerin und jeden Teilnehmer mindestens vier Klebepunkte in einer Farbe

10–15

Konsumgewohnheiten sichtbar machen

Mit Klebepunkten können auch Konsumgewohnheiten sichtbar gemacht werden. Jede Teilnehmerin und jeder Teilnehmer vergibt jeweils einen Klebepunkt für den täglichen Konsum von (bei Zigaretten zählt ein Punkt für 10 Zigaretten):

- ▲ Zigaretten
- ▲ Tassen Kaffee
- ▲ Tassen Tee
- ▲ Glas Wein
- ▲ Glas Bier
- ▲ Flasche/Dose Cola
- ▲ Tafel Schokolade
- ▲ Kugel Eis
- ▲ Tabletten
- ▲ je 30 Min. Fernsehen/Video/Computerspiel

Entscheidungen durch „Punkten“

Beispiel – I

Merkmale für Weltmächte

Welche dieser Merkmale treffen auf Russland (rote Punkte), welche auf die USA (blaue Punkte) und welche auf Europa (grüne Punkte) zu?

Überlegene militärische Stärke
Politische Führungsposition
Atomwaffenbesitz
Überlegene Wirtschaftskraft
Beherrschung des Welthandels
Geographische Größe
Strategisch günstige Lage
Große Bevölkerungszahl
Technologische Spitzenleistungen
Weltwirtschaftliche Führungsrolle
Hohes Pro-Kopf-Einkommen
Innere Stabilität
Militärisch starke Verbündete
Wirtschaftlich starke Verbündete
Vorrangige Beachtung der Menschenrechte
Globales militärisches Stützpunktesystem
Einfluss auf weltweite Kommunikationsmedien

Zur Auswertung kann folgendes Schaubild verwendet werden.

Kriterien für den Weltmachtstatus

Militärische Stärke	Wirtschaftskraft	Politische Leitfunktion	Innere Stabilität
Allgemeiner Trend bei Weltmächten			
Nutzwert von Militär nimmt ab	Rolle der Wirtschaftskraft nimmt zu	Rolle der politischen Unterstützung durch Verbündete nimmt zu	Legitimation durch demokratische Entscheidungen wird wichtiger

Entscheidungen durch „Punkten“

Beispiel – 2

Ansprüche an meinen Beruf

Gute Verdienstmöglichkeiten	59 %
Gutes Betriebsklima	51 %
Anregende, abwechslungsreiche Tätigkeit	49 %
Sicherheit des Arbeitsplatzes	43 %
Gutes Verhältnis zu Kollegen	41 %
Gesunder Arbeitsplatz	33 %
Gute Teamarbeit	32 %
Gutes Verhältnis zu Vorgesetzten	30 %
Verantwortungsvolle Tätigkeit	29 %
Gute Aufstiegsmöglichkeiten	28 %
Geregelte Arbeitszeit	27 %
Möglichkeit der Mitbestimmung	21 %
Wenig Stress bei der Arbeit	13 %
Gesellschaftlich nützliche Arbeit	12 %
Viel Freizeit	12 %
Hohe gesellschaftliche Anerkennung	2 %
Dass wenig Anforderungen gestellt werden	0 %

Die Zahlen sind Prozentwerte und entstammen einer SINUS-Studie von 1983, bei der nach Ansprüchen der 15- bis 30-jährigen an den ausgeübten oder angestrebten Beruf gefragt wurde.

Glauben Sie, dass diese Werte auch heute noch zutreffen?

Achtung:

Die Prozentwerte sollten für das Spiel abgedeckt und erst bei der Auswertung diskutiert werden.

Entscheidungen durch „Punkten“

Kopiervorlage

Thema:

Hier die Punkte kleben

Das Ampelspiel

Das „Ampelspiel“ hat in Seminaren die Funktion, in einer Einführungsphase direkt und konfrontativ das Meinungsspektrum der Teilnehmerinnen und Teilnehmer für alle sichtbar zu machen.

Die Aussagen sind dabei oft vereinfachend zugespitzt, bieten jedoch – weil sie so provozierend sind – eine gute Diskussionsgrundlage.

Die Aussagen und Fragen müssen natürlich, je nach Aktualität, Teilnehmerkreis und Thema des Seminars formuliert werden. Es ist auch möglich, Zitate von Politikern, Aussagen aus Zeitungskommentaren usw. zur Abstimmung zu stellen.

Spielablauf

- ▲ Jede Teilnehmerin und jeder Teilnehmer erhält je ein Pappkärtchen (DIN A6) in den Farben Rot, Grün und Gelb.
- ▲ Die Leiterin bzw. der Leiter liest die Fragen einzeln, langsam und deutlich vor.
- ▲ Die Teilnehmerinnen und Teilnehmer müssen sich nach jeder Frage entscheiden. Sie zeigen ihre Entscheidung durch Aufzeigen der Karte an:
- ▲ Bei Zustimmung – **grüne** Karte,
- ▲ Bei Ablehnung/Verneinung – **rote** Karte,
- ▲ Bei Enthaltung/weiß nicht – **gelbe** Karte.
- ▲ Eine Kommentierung der jeweiligen Abstimmungsrunde ist nicht empfehlenswert.
- ▲ Im Anschluss sollten die Themen, bei denen kontroverse Meinungen sichtbar wurden, nochmals benannt werden.
- ▲ Es kann auch nachgefragt werden, bei welcher Aussage die Entscheidung am schwersten (oder am leichtesten) fiel.

Variation

Das Ampelspiel eignet sich auch gut, um die Ergebnisse einer Kleingruppenphase wieder ins Plenum einzubringen. Jede Kleingruppe formuliert so z. B. 3–4 (je nach Gruppenanzahl) Aussagen, über die das Plenum dann abstimmt.

Was die Methode leisten kann

Durch das Ampelspiel können alle Teilnehmerinnen und Teilnehmer schon zu Beginn einer Veranstaltung aktiv werden, ohne sich mit der Thematik näher beschäftigt zu haben.
Das Spiel ist unabhängig von der Teilnehmerzahl und kann auch mit einer größeren Gruppe durchgeführt werden. (Selbst ein Vortragsabend kann so aufgelockert werden.)
Die Teilnehmerinnen und Teilnehmer bekommen (wenn die Fragen gut formuliert sind) einen Einblick in die Komplexität und Vielfalt der Thematik.
Die Referentinnen und Referenten können sich ein Stimmungsbild von der Gruppe machen, bei dem auch die Schweigenden einbezogen sind.
Die Teilnehmerinnen und Teilnehmer beantworten die Fragen auf dem Hintergrund ihres jeweiligen Verständnisses. Differenzierungen müssen in der Auswertung vorgenommen werden.

Es empfiehlt sich, nicht mehr als ca. 10 Aussagen zur Abstimmung zu stellen.

10–20

Das Ampelspiel

Beispiele

Aus einem Seminar über Neue Medien

Einstellungen zum Internet.

- ▲ Internet kann wie eine Sucht sein.
- ▲ Ein Internetzugang gehört heute einfach dazu.
- ▲ Informationen im Internet sind nicht glaubwürdig.
- ▲ Soziale Kontakte werden durch Internetnutzung vernachlässigt.
- ▲ TV, Radio und Zeitung reichen als Informationsquelle.
- ▲ Sprache und Begriffe des Internets verstehe ich nicht.
- ▲ Internet ist nur was für junge Leute.
- ▲ Bestimmte Informationen gibt es nur im Internet.
- ▲ Die Informationsflut kann nicht mehr bewältigt werden.
- ▲ Einkaufen über das Internet stellt immer ein Risiko dar.
- ▲ Ich habe weder Zeit noch Lust mich mit dem Internet zu beschäftigen.

Aus einem Seminar über Wehrdienst und Zivildienst

- ▲ Der Friede ist heute sicherer geworden.
- ▲ Prinzipiell sollte Wahlfreiheit zwischen Wehrdienst und Zivildienst bestehen.
- ▲ Zivildienstleistende sind Drückeberger.
- ▲ Der Verweigerung kommt im Vergleich zum Wehrdienst kein moralisch höherer Stellenwert zu.
- ▲ Viele Soldaten sind aus Bequemlichkeit bei der Bundeswehr.
- ▲ Unsere Streitkräfte schützen die Grundrechte und die freiheitliche Lebensgestaltung auch für diejenigen Mitbürger, die sich der militärischen Landesverteidigung versagen.
- ▲ Ein Vergleich zwischen einem wehrdienstleistenden Soldaten und einem Zivildienstleistenden ergibt: Wer bei der Bundeswehr dient, zahlt drauf.
- ▲ Die lawinenartig wachsende Zahl der Kriegsdienstverweigerer bedeutet für die Verteidigungsfähigkeit Deutschlands eine ernsthafte Gefahr.
- ▲ Das Ende des Ost-West-Konfliktes und die Auflösung des Warschauer Paktes machen die Bundeswehr überflüssig.
- ▲ Zivildienstleistende werden in der Öffentlichkeit positiver bewertet als Wehrdienstleistende.

Für ein Seminar über sexuelle Belästigungen von Frauen, an dem nur Frauen teilnehmen

- ▲ Ich weiß oft selbst nicht, wie ich mich bei einer sexuellen Annäherung verhalten soll.
- ▲ Ich kann ganz deutlich werden, wenn mir jemand zu nahe kommt.
- ▲ Ich fühle mich meinem Partner gegenüber in der Klemme, wenn er mich bedrängt.
- ▲ Typen, die mich anmachen, sind für mich erledigt.
- ▲ Sexuelle Belästigung ist auf jeden Fall eine Verletzung der Menschenwürde der Frau.
- ▲ Ich fühle mich verletzt, wenn Männer in meiner Gegenwart blöde Witze über Frauen und Mädchen machen.
- ▲ Viele Frauen verhalten sich so, dass ein Mann sie bedrängen muss.
- ▲ Viele Männer machen eine Frau nur deshalb an, um sich und anderen Männern ihre Männlichkeit zu beweisen.
- ▲ Angemacht zu werden ist für Frauen ein Kompliment.

Diese Aussagen sind entnommen aus: Jugendwerk der Deutschen Shell (Hrsg.): Jugend '92, Bd. 2, Leverkusen 1992, S. 345 f.

Aus einem Seminar mit Eltern über den Umgang mit Computern in der Familie

- ▲ Kinder sollen so früh wie möglich den Umgang mit einem Computer lernen.
- ▲ Programme für den Computer sollten grundsätzlich nur die Eltern beschaffen.
- ▲ Kinder sollten selbstständig am Computer experimentieren können, auch wenn dadurch mal etwas beschädigt wird.
- ▲ Eltern sollten sich die Programme, mit denen sich ihre Kinder beschäftigen, zeigen und erklären lassen.
- ▲ Kinder, die unerlaubt Disketten kopieren, handeln ungesetzlich.
- ▲ Das Spielen mit gewalttätigen Computerspielen sollte unterbunden werden.
- ▲ Kinder, die viel Zeit vor dem Computer verbringen, isolieren sich und verlieren Freunde.
- ▲ Computer können Kindern helfen, neue Möglichkeiten der Kreativität zu entdecken.
- ▲ Ein Computer im Haus erspart 1.000 Bücher.

Die amerikanische Debatte

Die amerikanische Debatte dient zur selbstständigen Erarbeitung der Argumente bei kontroversen Themen.

Damit ist eine teilnehmerinnen- und teilnehmerorientierte, aktive Informationsbeschaffung sowie ein kontrollierter Austausch von Argumenten möglich.

Vorbereitungsphase

In der Vorbereitungsphase werden zwei Gruppen eingeteilt. Die eine Gruppe sucht Pro-Argumente, die andere Kontra-Argumente. Für diese Phase empfiehlt es sich, Hintergrundmaterialien in die Gruppenarbeit einzugeben (Zeitungsartikel, kurze Texte etc.). Die Gruppen sollen sich mit der jeweiligen Argumentation vertraut machen.

Die eigentliche Debatte

Diese strukturierte Diskussion läuft nach folgenden Regeln ab:

- ▲ Jede Seite bestimmt mehrere Diskutantinnen und Diskutanten, die sich an einem Tisch gegenübersitzen.
- ▲ Die Diskussionsleiterin bzw. der Diskussionsleiter eröffnet die Debatte, indem sie bzw. er einer Seite das Wort erteilt.
- ▲ Beginnt z. B. die Pro-Seite, kommt nach einer vorgegebenen Zeit (z. B. 1 Minute) die Kontra-Seite (wieder für eine Minute) an die Reihe, dann wieder die Pro-Seite usw.
- ▲ Die Diskussionszeit der einzelnen Teilnehmerinnen und Teilnehmer ist streng einzuhalten. Die Diskussionsleiterin oder der Diskussionsleiter unterbricht jeden Beitrag nach der vereinbarten Zeit. Sie sollte zwischen 30 Sekunden und 1 Minute liegen.
- ▲ Am Ende der ersten Runde angekommen, geht das Ganze rückwärts zum Ausgangspunkt.
- ▲ Am Ende einer Debatte kann eine allgemeine Plenumsrunde oder eine Abstimmung stattfinden.

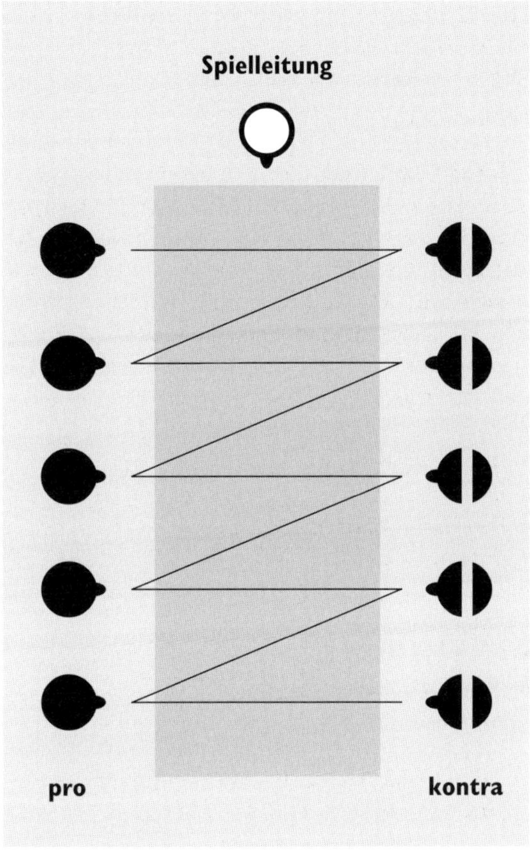

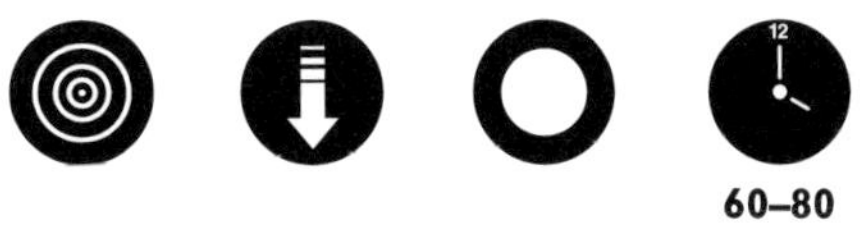

Zeitbedarf:

Ca. 30–40 Minuten zur Vorbereitung, ca. 15–20 Minuten zur eigentlichen Debatte, ca. 15–20 Minuten zur Auswertung

Assoziationskette

Die Gruppe steht oder sitzt im Kreis.

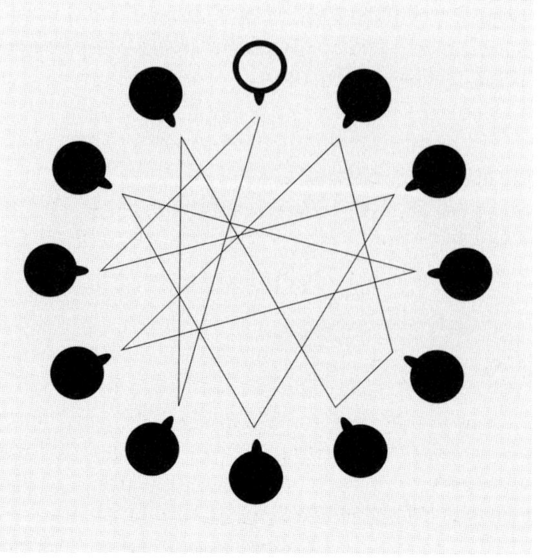

Die Spielleiterin oder der Spielleiter, die oder der einen kleinen Ball (ein Wollknäuel o. Ä.) in der Hand hat, gibt ein bestimmtes Stichwort vor (z. B. „rechts“) und wirft den Ball einer Teilnehmerin oder einem Teilnehmer zu, die bzw. der spontan eine Assoziation sagen soll (z. B. „links“ oder „Reps ...“). Die Teilnehmerinnen und Teilnehmer werfen sich nun kreuz und quer den Ball zu. Wer den Ball fängt, sagt spontan eine weitere Assoziation zu dem von der Spielleitung vorgegebenen Begriff.

Nach fünf bis zehn Minuten kann ein neuer Begriff eingeführt werden. Je nach Thema können so die Bedeutungsfelder und Assoziationen zu Schlüsselbegriffen deutlich gemacht werden.

Variationen

- ▲ Eine Variationsmöglichkeit ist, dass nicht zu dem von der Spielleiterin bzw. vom Spielleiter vorgegebenen Begriff assoziiert wird, sondern jeweils zum letzten genannten Begriff.
- ▲ An Stelle eines Balles kann auch ein Wollknäuel verwendet werden. Die Wolle wird bei jedem Zuwerfen abgerollt, sodass langsam ein Netz entsteht. Dieses Netz wird dann wieder rückwärts aufgerollt.

30–40

Prioritätenspiel

Das Prioritätenspiel macht Einstellungen zu einem Thema deutlich und zwingt dazu, diese zu begründen und mit anderen auszutauschen.

Durch die Vorgabe, zu einer Gruppenentscheidung zu gelangen, findet ein Abwägen verschiedener Argumente statt, und es besteht die Notwendigkeit, sich zu einigen.

Spielverlauf

- ▲ Die Teilnehmerinnen und Teilnehmer werden in Kleingruppen zu 4–6 Personen aufgeteilt.
- ▲ Jede Kleingruppe erhält ca. 10 Aussagen (Begriffe, Statements usw.). Die Aussagen können von der Gruppe besser bearbeitet werden, wenn jede Aussage auf einem gesonderten Blatt Papier (DIN A5) steht.
- ▲ Die Aufgabe besteht nun darin, vier Aussagen ersatzlos zu streichen und die restlichen sechs in eine Rangfolge von 1–6 zu bringen, wobei 1 die wichtigste Aussage bedeutet.
- ▲ Die Gruppe erhält hierfür 20 Minuten Zeit.
- ▲ Die Ergebnisse der Gruppen werden im Plenum vorgestellt und begründet.

Variation

Das Spiel wird in drei Abschnitten gespielt:

1. Abschnitt:
- ▲ Jede bzw. jeder erstellt für sich eine persönliche Rangfolge.
- ▲ Diese Rangfolge wird der Gruppenleitung abgeliefert. Diese errechnet nun für jede Aussage den Mittelwert, d. h. die Rangfolge aller Teilnehmerinnen und Teilnehmer.

2. Abschnitt:
- ▲ Die Teilnehmerinnen und Teilnehmer werden in Gruppen aufgeteilt.
- ▲ In den Gruppen wird eine gemeinsame Rangfolge festgelegt. Diese wird auf einem Blatt festgehalten.

3. Abschnitt:
- ▲ Im Plenum erhalten alle ihren jeweiligen Bogen mit der individuellen Rangfolge zurück.
- ▲ Jede bzw. jeder vergleicht nun diese Rangfolge mit der Gruppenrangfolge.
- ▲ Wo gibt es Übereinstimmung, wo Unterschiede? Wie kommen diese zu Stande?

Mögliche Fragen zur Auswertung

- ▲ War es möglich, eine Rangliste anzufertigen oder haben verschiedene Punkte die gleiche Priorität?
- ▲ Welche Punkte haben Ihnen auf der vorgegebenen Liste gefehlt?
- ▲ Bei welchen Punkten waren Sie sich bei der Einstufung sicher, bei welchen unsicher?
- ▲ Wie kamen die Gruppenentscheidungen zu Stande? Wurden alle Punkte ausdiskutiert oder gab es Mehrheitsentscheidungen?
- ▲ Kann die Gruppenentscheidung so mitgetragen werden?
- ▲ Kann die erarbeitete Prioritätenliste allgemeine Gültigkeit für sich beanspruchen?

Material

- ▲ Ein Arbeitsblatt für jede Teilnehmerin und jeden Teilnehmer
- ▲ Stifte

20

Beispiele für Themenformulierungen

- ▲ Welchen Kriterien sollte die Umweltpolitik genügen?
- ▲ Was macht eine gute Partnerschaft aus?
- ▲ Wann würde ich von einer guten Gewerkschaftsarbeit sprechen?
- ▲ Welches sind die wichtigsten Punkte für eine gute Schule?

Prioritätenspiel

Arbeitsmaterial – I

Thema: Lebensqualität

Gesundheit	**Zugang zu Informationen**	**Bildung, Grundbildung**	**Freiheit, an Entscheidungs-prozessen teilnehmen zu können**
Schutz vor Bedrohung und Angst	**Freizügigkeit, Bewegungsfreiheit**	**Ausreichendes Einkommen**	**Sinnvolle, befriedigende Arbeit**
Möglichkeit für Freizeit und Erholung	**Möglichkeit zur Teilnahme an kulturellen Angeboten**	**Möglichkeit zu sportlicher Betätigung**	**Ausreichende Alterssicherung**
Seriöse Informations-quellen (Presse, Rundfunk, Fernsehen)	**Intakte Umwelt**	**Gute Verkehrs-verbindungen**	**Freundschaften Bekanntschaften**
Eigene Wohnung	**Ausreichende und schmackhafte Nahrung**		

Streichen Sie acht der Aussagen und bringen Sie die anderen zehn in eine Rangfolge von 1–10.

Was denken Sie, welche Prioritäten ein Flüchtling in Ruanda wählen würde?

Prioritätenspiel

Arbeitsmaterial – 2

Thema Partnerschaft

Wichtig für eine Partnerin bzw. einen Partner ist …

______ Sexuelle Treue

______ Gefühle zeigen

______ Zärtlichkeit

______ Kinderliebe

______ Selbstsicherheit

______ Kreativität

______ Selbstlosigkeit

______ Romantisch sein

______ Attraktives Aussehen

______ Überlegenheit

______ Durchsetzungsvermögen

______ Selbstbeherrschung

Umfrage

Die Bedeutung von Eigenschaften und Fähigkeiten nach Selbstaussagen von Jugendlichen:

	wichtig für Mann und Frau	besonders wichtig für die Frau	besonders wichtig für den Mann	generell unwichtig
Aktivität	91	0	5	1
Sexuelle Treue	90	3	1	5
Gefühle zeigen	90	5	2	2
Selbstbeherrschung	90	1	6	3
Zärtlichkeit	88	9	1	0
Kinderliebe	88	9	0	1
Selbstsicherheit	86	2	10	2
Kreativität	82	5	4	8
Selbstlosigkeit	68	3	3	24
Durchsetzungsvermögen	68	2	21	7
Romantisch sein	67	19	1	12
Beruflicher Erfolg	61	1	29	7
Attraktives Aussehen	37	33	1	27
Beschützer sein	27	1	55	17
Härte	25	1	27	45
Überlegenheit	24	1	19	54

Diese Angaben basieren auf einer SINUS-Studie von 1983.
Wie, glauben Sie, haben sich die Werte heute verändert?

Prioritätenspiel

Kopiervorlage

Prioritätenspiel zum Thema

Name

Gruppe

Persönliche Rangfolge

Gruppen-Rangfolge

Nach dem Ausfüllen bitte hier abtrennen

Fragen

Fragen halten das Gespräch in Gang. Sie stellen einen der vielen möglichen Lernimpulse dar. Sie dienen dem Erkenntnisgewinn und der Bündelung von Aufmerksamkeit. So verstanden sollte eine fragende und erforschende Haltung selbstverständlicher Inhalt jeder Bildungsarbeit sein.

Als „abfragen" empfunden lösen Fragen aber auch Blockaden und Gegenwehr aus. Deshalb sollte die Form der Fragen auf Gegenseitigkeit beruhen, d. h., Seminarleitung und Teilnehmerinnen oder Teilnehmer sollten sich die gleiche Art von Fragen stellen dürfen.

Fragen sollten vermieden werden, wenn ...

- ▲ sie nur auf die Wiedergabe eines Wortes oder Begriffes abzielen;
- ▲ sie nur die von der Seminarleitung gewünschte Antwort zulassen;
- ▲ sie nur der Kontrolle oder Prüfung dienen;
- ▲ die Antwort in der Frage schon enthalten ist (sind Sie nicht auch der Meinung, dass ...?).

Fragen können sinnvoll sein, wenn ...

- ▲ sie auf Begründungen für Aussagen zielen (warum? weshalb? wieso? wodurch?);
- ▲ sie eine Hilfe für das selbstständige Weiterdenken sind?
- ▲ sie Denkwege aufzeigen: Die Frage „Wie viele ...?" lenkt die Aufmerksamkeit auf die Anzahl, die Frage „Wodurch ...?" stellt kausale Beziehungen her.

Sieh mal, du wusstest es ja!

„Na Pippi, kannst du mir sagen, wieviel 7 und 5 ist?" Pippi sah die Lehrerin erstaunt und ärgerlich an. Dann sagte sie:
„Ja, wenn du das nicht selbst weißt, so glaube nicht etwa, dass ich es dir sage."
Alle Kinder starrten Pippi entsetzt an. Und die Lehrerin erklärte ihr, dass man in der Schule nicht solche Antworten geben dürfe. Man könne sie auch nicht mit „du" anreden, sondern man müsse „Fräulein" und „Sie" sagen.
„Ich bitte sehr um Verzeihung", sagte Pippi bedauernd. „Das wusste ich nicht. Ich will es nicht wieder tun."
„Nein, das will ich hoffen", sagte die Lehrerin. „Und jetzt will ich dir sagen, dass 7 und 5 12 ist."
„Sieh mal", sagte Pippi, „du wusstest es ja. Warum fragst du dann?"

Astrid Lindgren: Pippi Langstrumpf. Hamburg 1970, S. 62f.

„Niemand wird bestreiten, glaube ich, dass alle Antworten, die einem Schüler gegeben werden, Endprodukte von Fragen sind. Alles, was wir wissen, hat seinen Ursprung in Fragen. Man könnte sagen, dass Fragen die eigentlichen intellektuellen Werkzeuge des Menschen sind."

Neil Postman: Keine Götter mehr. Das Ende der Erziehung. Berlin 1995, S. 216.

Fragenkataloge

Fragenkataloge werden häufig als Auswertungsinstrument oder zur Lernkontrolle eingesetzt. Sie können jedoch auch als didaktisches Instrument dazu dienen, dass die Teilnehmerinnen und Teilnehmer sich selbst über ihr Verständnis eines Themas oder eines Ereignisses vergewissern.
Die Antworten auf die Fragen dienen dann als Gesprächsgrundlage für die Weiterarbeit.
Bei solchen Fragenkatalogen geht es nicht um die Wiedergabe von Wissen, sondern um das Finden und Formulieren einer eigenen Position.

Vorgehensweise

- ▲ Der Fragenkatalog sollte so geschrieben und kopiert sein, dass zu den jeweiligen Fragen genügend Platz für Antworten ist. Er wird zunächst in Einzelarbeit ausgefüllt.
- ▲ Als Grundlage für ein Gespräch kann der Fragebogen bei den Teilnehmerinnen und Teilnehmern verbleiben. Diese bringen ihre Antworten in das Gespräch ein. Eine andere Möglichkeit besteht darin, den Fragebogen einzusammeln (hierbei ist es oft sinnvoll, wenn die Bögen anonym bleiben; dennoch kann man Unterscheidungsmerkmale einführen: z. B. Männer machen ein Kreuz auf den oberen Rand). Die Ergebnisse der Auswertung werden dann von der Seminarleitung in die weitere Arbeit eingebracht.
- ▲ Der Fragebogen kann als Gruppenarbeit ausgewertet werden.
- ▲ Wird ein Fragebogen so gestaltet, dass die einzelnen Antworten sauber getrennt geschrieben werden können, so können diese ausgeschnitten und zu den einzelnen Fragen als Wandzeitung (oder Synopse) gruppiert werden.

Fragen
Erfahrungsbericht

Der Fragebogen als didaktisches Mittel

Als der Schweizer Schriftsteller Max Frisch 1971 während eines USA-Aufenthaltes den vorliegenden Fragebogen verfasste (siehe folgende Seite), ging er von eigenen Erfahrungen, Bewusstseinsinhalten und Beobachtungen aus.

Mit zum Teil scheinbar Nebensächlichem legte er das Wesentliche von „Heimat" in uns bloß und eröffnete die Chance, es auf Begriffe zu bringen. Darin liegt der besondere Wert dieses Fragebogens. Er verdeutlicht zugleich das zentrale Thema in den Werken von Max Frisch: die Suche nach der eigenen Identität, dem eigenen Kern, in der Spannung des Ichs zum anderen. Wie die Gestalten seines Werkes soll die Leserin bzw. der Leser des Fragebogens sich ihrer bzw. seiner Rolle im Raum und Zeit bewusst werden, sie in der Interaktion mit anderen kritisch bewerten oder aus der als entfremdend empfundenen Wirklichkeit des eigenen Lebenskreises ausbrechen.

Die Auswertung von über 200 Fragebögen und die anschließende Diskussion haben gezeigt, dass der vorliegende Fragebogen von Max Frisch wichtige Anregungen zur Selbstvergewisserung eigener Heimatbezüge gibt. Bei Gebrauch und Auswertung des Fragebogens sollte jede Lerngruppe für sich Folgendes abklären:

- ▲ Sind die Fragen richtig verstanden worden?
- ▲ Sind die verwendeten Ausdrücke eindeutig?
- ▲ Bedeuten sie für alle dasselbe?
- ▲ Sind die aufgeführten Alternativen klar, genügend differenziert, vollständig und ausgewogen?
- ▲ Werden suggestive Wirkungen ausgeschlossen?
- ▲ Funktionieren die Kontrollfragen richtig?

Die Erfahrungen mit dem Fragebogen haben gezeigt, dass der Erfolg und die Akzeptanz dann am größten sind, wenn die Teilnehmerinnen und Teilnehmer der Lerngruppe als authentische Expertinnen bzw. Experten der thematischen Frage voll einbezogen werden.

Für die Verwendung in der Lerngruppe wurde der Fragebogen nur geringfügig verändert und mit Antwortoptionen versehen. Dies soll wertvolle Zeit sparen und die Auswertung erleichtern.

Die gemachten Erfahrungen zeigen deutlich, dass der Fragebogen geeignet ist,

- ▲ den Blick zu schärfen für die vielschichtigen Dimensionen von Heimat;
- ▲ bewusste und unbewusste Betroffenheit zu mobilisieren;
- ▲ die Ambivalenz und zum Teil Hilflosigkeit von Gefühlen, Vorurteilen und Paradoxien von Heimat sichtbar zu machen;
- ▲ emotional die eigene Person und Lebenswelt einzubringen und gleichzeitig rationale Distanz zum Thema aufzubauen.

Vgl. Will Cremer: Heimat, was ist das? Der Fragebogen als didaktisches Mittel. In: Bundeszentrale für politische Bildung (Hrsg.): Heimat. Analysen, Themen, Perspektiven. Bonn 1990, S. 247.

Max Frisch: Heimat – Ein Fragebogen

1. Wenn Sie sich in der Fremde aufhalten und Landsleute treffen: befällt Sie dann Heimweh oder dann gerade nicht?
2. Hat Heimat für Sie eine Flagge?
3. Worauf könnten Sie eher verzichten:
   a. auf Heimat?
   b. auf Vaterland?
   c. auf Fremde?
4. Was bezeichnen Sie als Heimat:
   a. ein Dorf?
   b. eine Stadt oder ein Quartier darin?
   c. einen Sprachraum?
   d. einen Erdteil?
   e. eine Wohnung?
5. Gesetz den Fall, Sie wären in der Heimat verhasst: Könnten Sie deswegen bestreiten, dass es Ihre Heimat ist?
6. Was lieben Sie an Ihrer Heimat besonders:
   a. die Landschaft?
   b. dass Ihnen die Leute ähnlich sind in ihren Gewohnheiten, d. h., dass Sie sich den Leuten angepasst haben und daher mit Einverständnis rechnen können?
   c. das Brauchtum?
   d. daß Sie dort ohne Fremdsprache auskommen?
   e. Erinnerungen an die Kindheit?
7. Haben Sie schon Auswanderung erwogen?
8. Welche Speisen essen Sie aus Heimweh (z. B. die deutschen Urlauber auf den Kanarischen Inseln lassen sich täglich das Sauerkraut mit dem Flugzeug nachschicken), und fühlen Sie sich dadurch in der Welt geborgener?
9. Gesetzt den Fall, Heimat kennzeichnet sich für Sie durch waldiges Gebirge mit Wasserfällen: Rührt es Sie, wenn Sie in einem anderen Erdteil diesselbe Art von waldigem Gebirge mit Wasserfällen treffen, oder enttäuscht es Sie?
10. Warum gibt es keine heimatlosen Rechte?
11. Wenn Sie die Zollgrenze überschreiten und sich wieder in der Heimat wissen: kommt es vor, dass Sie sich einsamer fühlen gerade in diesem Augenblick, in dem das Heimweh sich verflüchtigt, oder bestärkt Sie beispielsweise der Anblick von vertrauten Uniformen (Eisenbahner, Polizei, Militär usw.) im Gefühl, eine Heimat zu haben?
12. Wie viel Heimat brauchen Sie?
13. Wenn Sie als Mann und Frau zusammenleben, ohne die gleiche Heimat zu haben: Fühlen Sie sich von der Heimat des andern ausgeschlossen oder befreien Sie einander davon?
14. Insofern Heimat der landschaftliche und gesellschaftliche Bezirk ist, wo Sie geboren und aufgewachsen sind, ist Heimat unvertauschbar: Sind Sie dafür dankbar?
15. Wem?
16. Gibt es Landstriche, Städte, Bräuche usw., die Sie auf den heimlichen Gedanken bringen, Sie hätten sich für eine andere Heimat besser geeignet?
17. Was macht Sie heimatlos?
    a. Arbeitslosigkeit?
    b. Vertreibung aus politischen Gründen?
    c. Karriere in der Fremde?
    d. dass Sie in zunehmenden Grad anders denken als die Menschen, die den gleichen Bezirk als Heimat bezeichnen wie Sie und ihn beherrschen?
    e. ein Fahneneid, der missbraucht wird?
18. Haben Sie eine zweite Heimat? Und wenn ja:
19. Können Sie sich eine dritte und vierte Heimat vorstellen oder bleibt es dann wieder bei der ersten?
20. Kann Ideologie zu einer Heimat werden?
21. Gibt es Orte, wo Sie das Entsetzen packt bei der Vorstellung, daß es für Sie die Heimat wäre, z. B. Harlem, und beschäftigt es Sie, was das bedeuten würde, oder danken Sie dann Gott?
22. Empfinden sie die Erde überhaupt als heimatlich?
23. Auch Soldaten auf fremden Territorium fallen bekanntlich für die Heimat: Wer bestimmt, was Sie der Heimat schulden?
24. Können Sie sich überhaupt ohne Heimat denken?
25. Woraus schließen Sie, dass Tiere wie Gazellen, Nilpferde, Bären, Pinguine, Tiger, Schimpansen usw., die hinter Gittern oder in Gehegen aufwachsen, den Zoo nicht als Heimat empfinden?

Max Frisch, aus Tagebuch 1966–71. © Suhrkamp Verlag Frankfurt/M. 1972 „Heimat-Fragebogen". S. 382 ff. Geschrieben im März 1971 in den USA.

Umfragen

Umfragen dienen dazu, Informationen zu beschaffen oder ein Meinungsspektrum zu einem Problembereich abzufragen.

Umfragen können mündlich (evtl. mit Tonband oder Video unterstützt), fernmündlich oder auch schriftlich durchgeführt werden. Immer ist es jedoch wichtig, genau zu wissen, was gefragt werden soll. Deshalb muss bei der Vorbereitung als Erstes der Problemkreis genau definiert werden. Danach muss festgelegt werden, welche Informationen erfragt werden und für welchen Zweck die Antworten verwendet werden sollen.
Auf diesem Hintergrund können dann die Fragen formuliert werden.

Es ist wichtig, die Fragen, die gestellt werden sollen, vorher (möglichst schriftlich) genau festzulegen.

Die Umfrageergebnisse bedürfen der Dokumentation, und sie bedürfen der Auswertung und Interpretation.

Einige Arten von Umfragen

Mini-Umfrage

Zu einer Aussage oder einem Problembereich werden z. B. bei Passanten auf der Straße Meinungen und Stellungnahmen eingeholt. Die Meinungsäußerungen werden nicht kommentiert, und es wird auch nicht weiter nachgefragt. Eine solche Minimumfrage kann ohne größere Vorbereitung von allen Seminarteilnehmerinnen und -teilnehmern durchgeführt werden. Die Frage wird nach dem Motto „Was halten Sie von …“ formuliert, oder es wird eine Aussage vorgegeben und hierzu um eine Stellungnahme gebeten.
Die Aussagen sollten sofort protokolliert oder auf Tonband bzw. Video mitgeschnitten werden.

Interviews

Interviews sind gezielte Gespräche mit ausgewählten Personen. Wichig ist hier, sich über die Fragestruktur klar zu sein: Gibt es vorgegebene Antworten, aus denen ausgewählt werden kann (Multiple Choice), gibt es nur „Ja–Nein“-Antworten, oder gibt es sog. offene Fragen, auf die die Interviewpartnerin oder der Interviewpartner mit eigenen Worten antworten kann.
Interviewpartnerinnen oder Interviewpartner, die für ein längeres Gespräch zur Verfügung stehen sollen, müssen sorgfältig ausgewählt werden. Eine genaue Terminvereinbarung ist unerlässlich.

Mögliche Struktur von Fragen

1. **Türöffnerfragen**
   Vorstellung und Auskunft über Anlass des Besuches (des Anrufes etc.).
2. **Mundöffnerfragen**
   Allgemeine Fragen, die zum Sprechen provozieren.
3. **Problemfragen**
   Spezifische Fragen zum Problemkreis.
4. **Ideenfragen**
   „… wenn Sie etwas zu bestimmen hätten, was würden Sie tun?“
5. **Aktionsfragen**
   Fragen nach der Bereitschaft zur Beteiligung an möglichen Aktionen.

Vgl. Alf Seippel: Handbuch aktivierende Gemeinwesenarbeit. Gelnhausen u. a. 1976, S. 221.

Datenerhebung

Hier geht es i. d. R. darum, Meinungen, Einstellungen usw. statistisch zu erfassen. Es kann aber auch darum gehen, z. B. Daten über die Sozialstruktur eines Wohngebietes (einer Neubausiedlung) zu erheben. Ein detaillierter Fragebogen ist hier sehr hilfreich.

Um den Fragebogen richtig auswerten zu können, sollten u. a. enthalten sein:

▲ Fragen nach der Gruppenzugehörigkeit (Alter, Wohnort, Tätigkeit usw.);
▲ Fragen nach Sachverhalten;
▲ Fragen nach Meinungen, Bewertungen, Wünschen usw.

Aktivierende Befragung

Hier werden direkt von einem Missstand oder Problem Betroffene nach ihrer Sichtweise befragt. Ziel dabei ist nicht so sehr die Datenerhebung, sondern durch Fragen nach Problemen, Ideen und Möglichkeiten von Veränderungen die Bereitschaft zur Beteiligung an einem Veränderungsprozess zu fördern und mögliche Initiativen hierfür einzuleiten.

Umfragen

Arbeitsmaterial

Verschiedene Arten von Fragen

Geschlossene Fragen

Geschlossene Fragen lassen keine eigenen Formulierungen bei den Antworten zu. Diese können nur innerhalb von vorgegebenen Alternativen gegeben werden.

▲ Alternativfragen:
z. B.: „Stimmen Sie folgender Aussage zu?"
O Ja O Nein

▲ Multiplechoice-Fragen:
Aus einer Reihe von Antwortmöglichkeiten können alle richtigen angekreuzt werden, z. B. „Welche der aufgeführten Handlungen sind für Sie aggressiv?"

▲ Mehrfachwahlfragen:
Aus einer Reihe von Antwortmöglichkeiten soll die eine richtige herausgesucht werden.

▲ Skalierungen:
Aus einem Spektrum, das von „völliger Übereinstimmung" bis zur „völligen Ablehnung" reicht, kann die eigene Einstellung zu vorgegebenen Aussagen ausgewählt werden.

Offene Fragen

Offene Fragen schränken die Antwortmöglichkeiten nicht ein, sondern lassen Raum, um Dinge in eigenen Worten auszudrücken.

Umfrage zum Thema Jahresrückblick und Bewertung des vergangenen Jahres

1. Das Jahr ... geht zu Ende. Was waren für Sie in diesem Jahr besonders bedeutsame Ereignisse?

2a. Würden Sie mir sagen, warum die Ereignisse für Sie so bedeutsam waren?
Oder:

2b. Welches von den Ereignissen war das wichtigste?

3. Beherrschendes Thema im letzten Jahr war ... Was meinen Sie dazu? War das auch vor einem Jahr Ihre Meinung?

4. Wenn Sie drei Wünsche frei hätten für das nächste Jahr, was würden Sie sich wünschen?

Vgl. F. J. Becker: Politisches Lernen durch Realbegegnung. In: Bundeszentrale für politische Bildung – Handlungsorientierung. Bonn 1991, S. 204.

Mini-Umfrage zum Thema: „Warum reizen Filme, die Gewaltszenen zum Inhalt haben?"

D. S., Schüler:
„Also ich glaub der Mensch ist von Natur aus irgendwie immer auf Gewalt aus. Das ist so ein Trieb, glaube ich, ein natürlicher Trieb, dass der Mensch immer Gewalt haben möchte."

A. P., Hausfrau:
„Es fällt mir schwer, mir da einen Reiz drunter vorzustellen, weil mich das überhaupt nicht reizt. Ich kann mir nur denken, dass die Leute halt versuchen, Aggressionen so auszuleben."

M. G., Student:
„Weil es was Neues ist wahrscheinlich, weil die Szenen verschieden kombiniert werden und weil es halt etwas ist, was man nicht jeden Tag sieht."

D. B., Kraftfahrer:
„Mich hat das nie gejuckt. Ich seh so viel Gewalt auf der Straße, da ist die Gewalt alltäglich. Ich schau mir lieber Krimis an."

U. J., Landwirt:
„Bei Actionfilmen oder Abenteuerfilmen, da ist halt irgendwas spannend, egal ob's einen Sinn hat oder nicht. Die Leute wollen wohl ein bisschen Gewalt."

wub – was uns betrifft, 2/88, S. 12, Auszüge.

Fragebogen zur Altstadtsanierung

Der Fragebogen ist ein Leitfaden für ein Gespräch mit Betroffenen.

Türöffner-Fragen

1. Wie Sie vielleicht gehört haben, plant die Stadt eine Neugestaltung dieses Stadtteils, in dem Sie wohnen. Das bedeutet, daß Ihr Haus eventuell abgerissen wird oder eine neue Straße vorbeiführen kann. Die Planung sollte man nicht nur den Fachleuten überlassen. Wir möchten gemeinsam mit den Leuten, die hier wohnen, herausfinden, was man tun kann, um die Sache so vernünftig wie möglich zu gestalten. Würden Sie uns bitte dabei helfen und uns einige Fragen beantworten?
2. Wir selber sind eine Gruppe von Leuten, die möchte, dass die menschliche und soziale Seite der Stadtplanung nicht vergessen wird.

Problemfragen

1. Haben Sie schon etwas von der neuen Planung gehört? Wie denken Sie darüber?
2. Wie lange wohnen Sie schon hier?
3. Wie hoch ist Ihre jetzige Miete (pro m^2) ? Aus wie vielen Personen besteht Ihr Haushalt?
4. Wie groß ist die Grundfläche Ihrer Wohnung?
5. Wir haben gehört, dass der Mietpreis nach Abschluss der Neugestaltung erhöht werden soll. Wie denken Sie darüber? Was glauben Sie, bedeutet das für die Situation der Leute, die hier wohnen?
6. Wenn Sie die Wahl hätten, würden Sie gern in dem alten, renovierten Haus oder in einem modernen Neubau wohnen?
7. Wenn Sie eine neue Wohnung bekommen könnten, sollte sie dann größer, gleich groß oder kleiner sein als die jetzige Wohnung?
8. Was meinen Sie, wo Sie während der Sanierung wohnen werden?
9. Was glauben Sie, können die Leute, die hier wohnen, im Durchschnitt höchstens an Miete aufbringen?
10. Was können Sie höchstens bezahlen?
11. Wenn Sie für längere Zeit verreisen, wem geben Sie dann den Schlüssel für Ihre Wohnung?
12. Halten Sie es für wichtig, dass die Leute, mit denen Sie hier seit Jahren zusammenwohnen, auch nach der Stadtsanierung zusammen wohnen werden?
13. Was denken Sie, was die Leute, die hier wohnen, am meisten ärgert? Was sollte man tun, um das zu ändern?
14. Gibt es eine Vereinigung, die Ihre Interessen vertritt?
15. Wissen Sie von den Mieterversammlungen der Stadt? Wie denken Sie darüber?
16. Besitzen Sie ein Auto? Für welche Strecken benutzen Sie es? Wann benutzen Sie öffentliche Verkehrsmittel?

Ideenfragen

1. Gehen Sie gerne in der Stadt spazieren? Was gefällt Ihnen in der Stadt und was nicht?
2. Wo in der Stadt gehen Sie hin, wenn Sie sich erholen wollen?
3. Was denken Sie, sollte für die Kinder, die im Spielalter sind, gemacht werden?
4. Was für Jugendliche?
5. Was sollte für Ältere getan werden?
6. Alte Leute sind oft sehr isoliert und einsam. Haben Sie irgendwelche Ideen, wie man Kontakte zwischen den verschiedenen Altersgruppen herstellen kann, um die Isolierung aufzubrechen?
7. Es bestand die Idee, die ganze Innenstadt vom Verkehr freizuhalten. Was halten Sie davon?

Aktionsfragen

1. Sind Sie interessiert an den Ergebnissen dieser Befragung?
2. Würden Sie es begrüßen, wenn sich die Betroffenen zu einer Interessengruppe zusammenschließen würden?
3. Würden Sie mitmachen?
4. Haben Sie Vorschläge, wann und wo man sich treffen könnte?
5. Wen sollte man noch fragen, von dem Sie glauben, dass er interessiert ist?
6. Was würden Sie vorschlagen, was man als Erstes tun sollte?

Nach: Alf Seippel: Handbuch aktivierende Gemeinwesenarbeit. Gelnhausen u. a. 1976., S. 223 f.

Legenden, Mythen, Vorurteile

Es ist eine Binsenweisheit, dass die Teilnehmerinnen und Teilnehmer bei Bildungsveranstaltungen ihre eigenen Meinungen, Einstellungen, Deutungsmuster und Vorerfahrungen zu den jeweiligen Themen mitbringen.
Doch obwohl es sich dabei immer wieder auch um Legenden, Mythen und Vorurteile handelt, müssen und sollen diese Voreinstellungen zum Ausgangspunkt für Bildungsarbeit gemacht werden.

Vorgehensweise

In einem ersten Schritt können solche Voreinstellungen (die bei den Teilnehmerinnen und Teilnehmern oder bei bestimmten gesellschaftlichen Gruppen vorhanden sind) gesammelt und auf Karten geschrieben werden.

Anschließend geht es darum, einzelne oder mehrere dieser „Scheinargumente" mit der Wirklichkeit zu konfrontieren. Die Karten können z. B. reihum weitergegeben und von den anderen Teilnehmerinnen und Teilnehmern mit „Gegenargumenten", Hinweisen oder Stellungnahmen versehen werden. Die Karten können aber auch an eine Pinwand geheftet und zur weiteren gemeinsamen Arbeit verwendet werden. Die Leitung kann entsprechende Informationen zur Verfügung stellen.

Die Gruppe kann auf dem Hintergrund ihres Wissens Korrekturen vornehmen. Es können weitergehende Informationen gesucht werden (z. B. in der Fachliteratur, in Archiven, bei Fachleuten) usw. Wichtig ist es dabei zu beachten, dass Vorurteile bestimmte psychische Bedürfnisse befriedigen und dass deshalb Informationen allein häufig keine Korrektur bewirken.

Funktion von Vorurteilen

- ▲ **Ordnungsfunktion:** Vorurteile helfen die Welt zu ordnen; sie bedeuten Denkersparnis; die verwirrende Vielfalt des Lebens kann so in „geistige Schubladen" eingeordnet werden, es findet eine „Reduktion von Komplexität" statt.
- ▲ **Stabilisierungsfunktion:** Stabilisierung des eigenen Selbstwertgefühls und des Gruppenzusammengehörigkeitsgefühls – auf Kosten anderer.
- ▲ **Angstabwehr:** Angst und Unsicherheitsabwehr – auf Kosten anderer.
- ▲ **Aggressionsabfuhr:** Vorurteile ermöglichen gesellschaftlich gebilligte Aggressionsabfuhr an Vorurteilsobjekten.
- ▲ **Manipulation:** Vorurteile können politisch und wirtschaftlich als Manipulationsinstrumente ausgenutzt werden.
- ▲ **Anpassung:** Vorurteile bewirken Anpassung an herrschende Gruppen und Gruppenmeinungen.

Zum Beispiel: Nationalsozialismus

„Legenden sind oft attraktiver als die Wirklichkeit, Vorurteile bequemer als die rationale Weltsicht, und historische Lügen dienen als Waffen in der politischen Auseinandersetzung, wenn Argumente fehlen. Politische und historische Legenden, Lügen und Vorurteile bilden den Nährboden für Spekulationen und darauf begründete einseitige oder falsche Geschichtsbilder und Propagandathesen. (...) Ein beträchtlicher Teil der Diskussion um Ereignisse und Wirkungen, Ursachen und Folgen der jüngsten Geschichte wird mit Vorurteilen und Fehlinformationen bestritten, die seit langem zur Vorstellungswelt nicht nur der deutschen Stammtische gehören. Unter der Hitlerherrschaft habe es keine Kriminalität gegeben, Frauen hätten sich unbesorgt auch nachts auf die Straße wagen können, die Sozialpolitik des Dritten Reiches sei vorbildlich gewesen wegen der Beseitigung der Arbeitslosigkeit durch Hitler, wegen der KdF-Reisen, wegen der Autobahnen und des Volkswagens oder ganz allgemein mit Hinweis auf die ‚Volksgemeinschaft'. Solche Legenden dienen der Verklärung der NS-Zeit. Die Unkenntnis über den tatsächlichen Sachverhalt und die wirklichen Zusammenhänge (zum Beispiel Beseitigung der Arbeitslosigkeit durch Rüstungspolitik, die durch Inflation finanziert war) kann man als noch verhältnismäßig harmlos werten. Das trifft aber für den Komplex der Judenverfolgung, für die ‚Endlösung' wie auch für die Vernichtung anderer Volksgruppen nicht zu: Diese Legenden und absichtlich verbreiteten Lügen sind gefährlich."

Wolfgang Benz: Vorwort. In: Wolfgang Benz (Hrsg.): Legenden, Lügen, Vorurteile. Ein Lexikon zur Zeitgeschichte. München 1990.

Rassistische Gewalt

1. Mythos

„Rassistische Gewalt ist ein neues Phänomen der Nachkriegsperiode. Ihr Erscheinen hängt eng zusammen mit der in Europa zunehmenden Instabilität während der letzten Jahre, gefolgt vom Fall des Kommunismus."

Tatsache:
Seit 1945 ist rassistische Gewalt ein regelmäßig wiederkehrendes soziales Phänomen in vielen Ländern Europas. Oft zeigte sich rassistische Gewalt in Wellen, die (dann) die Aufmerksamkeit der Öffentlichkeit erregte. Einige weithin bekannte „Wellen" waren folgende: In den 50er-Jahren durch die Teddy Boys und in den späten 60er-Jahren sowie in den frühen 70ern („Paki-bashing") in Großbritannien; 1973 in Frankreich (bei der mindestens zwölf Algerier getötet wurden); während der späten 70er-Jahren in Großbritannien; in der ersten Hälfte der 80er-Jahre in den Niederlanden; während des Golfkriegs in Frankreich und Großbritannien; in den frühen 90er-Jahren in Deutschland.

Das sind nur einige Beispiele von „Wellen" rassistischer Gewalt. Das abnehmende politische Interesse, auch seitens der Massenmedien, hieß und heißt nicht, dass die rassistische Gewalt nachließ und nachlässt. Viele Fälle rassistischer Gewalt erlebten wir zwischen diesen „Wellen". Es war nicht die Gewalt, die verschwand, sondern die politische Aufmerksamkeit und das Interesse der Massenmedien.

2. Mythos

„Rassistische Gewalt ist ein spezifisch deutsches Problem, insbesondere seit der Wiedervereinigung."

Tatsache:
Die Aufmerksamkeit der Massenmedien rassistischer Gewalt gegenüber nahm nach den Krawallen von Hoyerswerda (August 1991) enorm zu. Besonders nach der rassistischen Belagerung in Rostock (August 1992) gab es zahlreiche Zeitungsberichte über rassistische Vorfälle. Schauen wir auf die Ereignisse in Deutschland und in anderen europäischen Ländern seit dem Jahr 1991, so scheint der Hauptunterschied der Umfang der politischen Aufmerksamkeit und der der Medien zu sein. „Hoyerswerda" und „Rostock" waren natürlich extreme Beispiele rassistischer Gewalt. Aber viele der berichteten rassistischen Geschehnisse in Deutschland seit 1992 waren doch denen in anderen Ländern sehr ähnlich. Die Letzteren fanden aber weniger, wenn überhaupt – viel Beachtung in der internationalen Presse. Deutschlands historisches Erbe war wahrscheinlich eine der Ursachen für die zunehmende Aufmerksamkeit, den Schock und die Furcht, die sich in Europa zeigten. Rassistische Gewalt ist jedenfalls kein spezifisch deutsches Problem.

3. Mythos

„Rassistische Gewalt wird verübt von arbeitslosen Jugendlichen mit keiner wie immer gearteten Zukunft. Die Täter sind oft zu Streichen aufgelegte Trunkenbolde, schlacksige Jugendliche und frustrierte Individuen. Die Gewalt unterscheidet sich nicht vom normalen Vandalismus und hat keinen Bezug zum tatsächlichen Rassismus."

Tatsache:
Forschungsergebnisse über Täter in Deutschland brachten zum Vorschein, dass eine breite Mehrheit der wegen solcher Vorfälle Verhafteten nicht arbeitslos waren. Die (Forschungs-)Ergebnisse zeigen ebenfalls, dass viele Vorfälle in Westdeutschland geschahen und nicht in der ehemaligen DDR. Die Vorstellung, dass rassistische Gewalt in Deutschland ein spezifisches Problem jener Landesteile seien, die zur früheren DDR gehörten, wird durch die Statistiken nicht gestützt. Während Hoyerswerda und Rostock ostdeutsche Städte sind, so geschah (doch) die Mehrheit der rassistischen Vorfälle im Westen. Es ist eine Tatsache, daß die Bundesrepublik schon eine Zunahme von Xenophobie und rassistischer Gewalt vor der Wiedervereinigung erlebte. Der vermutete Zusammenhang zwischen Arbeitslosigkeit und rassistischer Gewalt muss ebenfalls hinterfragt werden: Dänemark, mit einer der höchsten Rate von Arbeitslosigkeit in Europa, wird mit diesem Typus von Gewalt im geringeren Umfang konfrontiert als zum Beispiel Schweden.

Wahr ist, dass viele Täter rassistischer Gewalt nach ausgiebigem Alkoholkonsum handelten. Eine vandalistische Haltung und Frustration mögen (auch) zu den Charakteristika rassistischer Täter gehören. (Auch) Gruppenprozesse mögen einen wichtigen Einfluss auf das Verhalten haben. Der anvisierte Prozess jedenfalls ist rational. Opfer werden nicht wegen ihrer Eigenschaften als Individuen angegriffen, sondern als Angehörige einer Minorität, gegründet auf Hautfarbe, Religion, Kultur, nationaler oder ethnischer Herkunft. Während Trunkenheit eine Rolle beim Enthemmungsprozess spielt, der zur Gewalt führt, so ist das rassistische Grundprinzip nicht auf Alkohol zurückzuführen.

4. Mythos

„Rassistische Gewalt steigt, wenn es kein anderes Ventil für rassistische Handlungen auf politischem Gebiet gibt.“

Tatsache:
Wären diese Annahmen zutreffend, hätte Frankreich wegen des Wahlerfolges von Le Pens „Front National“ kein so starkes Aufkommen rassistischer Gewalt. Frankreich hat jedoch einen hohen Level rassistischer Gewalt, bei der jedes Jahr einige Menschen getötet werden. Auch zeigen Plätze und Regionen mit hoher Unterstützung der „Front National“ ebenfalls viele rassistische Vorfälle. Das Gleiche gilt für die Niederlande, obgleich der Stand der Gewalt niedriger ist. In den frühen 80er-Jahren erhielt die holländische rassistische „Center Party“ einen Sitz im Parlament (1982). Der Anstieg von Wahlerfolgen korrelierte mit einem Anstieg rassistischer Vorfälle. Nach einem Nachlassen der Parteiunterstützung und rassistischer Gewalt in der zweiten Hälfte der 80er-Jahre nahmen beide 1992 zu. Das scheint aufzuzeigen, dass die Existenz von rassistischen Parteien und deren zunehmende Unterstützung gleichermaßen zeitlich und örtlich mit einer zunehmenden rassistischen Gewalt Hand in Hand geht.

5. Mythos

„Rassistische Gewalt sollte nicht übertrieben (dargestellt) werden, da sie nicht organisiert ist.“

Tatsache:
Der angenommene spontane und nicht organisierte Charakter rassistischer Vorfälle mindert nicht die Auswirkungen der Gewalt. Für das Opfer bzw. die Opfer macht es kaum einen Unterschied, ob sie von organisierten oder nicht organisierten Individuen angegriffen werden. Rassistische Gewalt kann sich oft zeigen als Teil eines Prozesses von ständigem Terror, Übergriffen und Beleidigungen durch Leute aus der Nachbarschaft. Viele Vorfälle sind unterhalb des Levels von Brandstiftung, Bomben und Schüssen. Die Auswirkungen von Schikanierungen im täglichen Leben auf einem niedrigen Level mögen (sogar) schwerer wiegen. Wir sollten uns auch daran erinnern, dass eine große Mehrheit rassistischer Geschehen niemals von der Polizei aufgeklärt wird. Akkurate Informationen über das Verhältnis von organisierter versus nicht organisierter Gewalt sind nicht verfügbar. Die Behörden verteidigen sich damit, dass unorganisierte Gewalt sehr schwer zu bekämpfen sei: Kann man Organisationen auf die Spur kommen und sie unterwandern, so kann man sich anonymen, nicht organisierten Individuen sehr viel schwerer nähern.

6. Mythos

„Rassistische Gewalt ist eine Antwort auf die Anwesenheit und den ständigen Zustrom von Immigranten und Asylbewerbern.“

Tatsache:
In Deutschland geschah rassistische Gewalt in ostdeutschen Städten und Regionen, in denen die Zahl von „Ausländern“, verglichen mit anderen Orten, sehr niedrig war. Es besteht keine klare Wechselbeziehung zwischen der Größe ethnischer Minoritäten und rassistischer Gewalt, wenn man die Verhältnisse in anderen Ländern wie Großbritannien, Frankreich und den Niederlanden vergleicht. Die „Wellen“ von Zuwanderung auf der einen Seite und rassistischer Gewalt und Unterstützung von xenophoben Parteien auf der anderen Seite zeigt kein klares Muster. Glaubhafter sind Wechselbeziehungen zwischen Gewalt und rassistischem Wahlverhalten mit dem Zeitpunkt öffentlicher Debatten über Migration. Rufe nach Restriktionen von Migration und Asylpolitik durch Personen der Öffentlichkeit scheinen von „Wellen“ rassistischer Gewalt begleitet zu werden. Sie mögen sogar beim Entstehen solcher „Wellen“ beteiligt sein.

Quelle: PIOOM Newsletter and Progress REPORT (Niederlande), Vol. 5, 1993. Übersetzung aus dem Englischen: B. Pöhler, HdK FB 10. In: Pädagogik und Frieden, Heft 4/93. S. 2–5.

10 Worte

„Schreiben Sie die 10 Wörter, die für Sie im letzten Jahr am wichtigsten waren, auf ein Blatt Papier.“
Dies ist die allgemeinste Form, in der dieses „Wortspiel“ begonnen werden kann. Es ist sinnvoll, die 10 Wörter auf das Seminarthema zu beziehen.

Themenbeispiele

Schreiben Sie die 10 Wörter, die

- ▲ für Sie Politik (im letzten Jahr, in den 80er-Jahren etc.) charakterisieren …
- ▲ für Sie Demokratie beschreiben …
- ▲ im vergangenen Jahr für Sie am wichtigsten waren …
- ▲ das Verhältnis der Industrieländer zur sog. Dritten Welt beschreiben …
- ▲ die Vereinigung von BRD und DDR veranschaulichen …
- ▲ Zivilcourage umschreiben …
- ▲ Ihnen zum Begriff Rechtsextremismus einfallen …
- ▲ Ihnen im Zusammenhang mit dem EG-Binnenmarkt besonders wichtig sind.

Die aufgeschriebenen Wörter verbinden Persönliches und Politisches, die eigenen Betroffenheiten, Sichtweisen, Projektionen mit politischen Problemen usw. Als Gruppenaufgabe kann eine gemeinsame Liste der 10 relevanten Wörter angefertigt werden. Die weitere Aufgabe ist natürlich, die jeweiligen „Wörter“ mit den realen Ereignissen, deren Wahrnehmung und Relevanz in Verbindung zu bringen.

Literaturhinweise

Bittermann, Klaus / Heuschel, Gerhard (Hrsg.): Das Wörterbuch des Gutmenschen. Zur Kritik der moralisch korrekten Schaumsprache. Berlin 1994.

Die 100 Wörter des Jahrhunderts. Frankfurt/M. 1999.

Ivo, Hubert: Das „Unwort des Jahres“ als Thema des Nachdenkens über Sprache im Deutschunterricht, in: Deutschunterricht 48, 1995, S. 155–161

Horx, Matthias: Trendwörter-Lexikon von Acid bis Zippies. München 1995.

Schlosser, Horst Dieter: Lexikon der Unwörter. Gütersloh 2001.

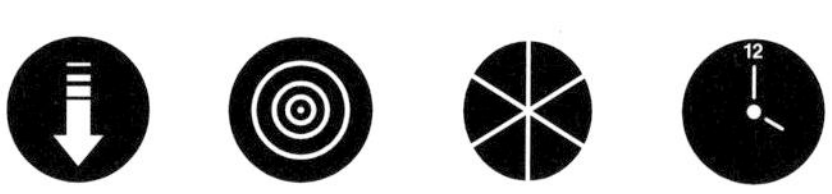

ca. 30

Die Wochenzeitung „Die Zeit“ hat die Frage nach den 10 bevorzugten Wörtern an Schriftsteller, Maler, Sänger usw. gestellt. Einige Antworten:

Dieter Hildebrandt:

Augen
Lachen
Verzeihen
Trotz
Lieben
Geliebtwerden
Spielen
Mut
Wein
Bauch

Hans Sahl:

Verantwortung
Einzelgängertum
Bewährungsfrist
Tuchfühlung
Identitätskrise
Herausforderung
Zugzwang
Selbstkritik
Vergleich
Übereinkunft

Walter Jens:

Atem
Buch
Erbarmen
Freude
Friede
Garten
Heiterkeit
Luft
Nachdenken
Zivilcourage

Horst Stern:

Das Magma
Die Erde
Der Baum

Das Segel
Die Woge
Die See

Die Hoffnung
Die Liebe
Der Leib

Die Angst

Albert Camus
hatte auf die Frage nach seinen bevorzugten zehn Wörtern geantwortet: Die Welt, der Schmerz, die Erde, die Mutter, die Menschen, die Wüste, die Ehre, das Elend, der Sommer, das Meer.

Vgl. Die Zeit, Nr. 1/1991, S. 39.

10 Worte

Arbeitsmaterial

Z. B. Arbeitsplatz

Welches sind die charakteristischen Wörter an Ihrem Arbeitsplatz? Tauchen diese Wörter in einem Wörterbuch auf? Erstellen Sie eine Liste mit den Wörtern, die an Ihrem Arbeitplatz verwendet werden. Wo werden die Wörter verwendet? Wie werden die Plätze, die Sachen, die Tätigkeiten genannt? Welche Bedeutung haben die verwendeten Wörter?

Z. B. Machtsprache

Wie klingt „Machtsprache“, wie „Gegensprache“? In Unternehmen werden häufig drei Arten von Machtsprachen unterschieden:

Technokratensprache,
angefüllt mit technischen und ökonomischen Begriffen.

PR-Sprache,
lächelnd, familiär und einschmeichelnd.

Befehlende Sprache,
die in Anordnungen und bei mündlichen Anweisungen verwendet wird.
Die Arbeiterinnen und Arbeiter reagieren häufig mit verschiedenen Formen einer Gegensprache.

Welches sind die 10 wichtigsten (oder am häufigsten gebrauchten) Wörter in Ihrer Schule?

Bundespräsident Johannes Rau ...

... in seiner „Berliner Rede“, Mai 2000:
„Wer sich über die Untaten aus Fremdenfeindlichkeit empört, der darf die Unworte nicht überhören oder gar selber gebrauchen, die viel zu häufig die Runde machen. Unworte bereiten Untaten den Boden.“

100 Wörter des Jahrhunderts

Das Deutschland-Radio hat in der Sendereihe „100 Wörter des Jahrhunderts“ den Versuch unternommen, das vergangene Jahrhundert anhand von Wörtern zu charakterisieren. Die einzelnen Wörter drücken aus, was 100 Jahre lang Menschen bewegte, erfüllte, vereinte oder entzweite.

Zu den „100 Wörtern des Jahrhunderts“ gehören u. a.: Aids, Antibiotikum, Apartheid, Atombombe, Autobahn, Automatisierung, Beat, Beton, Bikini, Blockwart, Bolschewismus, Camping, Comics, Computer, Demokratisierung, Demonstration, Demoskopie, Deportation, Design, Doping, Dritte Welt, Drogen, Eisener Vorhang, Emanzipation, Energiekrise, Entsorgung, Faschismus, Fernsehn, Film, Fließband ...

www.dradio.de/dlr/sendungen/woerter/index.html

Unworte des Jahres

Bei der 1991 begründeten und seither jährlich stattfindenden Aktion „Unwort des Jahres“ sind alle Bürgerinnen und Bürger aufgefordert, sprachliche Missgriffe zu nennen, die im jeweiligen Jahr besonders negativ aufgefallen sind. Gesucht werden Wörter und Formulierungen aus der öffentlichen Sprache, die sachlich grob unangemessen sind und möglicherweise sogar die Menschenwürde verletzen. Eine Jury aus Sprachwissenschaftlern wählt aus den Vorschlägen jeweils das „Unwort des Jahres“.

1991, ausländerfrei: fremdenfeindliche Parole in Hoyerswerda.
1992, ethnische Säuberung: Propagandaformel im ehemaligen Jugoslawien.
1993, Überfremdung: Scheinargument gegen Zuzug von Ausländern.
1994, Peanuts: abschätziger Bankerjargonismus; Hilmar Kopper.
1995, Diätenanpassung: Beschönigung der Diätenerhöhung im Bundestag.
1996, Rentnerschwemme: falsches, Angst auslösendes Naturbild für einen sozialpolitischen Sachverhalt.
1997, Wohlstandsmüll: Umschreibung arbeitsunwilliger wie arbeitsunfähiger Menschen; Helmut Maucher, Nestlé.
1998, sozialverträgliches Frühableben: in einer öffentlichen Erklärung zynisch wirkende Ironisierung; Karsten Vilmar.
1999, Kollateralschaden: Verharmlosung der Tötung Unschuldiger als Nebensächlichkeit; NATO-offizieller Terminus im Kosovo-Krieg.
2000, national befreite Zone: zynisch heroisierende Umschreibung einer Region, die von Rechtsextremisten terrorisiert wird)
2001, Gotteskrieger: Benennung der Taliban- und El Qaeda-Terroristen.
2002, Ich-AG: Herabstufung von menschlichen Schicksalen auf ein sprachliches Börsenniveau.

Unwort des 20.Jahrhunderts:

„Menschenmaterial“
Neben dem „Unwort des Jahres 1999“ wählte die Jury auf der Grundlage der mehrjährigen Sammlung von Unwort-Vorschlägen und wortgeschichtlicher Untersuchungen mit dem Begriff „Menschenmaterial“ auch das „Unwort des 20.Jahrhunderts“. „Menschenmaterial“ ist zwar bereits im 19. Jahrhundert aufgekommen und spielt u. a. schon bei Karl Marx (1867) eine Rolle, hat aber im 20. Jahrhundert seine besonders zynische Bedeutung gewonnen, nicht zuletzt als Umschreibung von Menschen, die als Soldaten im 1. und 2. Weltkrieg „verbraucht“ wurden. Dieser Zeiten und Ideologien übergreifende Begriff steht exemplarisch für die weitgediehene Tendenz, Menschen nur noch nach ihrem „Materialwert“ einzuschätzen.

http://www.unwortdesjahres.org/

Spinnwebanalyse

Die Spinnwebanalyse ist eine einfache Methode, um Ursachen nachzugehen, Zusammenhänge aufzuzeigen oder Folgen zu verdeutlichen. Sie eignet sich besonders für Kleingruppen.

Vorgehensweise

- ▲ Ein konkretes Problem
  (oder ein Sachverhalt) wird benannt und in die Mitte eine großen Blattes Papier (DIN A1) geschrieben. Danach sammelt die Gruppe die direkten Ursachen oder Folgen des Problems. Diese werden nun in Kreisen um das Problem herum festgehalten (Ursachen erster Ordnung).
- ▲ Als nächster Schritt
  werden die direkten Ursachen oder Folgen der eben gefundenen Ursachen ausgemacht und wiederum festgehalten (Ursachen zweiter Ordnung).
- ▲ Diese Ursachen
  werden wiederum auf ihre Entstehungsbedingungen zurückverfolgt (Ursachen dritter Ordnung).
- ▲ So entsteht ein Ursachengeflecht,
  das vielfältige Querverbindungen aufweist und (vielleicht) auch einige der Hauptursachen benennt.

Da es sich um eine Gruppenaufgabe handelt, muss sich die Gruppe an manchen Punkten einigen. Die Spinnwebanalyse ist jedoch so offen angelegt, dass vielfältige Meinungen auch nebeneinander stehen und als Gedankenstränge weiterverfolgt werden können.

Diese Methode erlaubt eine selbstständige Analysearbeit der Teilnehmerinnen und Teilnehmer.

Variationen

- ▲ Zu einem Themenbereich werden verschiedene Aussagen, die Ursachen, Folgen usw. beschreiben, auf kleine Kärtchen geschrieben. Diese Aussagen sollen nun so sortiert werden, dass sie ein Beziehungsgeflecht von Ursachen und Wirkungen ergeben (vgl. Arbeitsmaterial. Ausgangspunkt ist hier: Der Kauf einer Tafel Schokolade).
- ▲ Es wird eine Spinnwebstruktur vorgegeben, in die Begriffe eingetragen werden müssen (vgl. Kopiervorlage).
- ▲ Die Spinnwebanalyse wird nicht mit sprachlichen Aussagen, sondern mit Bildern durchgeführt. Aussagekräftige Bilder (oder Symbole) werden für die verschiedenen Ursachen aufgeklebt. Die Bilder können aus Illustrierten, die zur Verfügung gestellt werden, ausgewählt und ausgeschnitten werden.

Materialien

- ▲ Für jede Gruppe 2 Bögen DIN-A1-Papier
- ▲ Wachsmalkreide

ca. 45

Spinnwebanalyse
Beispiel

Spinnwebanalyse zum Thema

Warum bewerfen Jugendliche Heime für Asylbewohnerinnen und -bewohner mit Steinen?

Spinnwebanalyse
Kopiervorlage

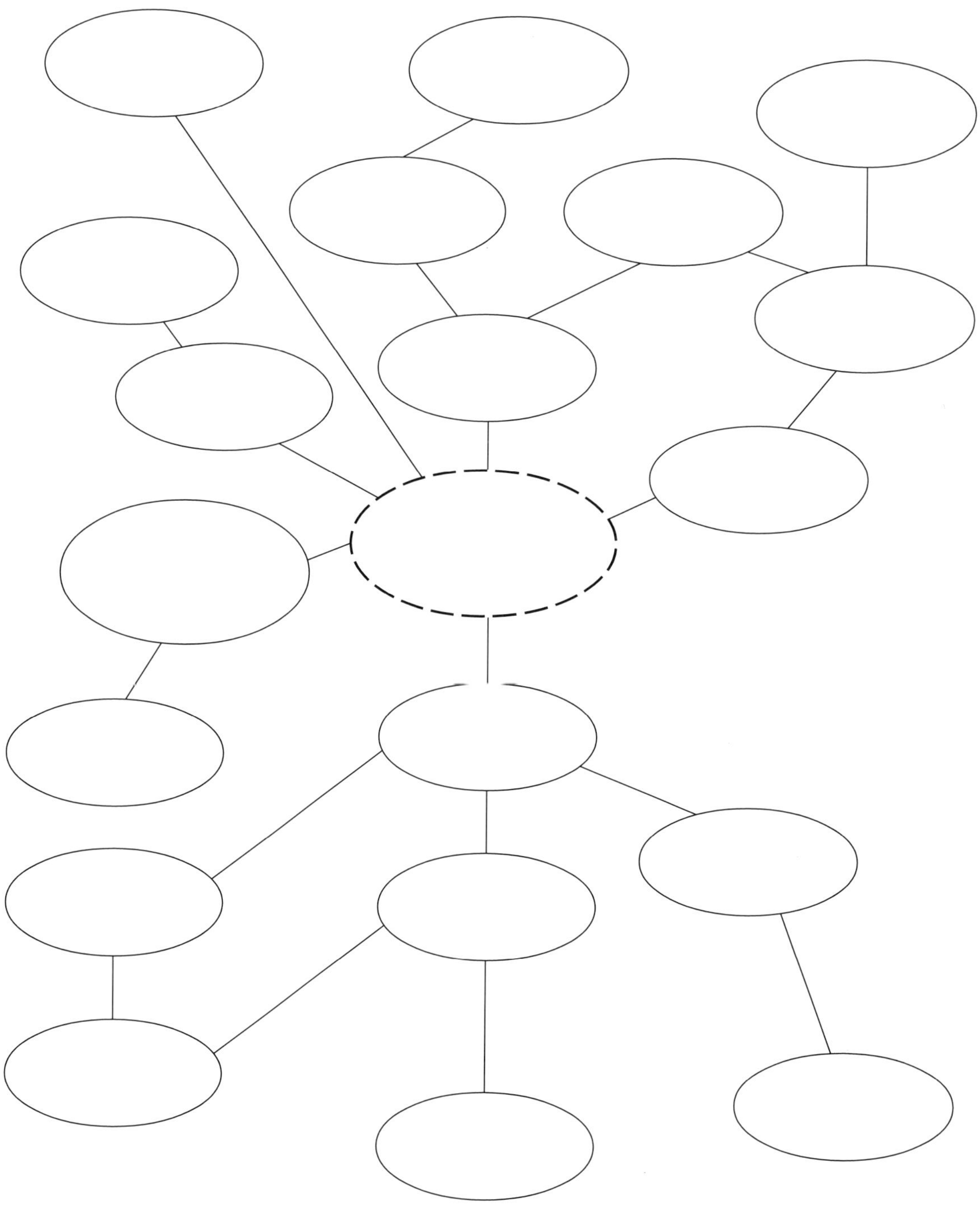

Spinnwebanalyse
Arbeitsmaterial

Schokolade wird aus Kakao hergestellt, einer Pflanze, die ursprünglich aus Südamerika kam.

Die Europäer brachten Kakao nach Afrika und nahmen das Land in Besitz, um es dort anzubauen.

Kakaoplantagen bedecken weite Flächen, speziell in Afrika.

Es mangelt an fruchtbarem Boden, um Nahrungsmittel für die einheimische Bevölkerung in vielen armen Ländern anzubauen.

Es gibt viel Hunger in der Welt, vor allem in Afrika.

Beim Kakaoanbau werden chemische Pestizide verwendet. Die Feldarbeiterinnen und Feldarbeiter kommen oft mit giftigen Sprays in Berührung.

Es verschwinden die Bäume in vielen armen Ländern, weil sie als Brennholz verwendet werden und weil Plantagen angelegt werden.

Öl ist für die meisten Menschen in armen Ländern zu teuer, deshalb verbrennen sie gesammeltes Holz.

Exportfrüchte wie Kakao werden an die reichen Länder verkauft, aber die Preise, die die armen Länder erhalten, sinken.

Beim Verbrennen entsteht CO_2. Bäume nehmen CO_2 auf.

Die Zunahme an CO_2 in der Luft führt zur Erderwärmung.

Wenn sich die Erde erwärmt, wird es zu Dürre und mehr Hunger kommen.

Für die meisten Schokoladensorten wird geworben, sodass noch mehr verkauft wird.

„Du kaufst eine Tafel Schokolade"

Die einzelnen Aussagen werden ausgeschnitten und auf Karten geklebt. Die Karten sollen in eine sinnvolle Struktur gebracht werden, die die Auswirkungen und Folgen beim Kauf einer Tafel Schokolade deutlich machen. Dabei sollen verschiedene Betrachtungsebenen unterschieden werden.

Vgl. Eine Welt für alle (Hrsg.). Umwelt und Entwicklung. Unterrichtsmaterial. Köln 1992.

Die Werbung zeigt reiche und glückliche Menschen, die das jeweilige Produkt konsumieren.

Zu viel Schokolade ist schlecht für die Gesundheit.

Den Menschen wird eingeredet, noch mehr Geld auszugeben und dies kann zu deren privater Verschuldung führen.

Viele arme Länder verschulden sich zunehmend.

Arme Länder müssen Erdöl und die meisten industriell gefertigten Güter kaufen.

Kakao wird bis nach Europa gebracht, ehe hier daraus Schokolade gemacht wird.

Die weltweiten Erdöllager werden aufgebraucht und das Erdöl wird teurer.

Die meiste aus Öl und Kohle gewonnene Energie wird in den reichen Ländern verbraucht.

Die Erdölverschmutzung hat dem Leben im Meer und den Menschen schon sehr geschadet.

Schokolade wird in Europa in Fabriken hergestellt.

Schokolade wird in viel Papier gepackt, das auch in Fabriken hergestellt wird.

Die Verpackung führt zu viel Abfall.

Der Abfall muss verbrannt oder entsorgt werden.

Große Waldgebiete in Europa wurden (durch die Anpflanzung von Pinienwäldern) zu Produktionsstätten für die Papierindustrie.

Szenarios

In einem Szenario wird ein allgemeines Problem in einem konkreten Fall geschildert, das unter einer bestimmten Fragestellung bearbeitet werden soll.

Die Bearbeitung wird in Form einer Gruppendiskussion durchgeführt. Die Gruppe soll nach der vereinbarten Zeit die Antworten auf die Fragen abliefern und über ihre Überlegungen und Begründungen informieren. Im Plenum werden die Antworten verglichen.

Ablauf

▲ Aufteilung der Teilnehmerinnen und Teilnehmer in Kleingruppen (5 bis 8 Personen).
▲ Vorlesen und Verteilen des Szenarios.
▲ Vorlesen und Verteilen der Fragestellung.
▲ Gruppenarbeit, die Gruppe soll zu einem Ergebnis kommen.
▲ Auswertung im Plenum.

Diese Methode ermöglicht eine intensive Auseinandersetzung mit einem Thema sowie das Formulieren eigener Ansichten. Sie erfordert gleichzeitig eine Begründung der Meinung sowie das Eingehen auf die Argumente der anderen.
Kommt die Gruppe zu keiner einheitlichen Meinung, so müssen die verschiedenen Meinungen im Plenum dargestellt werden. Es ist hilfreich, wenn die Gruppe ihre wichtigsten Punkte auf einer Wandzeitung festhält.

Variation

Dilemmata diskutieren
Moralische Dilemmata sind dadurch gekennzeichnet, dass nicht sofort ersichtlich ist, welche Entscheidung menschlich und moralisch gerechtfertigt ist. Hinzu kommt der pragmatische Aspekt, ob eine als ethisch notwendig begründete Handlung in der entsprechenden Situation tatsächlich auch durchführbar ist, bzw. welche Konsequenzen damit verbunden sind (siehe Arbeitsmaterial 2).

Mögliche Vorgehensweisen
▲ Der Text wird vor der gesamten Klasse vorgetragen und gemeinsam diskutiert.
▲ Der Text wird vorgelesen. In Kleingruppen werden Lösungsmöglichkeiten diskutiert und anschließend vor der gesammten Klasse vorgestellt.
▲ Der Text wird vor der gesamten Klasse vorgetragen. Zwei Schüler vertreten je eine extreme aus dem Text ersichtliche Position (Pro-Kontra) und disktuieren vor der Klasse. Dabei ist es hilfreich, wenn abwechselnd immer nur ein Argument vorgebracht werden darf.

40–60

Stufen der Rücksichtnahme in der Ethik

1. Jeder nimmt nur auf sich selber Rücksicht.
2. Jeder nimmt außer auf sich selber auf seine Familie, Freunde und Bekannten sowie auf ihre unmittelbaren Vorfahren Rücksicht.
3. Jeder nimmt auf sich selber, die ihm Nahestehenden und seine Mitbürger bzw. das Volk, zu dem er gehört, einschließlich des unmittelbaren Erbes der Vergangenheit Rücksicht.
4. Jeder nimmt auf sich selber, die ihm Nahestehenden, das eigene Volk und die heute lebenden Generationen der ganzen Menschheit Rücksicht.
5. Jeder nimmt auf sich selber, die ihm Nahestehenden, das eigene Volk, die heutige Menschheit, alle Vorfahren und die Nachgeborenen Rücksicht, also auf die Menschheit insgesamt.
6. Jeder nimmt auf die Menschheit insgesamt und alle bewusst empfindenden Lebewesen (Individuen und Arten) Rücksicht.
7. Jeder nimmt auf alles Lebendige (Individuen und Arten) Rücksicht.
8. Jeder nimmt auf alles Rücksicht.

Klaus M. Meyer-Abich: Wege zum Frieden mit der Natur. © 1984 Carl Hanser Verlag München/Wien, S. 23.

Szenario Umweltschutz

Nach einem Sommer, in dem sich die Smog-Alarme und die Ozon-Warnungen in Deutschland gehäuft haben, will die Bundesregierung ein Aktionsprogramm zum Umweltschutz, das eine Vielzahl von Sofortmaßnahmen umfasst, beschließen.

Ziel des Programms ist vor allem, die von vielen Wissenschaftlern prognostizierte Zerstörung der Ozon-Schicht und die damit verbundenen klimatischen Veränderungen abzuwehren. Das Aktionsprogramm umfasst einen breiten Katalog von Einzelmaßnahmen, die von der Reduzierung des Autoverkehrs bis hin zu Subventionen für den Regenwald in Südamerika reichen.

Folgende Maßnahmen treffen die Bürger ganz direkt:
Sonntagsfahrverbot, drastische Erhöhung der Benzinpreise, Geschwindigkeitsbeschränkung auf Autobahnen auf 120 km/h, Zulassungsbeschränkungen für Zweitwagen, Sperrung der Innenstädte für den Autoverkehr. Finanziert werden diese und weitere Umweltschutzmaßnahmen über eine für jeden spürbare Sonderabgabe. Die Pläne der Bundesregierung lösen in der Bevölkerung erhebliche Diskussionen aus.

Fragen

1. Stellen Sie sich vor,
   Sie würden mit Freunden über dieses Programm diskutieren. Welche Haltung würden Sie einnehmen, wie würden Sie sie begründen?
2. Wodurch kann es überhaupt zu einer
   solchen Situation kommen, wer ist Ihrer Meinung nach verantwortlich dafür?

Erfahrungen

Wie es scheint, zeigen diejenigen, die sich für Umweltfragen interessieren, auch erhöhte Handlungsbereitschaft in Hinblick auf Umweltschutz. Die große Mehrheit (etwa 80 %) ist „Feuer und Flamme" für die doch recht rigorosen Maßnahmen, einem Teil der Befragten gehen sie sogar nicht weit genug.

Dies schlägt sich in Äußerungen nieder wie:

„Wir haben nur eine Welt für alle, wir müssen zu ihrer Erhaltung beitragen."

„Ohne radikale Maßnahmen werden die Menschen nicht umdenken, nicht handeln."

Als wichtigste Bedingungen für die Akzeptanz eines solchen Programms werden das Angebot von Alternativen, wie z. B. der Ausbau und Verbilligung des öffentlichen Nahverkehrs gesehen sowie Berücksichtigung des Verursacherprinzips und die Berücksichtigung sozialer Komponenten (Staffelung von Abgaben nach Einkommen).

Bei der Zuweisung von Verantwortung für die Situation im Umweltbereich fassen sich die meisten „an der eigenen Nase": Jeder Einzelne / wir alle (als Autofahrer, als Verbraucher) sind verantwortlich, meint die Mehrheit.

Zu der im Szenario geschilderten Situation konnte es nach Meinung der Befragten kommen, weil u. a. die Bürger zu sorglos und bequem sind, adäquate Gesetze fehlen und Konsum- und Profitdenken vorherrschen.

Nach: Christian Heiliger / Karin Kürten: Jugend '92: Ergebnisse der IBM-Jugendstudie. In: Institut für Empirische Psychologie (Hrsg.): Die selbstbewußte Jugend. Orientierungen und Perspektiven zwei Jahre nach der Wiedervereinigung. Die IBM-Jugendstudie '92, Köln 1992, S. 119–123.

Szenarios

Arbeitsmaterial – 2

Szenario zum Asylrecht

In einer Kleinstadt sind ca. 60 Asylsuchende in einem leer stehenden Schulgebäude untergebracht. Seit Jahren gibt es verschiedene Bürgerinitiativen, die eine Verwendung des Gebäudes für ihre Zwecke fordern. So will z. B. eine Elterninitiative die Räume für einen dringend erforderlichen Kindergarten nutzen. Die Stadtverwaltung sieht aber gegenwärtig keine andere Unterbringungsmöglichkeit für die Asylsuchenden. Der Unmut der Bevölkerung wächst von Tag zu Tag; es ist schon vorgekommen, dass rechtsradikale Gruppen Fensterscheiben des Gebäudes eingeworfen haben.

Fragen

1. Welchen Lösungsvorschlag haben Sie für die oben beschriebene Situation?
2. Von welchen Stellen ist Rat und Hilfe zu erwarten?
3. Wodurch kann es überhaupt zu einer solchen Situation kommen, wer ist Ihrer Meinung nach verantwortlich dafür?

Erfahrungen

In diesem Szenario wird ein Konflikt entworfen, bei dem die Interessen der Bürgerinnen und Bürger konkret gegen die von Asylsuchenden stehen.

- ▲ Ein Teil der Jugendlichen, die sich mit dem Szenario auseinander gesetzt haben, ist dem Konflikt ausgewichen: Sie schlagen in vielen Varianten vor, einen anderen Unterbringungsort für die Asylsuchenden zu finden – was ja zumindest für den Moment im Szenario ausgeschlossen war.
- ▲ Eine weitere, etwa gleich große Gruppe beschäftigte sich auch nicht direkt mit Lösungsmöglichkeiten, sondern denkt grundsätzlich darüber nach, wie solche Situationen (zukünftig) zu vermeiden wären. Die Tendenz geht hier insgesamt dahin: politisches Asyl ja, aber die Zahl der Anerkennungen mit möglichst strengen Gesetzen möglichst klein halten.
- ▲ Eine dritte Gruppe stellt sich angesichts der Konfliktsituation des Szenarios auf die Seite der Elterninitiative und gegen die Interessen der Asylsuchenden.
- ▲ Es gibt aber auch die Gruppe derjenigen, die sich im Konfliktfall auf die Seite der Asylsuchenden stellen würden, das Grundrecht auf politisches Asyl verteidigen und versuchen, Wege aus dem Dilemma zu finden.

Auffällig ist in der Bearbeitung des Szenarios die häufige Gleichsetzung der Begriffe „die Ausländer“ und „die Asylanten“, d. h., hier werden keine oder wenig Unterschiede gemacht, alles geht auf in einer allgemein ablehnenden Grundhaltung.

Nach: Christian Heiliger / Karin Kürten: Jugend ’92: Ergebnisse der IBM-Jugendstudie, a. a. O., S. 138 ff.

Dilemmata diskutieren

Als Zeuge bei Folteraktionen

Was macht dieser halbe Meter Gartenschlauch auf dem grauen Schreibtisch? Es ist wie bei einem Intelligenztest: Welcher der folgenden Begriffe tanzt aus der Reihe – Schreibtisch, Bürostuhl, Neonlampe, Gartenschlauch, Papierkorb, Telefonapparat? Der Gartenschlauch tanzt eben nicht aus der Reihe, nicht bei der Kriminalpolizei in Gabuns Hauptstadt Libreville. Während vor mir ein Beamter mit aufreizender Langsamkeit ein Protokoll über den Raubüberfall vom Abend vorher aufnimmt, klärt sich hinter mir die Frage, warum hier Gartenschlauch-Stücke mit der gleichen Selbstverständlichkeit auf den Schreibtischen herumliegen wie Telefonbücher, zugleich wird deutlich, warum in diesem Kellergeschoss so viele junge Männer nur mit kurzen Sporthosen bekleidet sind. Wie verhält man sich als aufgeklärter Mitteleuropäer, wenn man Zeuge eines Verhörs à la gabonaise wird? Beruhigt man sich damit, dass es immerhin um eine Mordsache geht? Schreit man auf, schreitet man ein? Oder fährt man bei jedem Hieb zusammen und denkt: Nichts wie raus hier?

Wolfgang Kunath: Manchmal vergehen einem Hören, Sehen und Fühlen. Der Berichterstatter in Afrika zwischen Nähe und Distanz. In: Frankfurter Rundschau, 25. 2. 1995.

Hinsehen oder wegschauen?

Als ich noch in New York lebte, hatte ich einen merkwürdigen Streit, er liegt viele Jahre zurück. Es war eine Art Wettstreit über die „richtige“ Moral. Ein Mann, den ich kaum kannte, hatte mir erzählt, er sei gerade von der heruntergekommenen Westseite New Yorks auf die elegante Ostseite umgezogen. „Ich konnte es nicht mehr ertragen“, sagte er, „jeden Abend über Drogenkranke und Betrunkene zu stolpern, bevor ich nach Hause kam, jeden Abend das Elend zu betrachten, gegen das ich machtlos war, jeden Abend mit einem schlechten Gewissen in meine schöne Wohnung zu kommen. Ich bin geflohen.“
„Und jetzt“, fragte ich ihn, „haben Sie jetzt ein besseres Gewissen, weil Sie die Not nicht mehr sehen müssen? Betäuben Sie sich tröpfchenweise mit dem Narkotikum heile Welt, um das Schuldgefühl einzuschläfern? Stumpfen Sie ab und fühlen sich wohl dabei?“ (...) Mein „gerechter“ Zorn tobte sich selbstgerecht aus. Natürlich lebte ich auf der schäbigen Seite der Stadt.
„Und Sie“, unterbrach er mich schließlich, „Sie benutzen das Elend der anderen doch nur, um sich selber wach und sensibel zu fühlen. Sie fahren im gemeinsamen Mief in der Untergrundbahn, Sie fühlen mit den Ausgeschlossenen und Unglücklichen, die am Broadway herumhängen, Sie geben diesem oder jenem vielleicht ein paar Cents oder gar einen Dollar und kommen als guter Mensch in Ihrer schönen Wohnung an. Sie sind doch viel verheuchelter als ich. Ihre Moral ist fadenscheinig und überdies voyeuristisch.“
Und heute? Muss man, darf man überhaupt jeden Abend verblutete oder verhungerte Kinder ansehen? Stimmt nicht eher das Gegenteil? Muss man nicht immer mehr Bilder ausblenden, um sich Empfindungen zu bewahren, um nicht abzustumpfen? Muss man sich nicht wehren gegen die angeblich umfassende Information? Muss man nicht viel mehr Tulpensträuße als Kriegstote ansehen, um selbst lebendig zu bleiben? Der gute Mensch schaut hin? So einfach ist das schon lange nicht mehr.

Gabriele von Arnim: Hinsehen oder wegschauen. Der schwierige Umgang mit den Bildern des Grauens im Fernsehen. In: Die Zeit, 17. 2. 1995.

Abschieben – selbst wenn Folter und Tod drohen?

Wie sollen wir umgehen mit Ausländern, die auf unseren Straßen ihre politischen Händel gewaltsam austragen? Und die vorbringen, sie hätten zu Hause um Leib und Leben zu fürchten.
Einsperren oder ausweisen? Theo Sommer plädierte in der vorigen Woche an dieser Stelle für Abschiebung, auch wenn den Betroffenen Folter oder gar Tod drohe: „Selbst wenn dies so ist: Müssen wir uns daraus eine Gewissensfrage machen? Ist es wirklich illiberal zu verlangen, dass die Terroristen von links und rechts selber sich diese Frage nach den Konsequenzen ihres Handelns rechtzeitig vorlegen?“ (...)
Sobald sich ein Mensch, und sei es der übelste Verbrecher, wehrlos in der Gewalt unseres Staates befindet, ist es unter allen Umständen verboten, das Leben oder die körperliche Integrität dieser Person anzutasten.
Daraus folgt aber auch, dass unser Staat solche wehrlos gestellten Menschen nicht Staaten aushändigen darf, in denen ihnen Folter oder Todesstrafe drohen.

Robert Leicht: Frage ans Gewissen. In: Die Zeit, 7. 4. 1995, S. 1.

Polaritätsprofil

Polaritätsprofile sind Hilfsmittel, um Eigenschaften sichtbar zu machen, die eine Person oder Gruppe einer anderen Person oder Gruppe zuschreibt.
Auf Nationen bezogen, werden diese Eigenschaften als nationale Stereotype bezeichnet (die Deutschen, die Franzosen usw.).

Polaritätsprofie können angefertigt werden von

- ▲ lebenden Personen (z. B. Politikern),
- ▲ geschichtlichen Personen,
- ▲ literarischen Personen (z. B. Katharina Blum),
- ▲ fiktiven Gestalten (Superman),
- ▲ Personengruppen
  (Arbeitgeber, Soldaten, Zivildienstleistende, Frauen, Männer ...),
- ▲ Volksgruppen und Nationen
  (Sinti und Roma, Bayern, Italiener, Deutsche ...).

Dabei besteht immer die Wahl zwischen Gegensatzpaaren wie z. B. **schön–hässlich** oder **gut–böse**. Diese Wahl muss jedoch nicht absolut getroffen werden, sondern kann abgestuft sein.

Das als Kurve auszuzeichnende Profil zeigt dann auf einen Blick, ob eine Person eher als „negativ“ oder „positiv“ eingeschätzt wird. Die Kurve verrät etwas über das öffentliche Bild der charakterisierten Person, aber auch über die beurteilende Person.

Selbstbilder und Fremdbilder

Mit Hilfe des Polaritätenprofils können sowohl Selbst- oder Eigenbilder als auch Fremdbilder ermittelt werden.

Selbstbild:
Das Bild, das sich die Befragten von den Mitgliedern der eigenen Gruppe machen.

Fremdbild:
Das Bild, das sich die Befragten von den Mitgliedern einer fremden Gruppe machen.

Interessante Erkenntnisse über Voreinstellungen und Vorurteile erhält man, wenn Selbst- und Fremdbilder aus zwei Gruppen verglichen werden (vgl. Erfahrungsbericht).

Der Vergleich von Polaritätsprofilen kann leicht mit Hilfe eines Tageslichtprojektors anschaulich gemacht werden, indem mehrere Profile auf Folie kopiert und übereinander gelegt werden.
Die Profile einer Gruppe können jedoch auch als Mittelwerte (mit den jeweiligen extremen Abweichungen) auf ein gesondertes Blatt übertragen werden.

Werden solche Fragebögen für eine größere Gruppe eingesetzt, so können die Ergebnisse auf Datenträger übernommen und durch einen Computer ausgewertet werden.

Die Volksmeinungen in Deutschland und Israel über typische Eigenschaften

Die Deutschen sollten sich über die Eigenschaften der Juden in Israel, diese sollten sich über die Eigenschaften der Deutschen äußern. Es wurden jeweils 22 Eigenschaftspaare genannt (Beispiel: „bescheiden – überheblich“). Die Befragten konnten ein Kreuz in eines von sieben Kästchen setzen und so differenzieren. Das Schaubild zeigt die Mittelwerte. Liegt der Mittelwert links von dem Wert 4, so überwiegt die positive Meinung, rechts von dem Wert 4 überwiegt die negative.

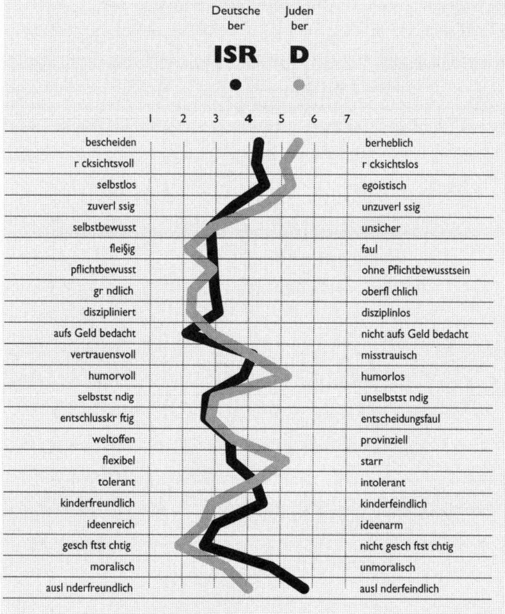

Quelle: Der Spiegel, Nr. 3/1992

Polaritätsprofil

Arbeitsmaterial

Polaritätsprofil für:

. . . .

	trifft zu			trifft zu		
	voll	teilweise	weder – noch	teilweise	voll	
hart						weich
stark						schwach
empfindlich						dickfellig
draufgängerisch						gehemmt
kühl						hitzig
zerfahren						bedächtig
nüchtern						verträumt
wild						sanft
aktiv						passiv
großzügig						knauserig
hilfsbereit						egoistisch
friedlich						angriffslustig
nachgiebig						streng
gesellig						zurückgezogen
unterwürfig						herrisch
mitleidlos						mitleidig
gesund						krank
jung						alt
schön						hässlich
erfolgreich						erfolglos
energisch						schlapp
zielstrebig						planlos
rein						unrein
strahlend						finster
frisch						vergammelt
heiter						bedrückt
vergnügt						missmutig
munter						müde
mutig						feige
ehrlich						verlogen
freundlich						feindlich
sympathisch						unsympathisch
liebenswert						hassenswert
gut						böse

Polaritätsprofil

Erfahrungen

Einsatz von Polaritätsprofilen im Rahmen des Deutsch-Französischen Schüleraustausches

Um herauszubekommen, welche Eigenschaften den Bewohnern des jeweiligen Nachbarlandes zugeschrieben werden, haben wir 51 Schülern des Lycé Mounier in Grenoble und des Paracelsus-Gymnasiums in Stuttgart-Hohenheim einen Fragebogen mit 33 Gegensatzpaaren vorgelegt.

Auf einer Skala mit 5 Punkten sollte angekreuzt werden, wie sehr die Eigenschaften auf Franzosen bzw. Deutsche zutreffen. Die Befragung wurde jeweils vor und nach dem Austausch bei allen beteiligten Schülern durchgeführt. Um gewisse Routinen beim Ausfüllen der Fragebögen auszuschließen, haben wir die Position der Gegensatzpaare abwechselnd links positiv, rechts negativ – und umgekehrt – aufgelistet.

Bei der Auswertung wurde diese Reihenfolge wieder so geändert, dass links durchgehend positiv besetzte Eigenschaften stehen. Allerdings stellt diese Polung eine subjektive Vorgabe dar, weil durchaus umstritten sein kann, ob die Eigenschaft „nüchtern“ oder „genusssüchtig“ positiv besetzt ist.

Bei der Übersetzung (und Auswertung) muss berücksichtigt werden, dass dasselbe Wort, jeweils in völlig verschiedenem kulturellen Kontext eingebettet ist.

Die Ergebnisse

Die französischen Schülerinnen und Schüler sind s ich generell weniger einig als die deutschen, d. h., ihre Antworten streuen breiter.

Die errechneten Mittelwerte sind daher bei einer Reihe von Begriffspaaren (u. a. locker–steif, demokratisch–undemokratisch, fleißig–faul) nicht aussagekräftig. Bei diesen Begriffspaaren kann es sich also jeweils nicht um Stereotypen handeln, weil sich hier sehr individualistische Einstellungen äußern (siehe S. 197).

Aussagekräftig sind die extremen Kurvenausschläge. Demnach werden den Franzosen von den Deutschen besonders „locker“, „gastfreundlich“ und „kontaktfreudig“ als positive Eigenschaften nachgesagt. Eher negativ wird angekreidet, sie seien „verschwenderisch“, „nicht umweltbewusst“, „sprachunbegabt“ und „genusssüchtig“.

Die Einstellungsäußerungen, die sich bei den deutschen Schülerinnen und Schülern durch den Schüleraustausch ergaben, sind gering. War vor dem Austausch die durchschnittliche Bewertung der Franzosen bei 2,5 gelegen, so verschiebt sie sich nach dem Austausch leicht nach 2,7. Bei 10 von 33 Begriffspaaren gab es eine signifikante Veränderung. Alle gingen in die negative Richtung.

Vgl. Hans-Peter Biege u. a.: Deutsch-Französischer Schüleraustausch. Erfahrungen – Bewertungen – Anregungen. Landeszentrale für politische Bildung Baden-Württemberg, Stuttgart 1986, S. 16 ff, Auszüge.

Klischeehafte Bilder auf beiden Seiten

Käse, Baguette und Eifelturm bei den einen. Teure Autos und Zweiter Weltkrieg bei den anderen – das ist oft alles, was junge Deutsche und Franzosen übereinander wissen. Obwohl 81 Prozent der deutschen und 95 Prozent der französischen Jugendlichen ihre gegenseitige Beziehung als „ziemlich gut“ beschreiben, sind wechselseitige Kenntnisse oft mangelhaft. Dies zeigt eine Anfang 2003 in Paris veröffentlichte Studie des Deutsch-Französischen Jugendwerks.
Mit Frankreich verbinden junge Deutsche vor allem Kulinarisches: An erster Stelle steht das Stangenweißbrot (Baguette), dicht gefolgt von Käse und Croissant.
Nach den „Deutschen“ befragt, fanden über die Hälfte der jungen Franzosen überhaupt keine Antwort. Bei den übrigen ist das Bild stark historisch geprägt. Deutsche werden im Zusammenhang mit Europa gesehen, dann folgen Drittes Reich und Zweiter Weltkrieg und dicht dahinter die Qualität deutscher Autos. Nur 17 Prozent der Deutschen und 23 Prozent der Franzosen stufen ihre Kenntnisse der anderen Sprache als gut und sehr gut ein.

Vgl. Reutlinger General-Anzeiger, 18. 1. 2003, S. 4.

Polaritätsprofil

Erfahrungen

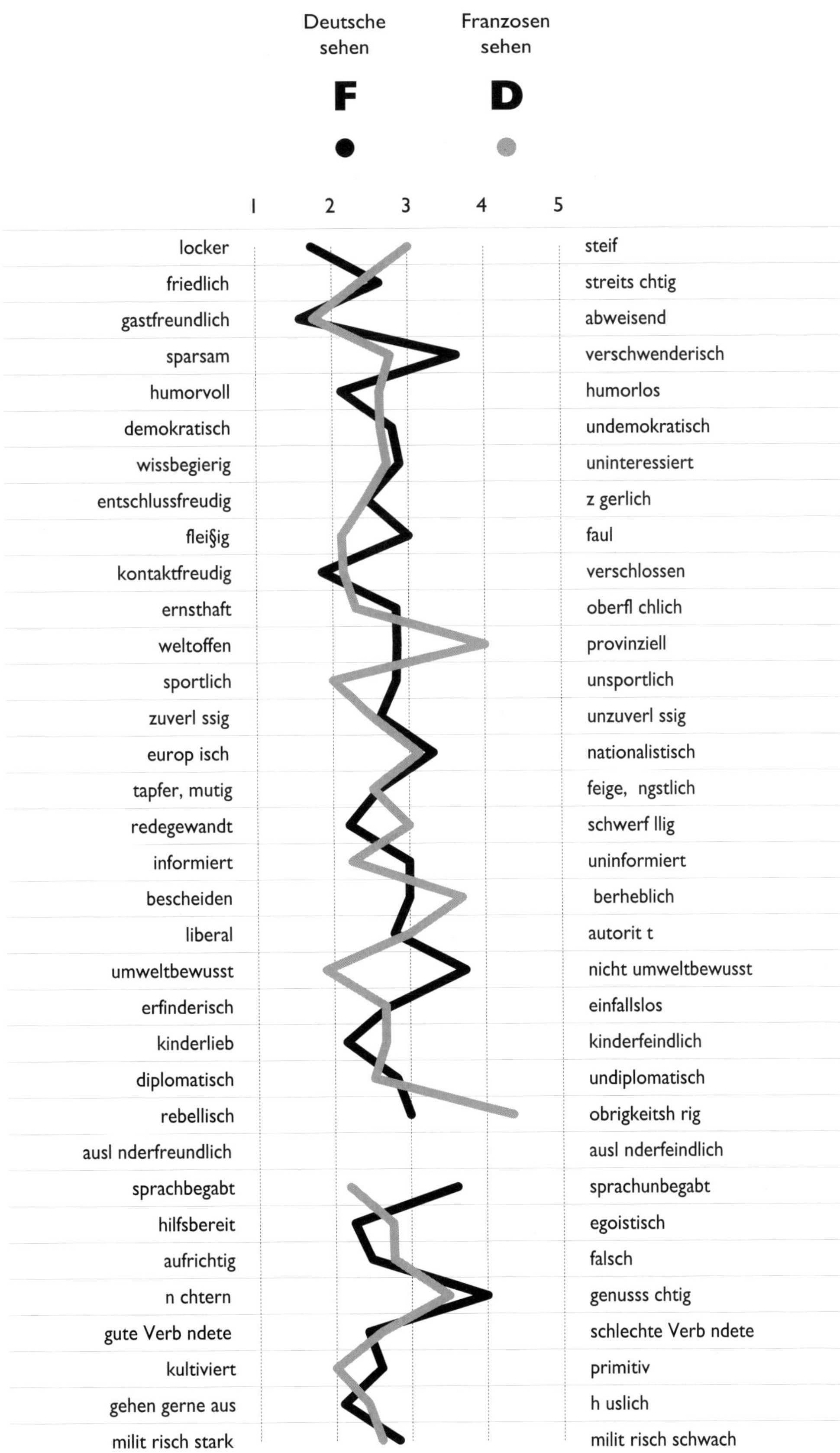

Dieses Polaritätsprofil wurde im Rahmen eines deutsch-französischen Schüleraustausches ausgefüllt.

Vgl. Hans-Peter Biege u. a.: Deutsch-Französischer Schüleraustausch. Erfahrungen – Bewertungen – Anregungen. Landeszentrale für politische Bildung Baden-Württemberg, Stuttgart 1986.

Rätsel, Quiz, Ratespiele

Kreative Problemlösung
Textpuzzle
Fehlersuche
Schwedenrätsel
Infopuzzle
Steckbriefe erraten
Suchaufgaben

Rätsel und Ratespiele sind in allen Altersgruppen sehr beliebt.
Die Lust am Raten und Kombinieren kann auch gezielt für die Auseinandersetzung mit Themen eingesetzt werden.

Dabei geht es nicht um „Sieg oder Niederlage" und auch nicht um „richtig oder falsch", sondern um den Prozess der Auseinandersetzung mit einer Aufgabe.

Bei der Einführung dieser Spiele muss vermieden werden, dass die Teilnehmerinnen und Teilnehmer das Gefühl bekommen, ab- oder gar ausgefragt zu werden oder sich in einer Prüfungssituation zu befinden.
Der spielerische, ungezwungene Umgang mit Rätseln und Kombinieraufgaben kann Kreativität freisetzen und das eigene Engagement, sich mit einem Problemfeld zu befassen, fördern.

Kreative Problemlösung

Kreative Problemlösungen sind in der Bildungsarbeit immer gefragt. Sie zeichnen sich dadurch aus, dass sie herkömmliche lineare Denkstrukturen verlassen und völlig neue Wege suchen, die quasi quer zu den herkömmlichen liegen.

Dies zu erkennen und zu üben kann nicht nur Spaß machen, sondern auch mit vielfältigen „Aha-Erlebnissen" über die eigenen Denkblockaden verbunden sein.

Besonders zu Beginn einer Arbeitseinheit oder nach einer Pause können Aufgaben zur kreativen Problemlösung dazu beitragen, eine konzentrierte und dennoch entspannte Atmosphäre zu schaffen.

Während sich verschiedene Denksportaufgaben wie das „Neun-Punkte-Problem" oder das „Zahlenproblem" ohne Vorbereitung durchführen lassen, müssen bei anderen, wie z. B. beim „Reiter-Problem", Kopien für alle Teilnehmerinnen und Teilnehmer vorbereitet werden.

Das Zahlenproblem

Nach welchem Ordnungskriterium sind folgende Ziffern geordnet

8 3 1 5 9 6 7 4 2

Ordnungskriterium ist die alphabetische Sortierung, wenn die Ziffern ausgeschrieben werden: acht, drei, eins, fünf, neun, sechs, sieben, vier, zwei.

Das Buchstabenproblem

Wie geht diese Reihe weiter?

O T T F F _

O T T F F S (one, two, three, four, five, six)

Das Neun-Punkte-Problem

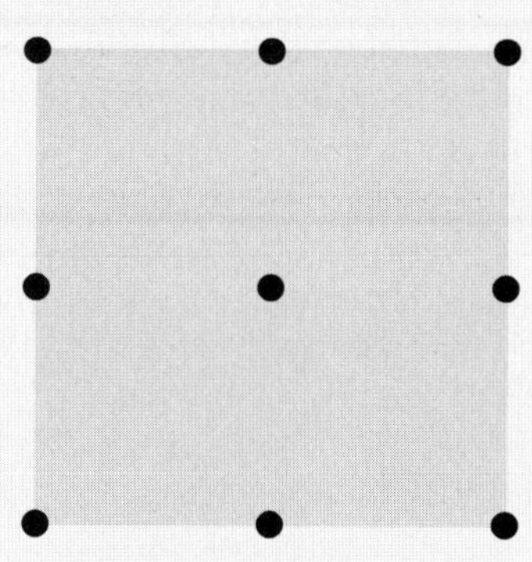

Diese neun Punkte sollen durch vier gerade Linien so verbunden werden, dass alle Punkte berüht werden. Der Zeichenstrich darf dabei nicht abgesetzt werden. Kein Punkt darf doppelt berührt werden. Überkreuzungen sind erlaubt.

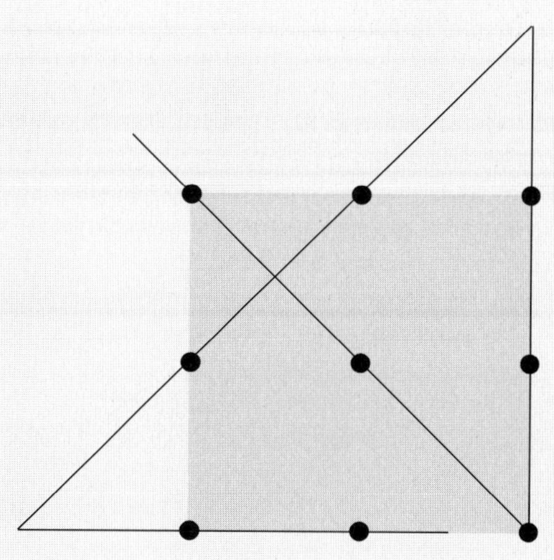

Das Probem kann nur gelöst werden, wenn die immaginäre Begrenzung durch die Punkte überschritten wird.

Kreative Problemlösung

Arbeitsmaterial

Das Reiter-Problem

Die unten abgebildete Vorlage wird kopiert und ausgeschnitten. Jede Teilnehmerin und jeder Teilenehmer erhält also zwei Pferde und zwei Reiter (auf insgesamt drei Streifen Papier).

Die Aufgabe besteht darin, die Reiter und die Pferde so zu legen, dass jeder Reiter auf einem Pferd reitet. Die Papierstreifen dürfen weder geknickt noch gefaltet oder zerschnitten werden.

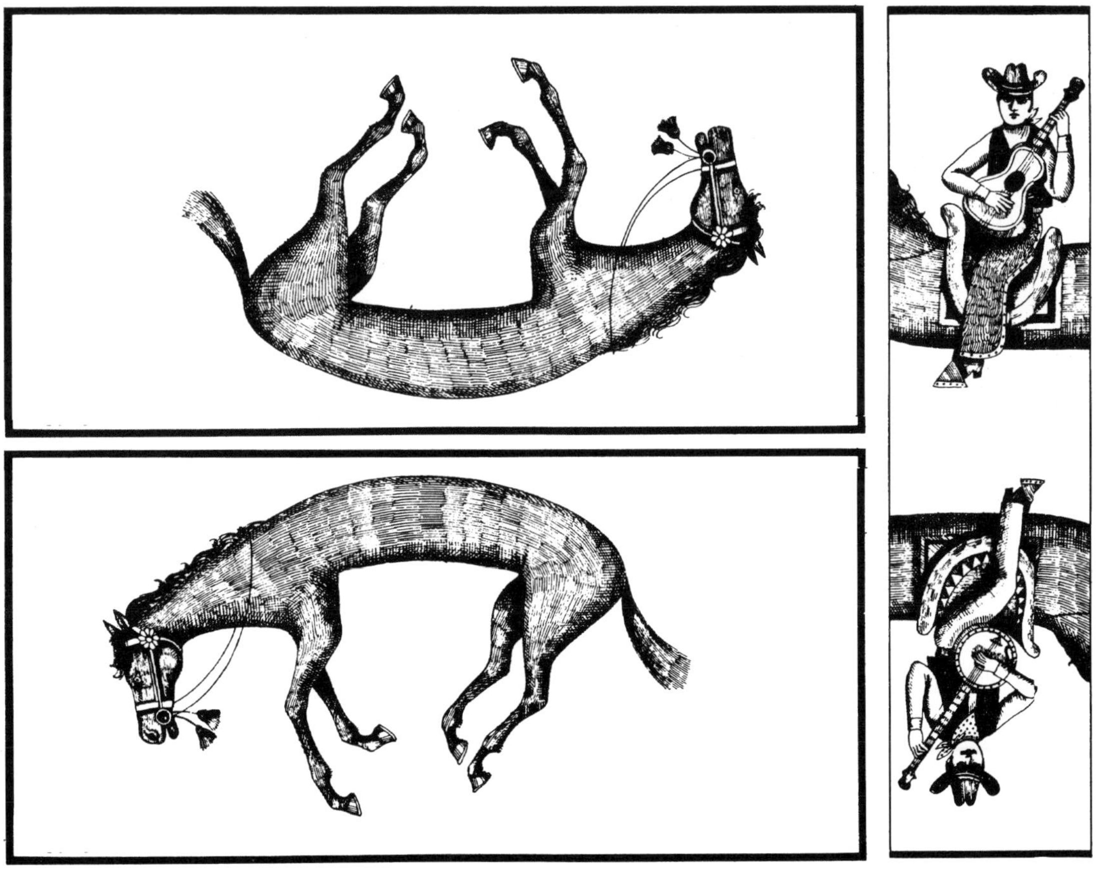

Lösung:
Die beiden Streifen mit den Pferden werden so gelegt, dass die Pferde Rücken an Rücken liegen.
Die Reiter werden nun quer zu den Pferden (also im 90-Grad-Winkel) genau auf die Rücken der Pferde gelegt.

Textpuzzle

Ein markantes Zitat, ein Ausspruch oder auch ein Absatz eines Gesetzestextes wird in seine einzelnen Worte zerlegt, aufgeschrieben und vergrößert. Jedes Wort befindet sich auf einem mindestens DIN-A5-großen Blatt Papier. Die Aufgabe besteht nun darin, den Text wieder richtig zusammenzusetzen.

Diese Methode kann als Einstieg in ein Thema gewählt werden. Sie hat den Vorteil, dass durch das Zusammensetzen des Satzes eine gewisse Neugier und Spannung geweckt wird, zumal, wenn das Zitat etwas komplizierter ist und sich nicht auf den ersten Versuch hin erschließt.
Statt einer Aussage kann auch eine These, die zum Widerspruch reizt, verwendet werden.
Bekannte Sprichwörter zu benützen hat den Nachteil, dass diese leicht zu erraten sind.
Gepuzzelt werden kann in kleinen Gruppen von je drei bis vier Personen.
Wenn der Gruppe die Lösung schwer fällt, empfiehlt es sich, den Themenkreis, aus dem das Zitat stammt, anzugeben (z. B. Politik, Religion, Umwelt).

Mögliche Weiterarbeit

Wird der Aussage, These usw. zugestimmt oder wird sie abgelehnt? Welche anderen Aussagen könnten gleiche Gültigkeit für sich beanspruchen? Von wem wird die Aussage vertreten? Wie lautet die Gegenposition?

Variationen

- ▲ Die einzelnen Worte des Satzes werden in der richtigen Reihenfolge, aber ohne Wortzwischenräume geschrieben. Dabei wird auch auf Groß- und Kleinschreibung verzichtet. Der Satz muss nun erlesen werden.
- ▲ Kleingruppen überlegen sich eine Kernaussage (These, Frage usw.) zum Thema und erstellen daraus ein Textpuzzle. Die verschiedenen Textpuzzles werden unter den Gruppen ausgetauscht, gelöst und diskutiert.

Beispiel

Aufgabe:
Markieren Sie die einzelnen Worte.

ALLEMENSCHENSINDFR
EIUNDGLEICHANW
ÜRDEUNDRECHTENGEB
ORENSIESINDMITVERNUN
FTUNDGEWISSENBEGAB
TUNDSOLLENEINAND
ERIMGEISTEDERBRÜD
ERLICHKEITBEGEGENEN

Allgemeine Erklärung der Menschenrechte, Art. 1.

Beispiel

Aufgabe:
Bringen Sie die folgenden Worte in die richtige Reihenfolge.

einen Lehre Tag

nie Hungernden mehr

Gib hungern Weisheit

einen er wird und

Fisch fischen einem

wird lang er ihn

und satt chinesische

Gib einem Hungernden einen Fisch, und er wird einen Tag lang satt. Lehre ihn fischen, und er wird nie mehr hungern.
Chinesische Weisheit

Textpuzzle
Arbeitsmaterial

Was ist Politik?

worden	nach	die
Max Weber	Politik	der
wieder	Mögliche	Möglichen
des	erreichte	nicht
wäre	Kunst	in
das	man	es
Unmöglichen	dass	bestätigt
ist	aber	begriffen
Erfahrung	nicht	immer
wenn	alle	
dem	Welt	

Xaver Fiderle 1983

Politik ist die Kunst des Möglichen, aber alle Erfahrung bestätigt es, dass man das Mögliche nicht erreichte, wenn nicht immer wieder in der Welt nach dem Unmöglichen gegriffen worden wäre.

Max Weber

Fehlersuche

Aus einer Auflistung von jeweils sechs (oder auch mehr) Begriffen soll derjenige herausgesucht werden, der in dieser Aufzählung nichts zu suchen hat.

Die Auswahl soll begründet werden. Ein Arbeitsblatt kann durchaus 15 bis 20 solcher Begriffszusammenstellungen umfassen.

Diese können zu allen Themen und in allen Schwierigkeitsgraden vorbereitet werden. Auf der Ebene von Wissen über europäische Städte und Länder ist das Arbeitsmaterial 2 angesiedelt. Arbeitsmaterial 1 ist historisch orientiert und bringt Begriffe aus dem Zusammenhang des Nationalsozialismus.

Diese Begriffe (Namen usw.) können dann in der weiteren Arbeit gemeinsam eingeordnet, geklärt und besprochen werden.

Vorgehensweise

- ▲ Erstellung des themenspezifischen Arbeitsblattes.
- ▲ Kopieren der Arbeitsblätter, entsprechend der Anzahl der Teilnehmerinnen und Teilnehmer.
- ▲ Jede Teilnehmerin und jeder Teilnehmer erhält ein Arbeitsblatt.
- ▲ Die Teilnehmerinnen und Teilnehmer füllen die Arbeitsblätter in Einzelarbeit aus.
- ▲ Die Lösung wird gemeinsam verglichen und besprochen.

10–15

Fehlersuche

Arbeitsmaterial – I

Thema: Nationalsozialismus

Welche Begriffe passen nicht zu den anderen?

1. SA, SS, HJ, EG, KZ, BDM

Begründung: ______________________________

____

____

2. Aufhebung des Versailler Vertrages, Meinungsfreiheit, Schaffung eines großdeutschen Reiches, Vernichtung der Juden, Kampf gegen die Kommunisten, Errichtung der deutschen Weltherrschaft

Begründung: ______________________________

____

____

3. Italien, USA, Japan, Deutschland, Ungarn, Rumänien

Begründung: ______________________________

____

____

4. Stauffenberg, Himmler, Scholl, Edelweißpiraten, Ossietzky

Begründung: ______________________________

____

____

5. Juden, Kommunisten, Homosexuelle, Zigeuner, Sozialisten, Großindustrielle

Begründung: ______________________________

____

____

6. Dachau, Birkenau, Berlin, Flossenbürg, Sachsenhausen, Auschwitz

Begründung: ______________________________

____

____

Nach: Geschichte, Erziehung, Politik, 11/91.

Auflösung

1. EG ist kein nationalsozialistischer Begriff.
2. Meinungsfreiheit war keine nationalsozialistische Zielsetzung.
3. Die USA waren mit Deutschland im Zweiten Weltkrieg nicht verbündet.
4. Himmler war kein Widerstandskämpfer.
5. Großindustrielle wurden von den Nazis nicht verfolgt.
6. In Berlin war kein nationalsozialistisches Konzentrationslager.

Fehlersuche

Arbeitsmaterial – 2

Thema: Europa

Jedem Land sind jeweils fünf Begriffe zugeordnet.
Dabei ist einer immer unpassend. Finden Sie ihn?

1.	**Italien**	Rom, Lombardei, Napoli, Patras, Macchiavelli
2.	**Frankreich**	Bordeaux, Rhone, Calais, Kreta, Sartre
3.	**Spanien**	Balearen, Sevilla, Ebro, Korsika, Jerez
4.	**Portugal**	Algarve, Mondego, Alhambra, Faro, Lissabon
5.	**Holland**	Haarlem, Harz, Jsselmeer, Texel, Maastricht
6.	**Belgien**	Brüssel, Gent, Lille, Ostende, Lüttich
7.	**Luxemburg**	Lüneburg, Esch, Luxemburg, Wiltz, Gutland
8.	**Dänemark**	Kopenhagen, Jütland, Fünen, Helgoland, Limfjord
9.	**England**	Themse, Tower, Cornwall, Brest, Norfolk
10.	**Irland**	Cambridge, Araninseln, Dublin, Cardiganbai, Cork
11.	**Griechenland**	Aristoteles, Piräus, Cicero, Peloponnes, Athos
12.	**Deutschland**	Jena, Teutoburger Wald, Main, Westfriesische Inseln, Kant

Streicht man die unpassenden Begriffe und diejenen der beiden Länder, die erst seit 1986 der Europäischen Gemeinschaft angehören, so ergeben

der 1. Buchstabe des 21. Begriffes,
der 2. Buchstabe des 26. Begriffes,
der 1. Buchstabe des 12. Begriffes,
der 3. Buchstabe des 2. Begriffes,
der 5. Buchstabe des 30. Begriffes,
der 4. Buchstabe des 33. Begriffes,
der 1. Buchstabe des 8. Begriffes,
der 2. Buchstabe des 19. Begriffes,
der 5. Buchstabe des 38. Begriffes,
der 3. Buchstabe des 14. Begriffes

das Lösungswort.
Gesucht wird ein Organ der EG:

Auflösung
Kommission (Patras / Kreta / Korsika / Alhambra / Harz / Lille / Lüneburg / Helgoland / Brest / Cambridge / Cicero / Westfriesische Inseln; Spanien und Portugal sind erst seit 1986 in der EG)

Landeszentrale für politische Bildung Baden-Württemberg (Hrsg.): Rätselhafte Politik. Demokratie querfeldein. Stuttgart 1993, S. 8.

Schwedenrätsel

In einem Buchstabenfeld werden Begriffe versteckt.

Dies kann waagrecht, senkrecht oder diagonal geschehen. Die versteckten Begriffe sollen herausgefunden werden. Die Begriffe (oder auch Jahreszahlen), die sich auf das Seminarthema bzw. einen speziellen Aspekt des Themas beziehen, sollten sorgfältigt überlegt und ausgewählt werden. Denn mit ihnen kann dann weitergearbeitet werden.

Auf diese Weise werden die Schlüsselbegriffe des Themas den Teilnehmerinnen und Teilnehmern bekannt gemacht.

Nach der Auflösung des Schwedenrätsels sollte die Bedeutung der einzelnen Begriffe kurz benannt werden. Gemeinsam kann dann weiter gehend überlegt werden, welche Begriffe für die weitere Arbeit zentral und welche unwichtig sind.

Schwedenrätsel können neben der Einzelarbeit auch gut zur Partnerinnen- und Partnerarbeit eingesetzt werden.

Zur Auflösung des Schwedenrätsels empfiehlt es sich, das Buchstabenfeld mit der Lösung auf Folie zu kopieren, damit die jeweiligen individuellen Lösungen verglichen werden können.

Erstellung eines Schwedenrätsels

- ▲ Zunächst sollten die Schlüsselbegriffe des Themas herausgefunden werden.
- ▲ Diese Schlüsselbegriffe werden dann in die Vorlage des Schwedenrätsels eingetragen. Die leeren Felder werden mit unsinnigen Buchstabenfolgen aufgefüllt.
- ▲ Je nach Schwierigkeitsstufe können auch Abkürzungen oder Jahreszahlen verwendet werden.

Variation

Als Kleingruppenaufgabe erstellen die Teilnehmerinnen und Teilnehmer ein Schwedenrätsel für die anderen Gruppen, in dem die Schlüsselbegriffe des Themas aus ihrer Sicht enthalten sind.

15–20

W	A	P	P	E	L	L	E	S	E
I	N	F	O	V	L	Z	R	A	T
D	M	A	N	D	A	T	E	M	T
E	R	I	C	H	T	V	I	T	O
M	W	I	S	S	K	R	E	U	Z
O	A	U	C	B	K	L	A	G	E
H	H	U	M	H	R	O	T	U	I
N	L	E	S	E	A	I	S	S	I
E	P	O	L	S	T	R	E	I	K
P	A	R	T	E	I	S	D	F	E

Schwedenrätsel

Beispiel

Thema: Politische Beteiligungsformen

W	A	P	P	E	L	L	E	S	E
I	N	F	O	V	L	Z	R	A	T
D	M	A	N	D	A	T	E	M	T
E	R	I	C	H	T	V	I	T	O
M	W	I	S	S	K	R	E	U	Z
O	A	U	C	B	K	L	A	G	E
H	H	U	M	H	R	O	T	U	I
N	L	E	S	E	A	I	S	S	I
E	P	O	L	S	T	R	E	I	K
P	A	R	T	E	I	S	D	F	E

In diesem Schwedenrätsel sind 11 Begriffe zum Thema **Politische Beteiligungsformen** versteckt. Suchen Sie diese Begriffe. Sie können waagrecht, senkrecht oder diagonal geschrieben sein.

Gesichtspunkte zur Weiterarbeit

Welche Beteiligunsformen fehlen? Welche wurden von den Teilnehmerinnen und Teilnehmer angewandt? Für wie effektiv werden die einzelnen Formen eingeschätzt?

Schwedenrätsel

Kopiervorlage

In diesem Schwedenrätsel sind ____________ **Begriffe**

zum **Thema** ____ versteckt.

Suchen Sie diese Begriffe. Sie können waagrecht, senkrecht oder diagonal geschrieben sein.

Infopuzzle

Zitate, Texte oder Bilder bestimmten Begriffen, Quellen, historischen Daten oder Personen zuzuordnen ist eine Aufgabe, die vielfältige Lernmöglichkeiten bietet.

Ein Zitat (oder mehrere) wird auf ein Arbeitsblatt geschrieben. Als Auswahl werden drei oder vier mögliche Quellen/Autoren angegeben. Die Teilnehmerinnen und Teilnehmer sollen nun den Text dem richtigen Autor bzw. der richtigen Quelle zuordnen. Dies kann mit historischen oder wissenschaftlichen Schlüsseltexten geschehen, mit Auszügen aus Reden oder Bundestagsdebatten oder mit Meldungen aus verschiedenen Tageszeitungen.

Anschaulich wird diese Methode, wenn zu den Autorennamen auch Bilder/Porträts, Lebensdaten usw. auf dem Arbeitsblatt abgebildet sind.

Die Zuordnung von Aussagen oder aber z. B. Artikel aus verschiedenen Landesverfassungen oder Gesetzen zu Quellen kann auch in Form einer Tabelle geschehen. Zum Beispiel sollen Artikel aus dem Grundgesetz und aus der amerikanischen Verfassung oder Auszüge aus Parteiprogrammen richtig zugeordnet werden.

Bildern über historische oder auch aktuelle politische Ereignisse können Zeitungsmeldungen zugeordnet werden, oder sie werden einfach in eine chronologische Reihenfolge gebracht.

Die Methode kann auch als „Fehlersuchmethode" angewendet werden, indem z. B.

- ▲ aus einer Reihe von Zitaten eines Autors ein „falsches" herausgefunden werden muss;
- ▲ aus einer Anzahl von Bildern dasjenige markiert werden muss, das nicht zum Thema passt.

ca. 15

Infopuzzle

Arbeitsmaterial – I

Thema: Rechtsextremismus

Ordnen Sie die Aussagen den richtigen Begriffen zu.

Neonazis	Neo-faschisten	Rechts-extremisten	Neuer Nationalis-mus	National Freiheitliche / National-demokraten	Rechts-terrorismus

1

Antisemitismus und Judenvernichtung wird als Abweichung vom ansonsten richtigen faschistischen Weg abgelehnt. Unter Anwendung sozialrevolutionärer Parolen wird für die Wiederherstellung faschistischer Herrschaft oder (in ihren Worten) dem einzig wahren „Volkssozialismus" eingetreten.

2

Halten heute die Ideologie und die gesellschaftlichen und politischen Verhältnisse des Nationalsozialismus für verteidigungswürdig und nachahmenswert bzw. verherrlichen diese in ihren Schriften und Taten.

3

Terroranschläge mit rechtsextremistischem Hintergrund.

4

Diese zahlenmäßig stärkste Gruppe verfügt über ein geschlossenes Weltbild. Im Gegensatz zu anderen Gruppen treten ihre Anhänger „nur" als statistische Größe bei Wähleruntersuchungen auf oder aber als Mitglieder von Organisationen, die nach außen den Anschein erwecken, als verfolgten sie keine verfassungsfeindlichen Ziele.

5

Die Anhänger dieser Gruppe streben einen von Führerprinzip und Elitedenken bestimmten autoritären bzw. totalitären großdeutschen Staat nach der Ideologie und dem Programm der historischen „Nationalsozialistischen Deutschen Arbeiterpartei (NSDAP)" an. Bis 1982 waren Adolf Hitler und sein „Drittes Reich" die unbestrittenen Leitbilder dieser Gruppe. Seitdem nimmt die Zahl ihrer Anhänger zu, die sich als „Nationalrevolutionäre" in der Nachfolge der Brüder Strasser sehen. Sie kritisieren Hitler und werfen ihm vor, er habe den Nationalsozialismus verraten.

6

Trotz aller Lippenbekenntnisse zur Verfassung der Bundesrepublik Deutschland bekämpfen sie weiterhin die freiheitlich-demokratische Grundordnung. Im Gegensatz zu den Neonationalsozialisten läuft ihr Wunschbild eines Staatensystems der Zukunft aber nicht zwangsläufig auf einen elitären Führerstaat nationalsozialistischer Prägung hinaus. Sie streben einen „lebensrichtigen" Staat mit einer von völkisch-kollektivistischen Strukturen bestimmten Volksgemeinschaft an.

Vgl. Bundesminster des Innern (Hrsg.): Verfassungsschutzbericht 1988. Bonn 1989, S. 114 ff.

Auflösung:

1: Neofaschisten
2: Neonazis
3: Rechtsterrorismus
4: Rechtsextremisten
5: Neuer Nationalismus
6: National Freiheitliche / Nationaldemokraten

Thema: Flucht und Vertreibung

Ordnen Sie die Aussagen den richtigen Begriffen zu.

1	2	3	4	5	6	7	8
Flucht	Vertreibung	Zwangsweiser Bevölkerungsaustausch	Zwangs-umsiedelung	Verschleppung	Katastrophen-flucht	Emigration	Ausbürgerung

a Durch Vertrag sanktionierter Austausch von Minderheiten zweier oder mehrerer Staaten.

b Willkürliche Umsiedlung und Internierung von politisch „störenden“ Gruppen innerhalb des Landes.

c Entzug der Staatsbürgerschaft durch den eigenen Staat, verbunden mit Abschiebung.

d Panikartiges Verlassen des angestammten Wohnsitzes als Folge natürlicher oder politischer Katastrophen mit Bedrohung für Leben, Sicherheit und Freiheit.

e Das vorbereitete oder panikartige Verlassen des angestammten Wohnsitzes aufgrund einer aktuellen oder vermuteten Bedrohung.

f Legale oder illegale Ausweisung von ganzen Bevölkerungsgruppen.

g Scheinbar freiwilliger Wechsel des Wohnortes als Folge politischen oder ökonomischen Drucks.

h Gewaltsamer Abtransport von Einzelpersonen oder Minderheiten durch den eigenen oder einen fremden Staat.

Vgl. CVJM-Weltdienst: Gastfrei sein. Arbeitshilfe 7, Kassel 1989, S. 74.

Auflösung:
1–e, 2–f, 3–a, 4–b, 5–h 6–d, 7–g, 8 c

Steckbriefe erraten

Steckbriefe erraten ist ein Spiel nach einfachen Regeln.

Vorgehensweise

Eine bzw. einer liest langsam und deutlich den Steckbrief absatzweise vor. Jede Mitspielerin und jeder Mitspieler hat einen Stift und Papier parat und schreibt die Lösung, sobald sie erraten wurde, auf den Zettel und reicht sie der Spielleitung. Die Lösung wird also nicht verraten oder laut gesagt, sondern schriftlich festgehalten. Falsche Lösungen werden dann zurückgereicht, damit ein neuer Lösungsversuch unternommen werden kann. Für richtige Lösungen nach dem ersten Absatz kann man (je nach der Gesamtzahl der Absätze) z. B. drei Punkte, nach dem zweiten Absatz zwei und nach dem dritten einen Punkt vergeben.

Diese Spielregeln können natürlich variiert werden. Unter keinen Umständen sollte man das Spiel zu lange machen. Es sollten nicht mehr als 4 bis 5 Steckbriefe hintereinander erraten werden.

Ziel

Es geht bei diesem Spiel nicht darum, den historischen oder aktuellen Persönlichkeiten in der Beschreibung gerecht zu werden. Ihre Beschreibung enthält vielmehr gerade so viel, dass die Kombinationsgabe herausgefordert bleibt. Was fehlt, was zu ergänzen bleibt, kann in einem anschließenden Gespräch zusammengetragen werden.

Steckbriefe können selbst verfasst werden, indem Personenlexika, Biografien oder Sammelwerke über verschiedene Persönlichkeiten als Grundlage genommen werden. Es gibt auch eine Reihe von Büchern, die fertige Steckbriefe enthalten.

Vgl. Ulrich Friedrich Müller: Steckbriefe. Ein biographisches Ratespiel mit 250 Aufgaben. München 1990.

20–30

Literaturhinweise

Baacke, Dieter / Theodor Schulze (Hrsg.): Aus Geschichten lernen – Zur Einübung pädagogischen Verstehens. Weinheim 1986.

Herzfeld, Hans (Hrsg.): Geschichte in Gestalten I–IV. Ein biographisches Lexikon. Frankfurt/M. 1993.

Kraul, Manfred / Marotzki, Winfried (Hrsg.): Biografische Arbeit. Perspektiven erziehungswissenschaftlicher Biografieforschung. Opladen 2002.

Rajewsky, Christiane / Riesenberger, Dieter (Hrsg.): Wider den Krieg. Große Pazifisten von Kant bis Böll. München 1987.

Reimann, Olaf W.: Wer war wer in der DDR? Ein biographisches Lexikon. Berlin 2000.

Sautter, Udo: Biographisches Lexikon zur deutschen Geschichte. München 2002.

Schultz, Hans Jürgen (Hrsg.): Liebhaber des Friedens.München 1992.

Weiß, Hermann (Hrsg.): Biographisches Lexikon zum Dritten Reich. Frankfurt/M. 1998.

Steckbriefe

Blumenberg, Hans C.: Wanted. Steckbriefe aus dem Wilden Westen. Berlin 1994.

Heumen, Camilla van / Zey, Rene: Musik-Steckbriefe. Müchen 1994.

Kost, Rudi / Thomas Klingenmaier: Steckbriefe. Reinbek 1995.

Müller, Ulrich Friedrich: Steckbriefe. Ein biographisches Ratespiel mit 250 Aufgaben. München 1990.

Pause, Gerhard: 44 x Wer war's? Tratschkes Personenrätsel aus der „Zeit". Frankfurt/M. 1994.

Seehafer, Klaus: Wer war das wohl? Das ist doch gleich … Rate-Portraits großer Persönlichkeiten. München 1991.

Zey, Rene: Kino-Steckbriefe. München 1994.

Steckbriefe erraten

Arbeitsmaterial – I

1

Ihr Roman über die Lebensgeschichte der Martha Althaus machte sie in der ganzen Welt berühmt. Aufgeschreckt und tief beeindruckt von den damaligen Kriegsvorbereitungen und dem Kriegsgeschehen, befasste sie sich mit klassischer Philosophie, der allgemeinen Geschichte und Kulturanthropologie, der Staatswissenschaft und Völkerrechtslehre, um die Wurzeln dieses Übels zu erforschen.

Vor 150 Jahren geboren und aufgewachsen in einer Zeit, die durch wachsenden Militarismus und nationalen Egoismus gekennzeichnet war, bedeutete ihr Engagement einen sehr mutigen und vor allem für eine Frau des 19. Jahrhunderts recht außergewöhnlichen Schritt. Im kaiserlichen Österreich lebend, entwickelte sie sich zu einer radikalen Pazifistin, die eine allgemeine Abrüstung propagierte.

Ihr Ziel war dabei der internationalen Barbarei ein internationales Schiedgericht und einen Bund „sämtlicher gesitteter Mächte Europas" entgegenzusetzen. Damit formulierte sie zugleich auch die Forderungen und Gedanken der Friedensbewegung des 19. Jahrhunderts und gab dieser wesentliche Impulse. Viele ihrer Vorstellungen und Forderungen sind später verwirklicht worden, so z. B. der Haager Gerichtshof. Mit Alfred Nobel war sie persönlich bekannt. Seine Stiftung des Nobelpreises ging wesentlich auf ihre Initiative zurück.

Ihr Roman „Die Waffen nieder" wurde nicht nur zu einem Beststeller sondern sogleich auch Programm für viele Pazifisten. Sie selbst wurde zu einer viel gefragten Vortragsreisenden und Vorkämpferin der Friedensidee. Hierfür wurde sie 1906 mit dem Friedensnobelpreis geehrt. Nach ihr sind nicht nur Straßen und Schulen benannt, sondern ihre Gedanken haben selbst Schule gemacht und vielen den Weg gewiesen. Als sie am 21. Juni 1914 starb, waren ihre letzten vernehmbaren Worte: „Die Waffen nieder! Sagt's vielen – vielen ..."

Bertha von Suttner

2

Ihr Vater, ein Professor der Physik, war mexikanischer Herkunft. Sie war die mittlere von drei Töchtern. Ihr etwas dunkler Teint, den sie von ihrem Vater geerbt hatte, brachte ihr als Kind viele Schwierigkeiten ein. Diese Erfahrungen sensibilisierten sie schon früh für das Problem der Rassendiskriminierung und bewog sie später, ihren Namen spanisch auszusprechen.

Ihr Musikstil, der stark von Bob Dylan beeinflusst ist, knüpfte an die Tradition der amerikanischen Folksingers und der labour songs der 30er- und 40er-Jahre an und entwickelte diesen weiter. Ihre klare Stimme und die einfache Gitarrenbegleitung betont bewusst die authentische Einfachheit. Obwohl sie selbst ein Star ist – sie wird als „Königin der folk-musik" bezeichnet – hat sie den Starkult stets abgelehnt. Doch sie war nicht nur Sängerin und Künstlerin, sondern immer auch politische Aktivistin und überzeugte Pazifistin.

Ihre Lieder und ihre Person wurden weit über die USA hinaus zu einem Symbol, das viele in ihrer politischen Arbeit ermutigte. Ihre Balladen und Songs gaben der amerikanischen Bürgerrechts- und der späteren internationalen Friedensbewegung wichtige Impulse. Sie verband Gesellschaftskritik mit musikalischen Formen und blieb dabei stets eine eigenständige Sängerin.

In den 60er-Jahren beschäftigte sie sich stark mit den Aktionsformen der Bürgerrechtsbewegung und der Philosophie des Pazifismus. Sie gab Konzerte vor einem gemischt rassischen Publikum und demonstrierte an der Seite von Martin Luther King. Sie veranstaltete Benefizkonzerte und unterstützte zahlreiche soziale Bewegungen. Während des Vietnamkrieges weigerte sie sich, mehr als 40 Prozent ihrer Steuern zu zahlen, da der Rest ihrer Meinung nach den verteidigungswirksamen Ausgaben des nationalen Budgets entsprach. Sie nahm an zahlreichen Anti-Vietnam-Demonstrationen teil und wurde zu einer international bekannten Symbolfigur des Widerstandes gegen diesen Krieg. 1964 gründete sie in Südkalifornien eine „Schule der Gewaltfreiheit", um die Erarbeitung von gewaltfreien Methoden zu ermöglichen. In den 70er-Jahren beschäftigte sie sich stark mit Menschenrechtsfragen und engagierte sich in der Flüchtlingshilfe.

Sie hat viele klassischen Songs neu interpretiert. Viele ihrer Lieder sind zu Hymnen für die Menschenrechts- und Bürgerbewegungen geworden, so z. B. „A hard Rain's a-gonna fall", „We shall overcome" und „Blowin'n the Wind".

Joan Baez

Nach: Manfred Stinne: Joan Baez (geb. 1941). Visionen einer anderen Gesellschaft. In: Christiane Rajewsky / Dieter Riesenberger (Hrsg.): Wider den Krieg. Große Pazifisten von Immanuel Kant bis Heinrich Böll. München 1987, S. 355–363.

3

Der Name dieser phönikischen Königstochter, von der uns die griechische Sage berichtet, ist besonders seit dem Ende des Zweiten Weltkriegs in aller Munde. Ihr Vater Agenor war Herrscher über Tyrus und Sidon in Vorderasien – ein gewaltiger Mann, der sein Kind wohl behütet und verwöhnt aufwachsen lassen konnte.

Sie hatte viele Gespielinnen, die stets um sie waren, damit ihr kein Leid geschah. Aber als die Mädchen an einem schönen Frühlingstag alle miteinander am Gestade des Meeres Blumen pflückten und Kränze wanden, stieß ihr doch etwas zu, weil der Schürzenjäger Zeus sie erblickte und sich in sie verliebte. Seine Frau Hera war gerade nicht zugegen, sodass er in aller Ruhe mit dem gerissenen Hermes einen Plan aushecken konnte, wie er des Mädchens habhaft werden möchte.

Er näherte sich der jungen Dame in einer von Hermes auf die Blumenwiese getriebenen Rinderherde, nachdem er sich in einen besonders ansehnlichen Stier verwandelt hatte, und stellte sich so sanftmütig, dass die Königstochter schließlich im Scherz auf seinen Rücken kletterte. Dann aber war es vorbei mit der Sanftmut. Er sprang mit ihr ins Meer, und nun musste sich das arme Kind eine Nacht und einen Tag lang an seinen Hörnern festhalten, bis Stier und Reiterin endlich an der öden Küste von Kreta anlangten. Dort nahm Zeus prompt seine eigentliche, göttliche Gestalt an, und seiner Schönheit konnte die Jungfrau in ihrer Verlassenheit nicht widerstehen. Hinterher bereute sie das zwar bitterlich, aber die Liebesgöttin Aphrodite kam und tröstete sie: Sie sei nun die irdische Gattin des unsterblichen Gottes Zeus, und sie selbst werde auch Unsterblichkeit erlangen, denn der fremde Erdteil, der sie aufgenommen habe, werde von nun an ihren Namen tragen.

Europa

Aus: Ulrich Friedrich Müller: Steckbriefe. Ein biographisches Ratespiel mit 250 Aufgaben. © Langewiesche-Brandt, Ebenhausen bei München.

Ordnen Sie die Beschreibungen der richtigen Person zu:

Gandhi	Tolstoj	M. L. King
▲	▲	▲

1

Er war nicht nur Schriftsteller, sondern auch ein engagierter Gesellschaftskritiker und moralisch-religiöser Lehrer. Sein „christlicher Anarchismus" begründete sich auf 5 Gebote. Das Leben sollte nach seiner Lehre im Einklang mit diesen Geboten sein. Da nach seiner Überzeugung Gewalt Gewalt erzeugt, ist das einzige Mittel, diese Kettenreaktion aufzuhalten, überhaupt keine Gewalt anzuwenden. Privatbesitz bedeutet Ungleichheit, also ist er abzuschaffen. Regierung und Staat bedeuten organisierte Gewalt, daher hat keins von beiden das Recht zu bestehen. Zivilisation bedeutet Arbeitsteilung, soziale, geistige und funktionelle Ungleichheit, Ungerechtigkeit und Ausbeutung, also: Nieder mit der Zivilisation.

2

Seine Lehre und sein Wirken war vom Prinzip der Gewaltfreiheit durchzogen für das er das Kunstwort „Satyagraha" prägte, was unbeirrbares „Sich an die Wahrheit halten" bedeutet. Ein Widerstand, der sich auf nichts anderes stützt als auf die Macht der Wahrheit, setzt Bereitschaft zum Leiden voraus. Festhalten an der Wahrheit erfordert den Mut zum Leiden. An diesem Mut muss Gewalt sich auf die Dauer totlaufen. Durch die Weigerung, sich dem Willen des Tyrannen zu beugen, wird die Gewalt zerstört. Der Leitgedanke ist jedoch nicht nur, dem Feind entgegenzutreten, sondern ihn auch zu bekehren, ihn zu gewinnen, ohne ihn zu verletzen.

3

Er war ein Praktiker der Gewaltfreiheit, ein origineller Akteur, der immer wieder neue Aktionsformen fand und einsetzte. Seine gewaltfreien Märsche, Busfahrten oder Sit-ins waren eine Provokation, die nicht zu übergehen war. Gleichzeitig sorgte er für die systematische Bildungsarbeit bei der Bevölkerung. Er ermahnte seine Anhänger stets, auf „christliche Weise" zu kämpfen und darauf Acht zu geben, dass die Mittel, die angewendet werden, genauso rein sind, wie die Ziele, die angestrebt werden.

Lösung:
1: Tolstoj, 2: Gandhi, 3: M. L. King.

Suchaufgaben

Zu einem behandelten Themenbereich werden auf einem Arbeitsblatt Fragen formuliert, die sich mit Hilfe von Gesetzestexten, Lexika, Statistischen Jahrbüchern usw. beantworten lassen. Die entsprechenden Nachschlagewerke müssen zur Verfügung gestellt werden. Dabei ist darauf zu achten, dass jeder Teilnehmerin und jedem Teilnehmer ein Exemplar der Arbeitsunterlagen (z. B. Betriebsverfassungsgesetz o. Ä.) zugänglich ist.

Es empfiehlt sich, die jeweiligen Suchaufgaben in einer Kleingruppe durchführen zu lassen. Die Fragen sollten so formuliert sein, dass die Antwort einer Begründung bedarf und nicht nur mit „ja" oder „nein" vollzogen werden kann.

Das Entscheidende sind nicht die Arbeitsergebnisse, sondern die Auseinandersetzung mit der gestellten Aufgabe und das selbstsständige Erarbeiten von Lösungen.

Arbeitsablauf

- ▲ Die Teilnehmerinnen und Teilnehmer erhalten das vorbereitete Aufgabenblatt.
- ▲ Die Kleingruppen diskutieren und beantworten die Fragen unter Zuhilfenahme der ihnen zur Verfügung gestellten Nachschlagewerke.
- ▲ Die Lösungen werden im Plenum verglichen, korrigiert und diskutiert.

Variationen

Steht viel Zeit zur Verfügung, so kann die Gruppe auch selbstständig in Bibliotheken oder Archiven recherchieren.

Themenbeispiel:
Aus dem Stadtplan werden 5–8 Straßennamen (Personen oder Ereignisse, die etwas mit dem Seminarthema zu tun haben) ausgewählt. Die Teilnehmerinnen und Teilnehmer sollen nun anhand vorbereiteter Unterlagen oder auch anhand von Hinweisen über Stellplätze entsprechender Literatur die Hintergründe erarbeiten.

Hinweis
Klassensätze von solchen Arbeitsunterlagen, wie z. B. Gesetzestexte, können über die Landeszentralen für politische Bildung bezogen werden.

40–60

Zeitbedarf:
Ca. 40–60 Minuten, je nach Themenstellung

Suchaufgaben zum Betriebsverfassungsgesetz

1

In einem Handwerksbetrieb sind vier ArbeitnehmerInnen im Alter von 22, 28, 38 und 46 Jahren beschäftigt. Hinzu kommt ein Auszubildender, der in Kürze 17 Jahre alt wird. Muss/darf in diesem Betrieb ein Betriebsrat gewählt werden? (Vgl. §§ 1–10 BVG)

2

In einem Betrieb mit 320 Beschäftigten fordert der Betriebsrat die Freistellung des Betriebsratsvorsitzenden von seiner beruflichen Tätigkeit bei vollen Bezügen. Ist das rechtens? (Vgl. 2. Teil, Abschn. 3 BVG)

3

Der Betriebsrat der Textil-KG ruft wegen der geplanten Kündigung von 20 Arbeitnehmern die Belegschaft zu einem eintägigen Warnstreik auf. Ist dies zulässig? (Vgl. §§ 70–80 BVG)

4

In einem Familienbetrieb mit 180 Beschäftigten will der Firmenchef ein neues Prämiensystem einführen, um die Leistungsbereitschaft der Beschäftigten anzuregen. Er ist der Ansicht, dass er dies ohne Zustimmung des Betriebsrates machen kann. Hat er recht? (Vgl. 4. Teil, 3. Abschn. BVG)

5

Die Geschäftsleitung der RATIO-KG will zehn Schweißroboter einführen. Der Betriebsrat ist dagegen. Kann die Geschäftsleitung die Roboter dennoch anschaffen? (Vgl. §§ 90–113 BVG)

6

Die Metall-GmbH kündigt einem Mitarbeiter fristlos, weil dieser bereits zum zweiten Mal mehrere Tage unentschuldigt gefehlt hat. Der Betriebsrat wird entsprechend informiert. Ist die Kündigung rechtswirksam? (Vgl. 4. Teil, 5. Abschn. BVG)

7

Die Rentos-AG will ihr Zweigwerk in Darmstadt schließen und insgesamt 350 MitarbeiterInnen entlassen. Der Betriebsrat fordert daraufhin einen Sozialplan mit beträchtlichen Abfindungszahlungen für die betroffenen Mitarbeiter. Ist er dazu befugt? (Vgl. §§ 100 ff. BVG)

8

Der Betriebsrat der Bau KG ruft in einem innerbetrieblichen Konfliktfall das Arbeitsgericht an, da ihm die Entscheidung der „Einigungsstelle" viel zu einseitig erscheint. Ist das zulässig? (Vgl. 4. Teil, 1. Abschn. BVG)

Arbeitshinweis:

Beantworten Sie die obigen Fragen mit Hilfe des Betriebsverfassungsgesetzes und formulieren Sie eine kurze Begründung!

H. Klippert: Methodentraining mit Schülern. In: Bundeszentrale für politische Bildung (Hrsg.): Methoden in der politischen Bildungsarbeit. Handlungsorientierung. Bonn 1991, S. 104.

Literatur

Grundlagen des Lehrens und Lernens

Alfred Herrhausen Gesellschaft (Hrsg.): Orientierung für die Zukunft. Bildung im Wettbewerb. München 2001.

Annan, Kofi u. a.: Brücken in die Zukunft. Ein Manifest für den Dialog der Kulturen. Frankfurt/M. 2001.

Arnold, Rolf / Horst Siebert: Konstruktivistische Erwachsenenbildung. Von der Deutung zur Konstruktion von Wirklichkeit. Hohengehren 1995.

Becker, Georg E.: Handlungsorientierte Didaktik. Eine auf die Praxis bezogene Theorie. 2. Auflage, Weinheim und Basel 1997.

Becker, Georg E.: Planung von Unterricht. Handlungsorientierte Didaktik, Teil II. 7. Auflage, Weinheim und Basel 1995.

Bertelsmann Stiftung (Hrsg.): Wir brauchen eine andere Schule! Konsequenzen aus PISA. Posititionen der Bertelsmann Stiftung. Gütersloh 2002.

Birkenbihl, Michael: „Train the Trainer". Arbeitshandbuch für Ausbilder und Dozenten. 12. Auflage, Landsberg/Lech 1995.

Dieckmann, Heinrich / Bernd Schachtsiek (Hrsg.): Lernkonzepte im Wandel. Die Zukunft der Bildung. Stuttgart 1998.

Elschenbroich, Donata: Weltwissen der Siebenjährigen. Wie Kinder die Welt entdecken können. München 2001.

Giesecke, Hermann: Politische Bildung. Didaktik und Methodik für Schule und Jugendarbeit. Weinheim/München 2000.

Gudjons, Herbert: Handlungsorientiert lehren und lernen. Schüleraktivierung. Selbsttätigkeit. Projektarbeit. Bad Heilbrunn 2001.

Hänsel, D. / L. Huber (Hrsg.): Lehrerbildung neu denken und gestalten. Weinheim und Basel 1995.

Hentig, Hartmut von: Bildung. München 1996.

Horster, Leonhard / Hans-Günter Rolff: Unterrichtsentwicklung. Grundlagen, Praxis, Steuerungsprozesse. Weinheim und Basel 2001.

Hüholdt, Jürgen: Wunderland des Lernens. Lernbiologie, Lernmethodik, Lerntechnik. 10. neubearb. Auflage, Bochum 1995.

Klippert, Heinz: Pädagogische Schulentwicklung. Planungs- und Arbeitshilfen zur Förderung einer neuen Lernkultur. 2. Aufl. Weinheim und Basel 2000.

Miller, Reinhold (Hrsg.): Lern-Wanderung. Basiswissen, Reflexionen und Trainingselemente zum Thema Lernen und Lehren. Weinheim und Basel 2001

Meisel, Klaus u. a.: Kursleitung an Volkshochschulen. Frankfurt/M. 1997.

Morin, Edgar: Die sieben Fundamente des Wissens für eine Erziehung der Zukunft. Hamburg 2001.

Pallasch, Waldemar / Wolfgang Mutzeck / Heino Heimers (Hrsg.): Beratung – Training – Supervision. Eine Bestandsaufnahme über Konzepte zum Erwerb von Handlungskompetenzen in der pädagogischen Arbeit. Weinheim 1992.

Rolff, Hans-Günter u. a.: Manual Schulentwicklung. Handlungskonzepte zur pädagogischen Schulentwicklungsberatung. 2. Aufl. Weinheim und Basel 1999.

Scheunpflug, Annette: Biologische Grundlagen des Lernens. Berlin 2001.

Scheunpflug, Annette / Klaus Hirsch (Hrsg.): Globalisierung als Herausforderung für die Pädagogik. Frankfurt/M. 2000.

Schratz Michael / Ulrike Steiner-Löffler: Die Lernende Schule. Mit einer neuen Kultur in die Zukunft. Ein Arbeitsbuch. Innsbruck/Wien 1997.

SKILL-Autorenteam: Kreativ lehren und lernen. Offenbach 1995.

Ulich, Klaus: Beruf: Lehrer/in. Arbeitsbelastungen, Beziehungskonflikte, Zufriedenheit. Weinheim und Basel 1996.

Weißeno, Georg (Hrsg.): Lexikon der politischen Bildung. 3 Bde. Schwalbach/Ts. 1999 f.

Methodenbeispiele und Methodensammlungen

Bachmair, Ben u. a. (Hrsg.): Jahrbuch Medienpädagogik, Bd. 2. Opladen 2001.

Baer, Ulrich (Hrsg.): 666 Spiele. Für jede Gruppe, für alle Situationen. München 2001.

Baer, Ulrich: Kreativität für alle. Fantasieanregende Ideen für die pädagogische Arbeit. München 2001.

Baer, Ulrich: Spielpraxis. Eine Einführung in die Spielpädagogik. München 1999.

Bieger, E., u. a.: Übungen und Methoden für die Kursleitung. Hamburg 1995.

Brauneck, Peter / Rüdiger Urbanek, Ferdinand Zimmermann: Methodensammlung. Anregungen und Beispiele für die Moderation. Landesinstitut für Schule und Weiterbildung, Soest 1995.

Brühwiler, Herbert: Methoden der ganzheitlichen Jugend- und Erwachsenenbildung. Opladen 1994.

Bundesministerium für Bildung, Wissenschaft und Kultur (Hrsg.): Erziehung zur interkulturellen Verständigung. Das Handbuch der „Europäischen Jugendakademie". Innsbruck u. a. 2002.

Literatur

Claussen, Claus / Valentin Merkelbach: Erzählwerkstatt. Braunschweig 1996.

Dauscher, Ulrich: Moderationsmethode und Zukunftswerkstatt. Neuwied 1995.

Decker, Franz: Die neuen Methoden des Lernens und der Veränderung. Lern- und Organisationsentwicklung mit NLP, Kinesiologie und Mentalpädagogik. München 1995.

Everling, Esther: Ein Hörspiel produzieren. Aneignung sprachlicher und technischer Gestaltungselemente in der Sekundarstufe I. 2. Auflage, Berlin 1992.

Geißler, Karlheinz A.: Anfangssituationen. Was man tun und besser lassen sollte. 7. Auflage, Weinheim und Basel 1999.

Geißler, Karlheinz A.: Schlußsituationen. Die Suche nach dem guten Ende. Weinheim und Basel 2000.

Geißler, Karlheinz A.: Lernprozesse steuern. Übergänge: Zwischen Willkommen und Abschied. Weinheim und Basel 1999.

Gugel, Günther: Politische Bildungsarbeit praktisch. Seminarmodelle und Materialien zu Fremdenfeindlichkeit, Zukunftsfähigkeit, Neue Medien, Konfliktbearbeitung. Tübingen/Düsseldorf 2002.

Gugel, Günther: Vertretungsstunden mit Pfiff. Anregungen für einen handlungsorientierten Unterricht zum Themenbereich Eine Welt in den Sekundarstufen. 6. aktualisierte Aufl. Tübingen 2003.

Gugel, Günther / Uli Jäger: Streitkultur. Konflikteskalation und Deeskalation. Eine Bilderbox. 2. Aufl., Tübingen 2002.

Heckmair, Bernd / Werner Michl: Erleben und Lernen. Einstieg in die Erlebnispädagogik. Neuwied 2002.

Hegele, Irmintraut (Hrsg.): Lernziel Stationenarbeit. Eine neue Form des offenen Unterrichts. 2. Auflage, Weinheim und Basel 1997.

Knoll, Jörg: Kurs- und Seminarmethoden. Ein Trainingsbuch zur Gestaltung von Kursen und Seminaren. Arbeits- und Gesprächskreisen. Weinheim und Basel 2001.

Kuhl-Greif, Martha (Hrsg.): Literatur und Kinderbücher der südlichen Kontinente im Unterricht. Wuppertal 1993.

Landeszentrale für politische Bildung Baden-Württemberg (Hrsg.): Praktische politische Bildung. Schwalbach/Ts. 1997.

Lange, Thomas (Hrsg.): Geschichte – selbst erforschen. Schülerarbeit im Archiv. Weinheim und Basel 1993.

Lipp, Ulrich / Hermann Will: Das große Workshop-Buch. Weinheim und Basel 2001.

Mann, Christine u. a.: Selbsterfahrung durch Kunst. Methodik für die kreative Gruppenarbeit mit Literatur, Malerei und Musik. Weinheim 1995.

Matiru, Barbara / Anna Mwangi / Ruth Schlette: Teach Your Best. A Handbook for University Lecturers. Frankfurt/M. 1995.

Meueler, Erhard: Lob des Scheiterns. Methoden- und Geschichtenbuch zur Erwachsenenbildung an der Universität. Hohengehren 2001.

Meyer, Hilbert: Unterrichtsmethoden. Band 1: Theorieband, Berlin 1999.

Meyer, Hilbert: Unterrichtsmethoden. Band 2: Praxisband, Berlin 2000.

Mickel, Wolfgang W. (Hrsg.): Handbuch zur politischen Bildung. Bonn 1999.

Müller, Doris: Phantasiereisen im Unterricht. Braunschweig 1994.

Neuland, Michéle: Neuland-Moderation. Eichenzell 1995.

Neuland, Michéle: Schüler wollen lernen. Lebendiges Lernen mit der Neuland-Moderation. Eichenzell 1995.

Pallasch, Waldemar / Dietmar Zopf: Methodix Bausteine für den Unterricht. Weinheim 2000.

Pallasch, Waldemar / Dietmar Zopf: Praktix. Bausteine für den Unterricht, Vertretungsstunde, außerschulische Bildungsarbeit. 4. neu ausgest. Auflage, Weinheim 1996.

Philipp, Elmar / Helmolt Rademacher: Konfliktmanagement im Kollegium. Arbeitsbuch mit Modellen und Methoden. Weinheim und Basel 2002.

Pommerin, Gabriele u. a.: Kreatives Schreiben. Handbuch für den deutschen und interkulturellen Sprachunterricht in den Klassen 1–10. Weinheim und Basel 1996.

Rademacher, Helmolt: Spielend interkulturell lernen? Wirkungsanalyse von Spielen zum interkulturellen Lernen bei internationalen Jugendbegegnungen. Berlin 1991.

Reiners, Annette: Praktische Erlebnispädagogik. Neue Sammlung motivierender Interaktionsspiele. 3. Auflage, München 1993.

Rodari, Gianni: Grammatik der Phantasie. Die Kunst, Geschichten zu erfinden. Leipzig 1993.

Röschmann, Dorin: Arbeitskatalog der Übungen und Spiele. Band 2. Hamburg 1990.

Sander, Wolfgang (Hrsg.): Handbuch politische Bildung. Schwalbach/Ts. 1997.

Sander, Wolfgang: Politik entdecken – Freiheit leben. Neue Lernkulturen in der politischen Bildung. Schwalbach/Ts. 2001.

Schräder-Naef, Regula: Lerntraining in der Schule. Voraussetzungen – Erfahrungen – Beispiele. Weinheim und Basel 2002.

Literatur

Steinmann, Bodeo / Birgirt Weber (Hrsg.): Handlungsorientierte Methoden in der Ökonomie. Ein Sammelband mit 31 Beiträgen für die Unterrichtspraxis. Neusäß 1995.

Thiesen, Peter: Ideenmischmaschine. Weinheim und Basel 2001.

Thierer, Elisabeth: Stille-Übungen und Bild-Erleben. 20 erprobte Beispiele für „Tagträume im Unterricht". Weinheim und Basel 1996.

Weber, Hermann: Arbeitskatalog der Übungen und Spiele. Band 1. 3. Auflage, Hamburg 1996.

Weidenmann: Lernen mit Bildmedien. Seminareinheit 1. Mit den Augen lernen. 2. Auflage, Weinheim und Basel 1994.

Will, Hermann (Hrsg.): Mit den Augen lernen. Medien in der Aus- und Weiterbildung. 5 Bände im Schuber. 2. Auflage, Weinheim und Basel 1994.

Gruppendynamik und Kommunikation, Moderation

Antons, Klaus: Praxis der Gruppendynamik. Übungen und Techniken. Göttingen u. a. 2000.

Brocher, Tobias / Walter Rosenberger: Gruppenberatung und Gruppendynamik. Leonberg 1999.

Birkenbihl, Vera F.: Kommunikationstraining. Zwischenmenschliche Beziehungen erfolgreich gestalten. München/Landsberg 2000.

Birkenbihl, Vera F.: Kommunikation für Könner ... schnell trainiert. Die hohe Kunst der professionellen Kommunikation. München/Landsberg 2000.

Cohn, Ruth C.: Von der Psychoanalyse zur Themenzentrierten Interaktion. Von der Behandlung einzelner zu einer Pädagogik für alle. Stuttgart 1997.

Decker, Franz: team working. Gruppen erfolgreich führen und moderieren. München 1994.

Frey, Siegfried: Die Macht des Bildes. Der Einfluß der nonverbalen Kommunikatioin auf Kultur und Politik. Bern u. a. 1999.

Hartkemeyer, Martina & Johannes F. / L. Fremman Dhority: Miteinander Denken. Das Geheimnis des Dialogs. Stuttgart 1998.

Hofstätter, Peter R.: Gruppendynamik. Kritik der Massenpsychologie. Reinbek 1985.

Kaiser, Constanze: Körpersprache der Schüler. Lautlose Mitteilungen erkennen, bewerten, reagieren. Neuwied 1998.

Klein, Irene: Gruppenleiten ohne Angst. Ein Handbuch für Gruppenleiter. Donauwörth 2002.

Klippert, Heinz: Kommunikations-Training. Weinheim und Basel 2000.

Langmaack, Barbara / Michael Braune-Krickau: Wie die Gruppe laufen lernt. Anregungen zum Planen und Leiten von Gruppen. Weinheim und Basel 2000.

Langmaack, Barbara: Einführung in die Themenzentrierte Interaktion. Weinheim und Basel 2001.

LeMar, Bernd: Menschliche Kommunikation im Medienzeitalter. Im Spannungsfeld technischer Möglichkeiten und sozialer Kompetenz. Berlin 2001.

Löhmer, Cornelia / Rüdiger Standhardt: Themenzentrierte Interaktion. TZI. Die Kunst, sich selbst und die Gruppe zu leiten. Mannheim 1992.

Marmet, Otto: Ich und du und so weiter. Kleine Einführung in die Sozialpsychologie. Weinheim und Basel 2000.

Molcho, Samy: Alles über Körpersprache. Sich selbst und andere besser verstehen. München 2001.

Nissen, Peter / Uwe Iden: Kurz(s) Korrektur Schule. Ein Handbuch zur Einführung der Moderationsmethode im System Schule für die Verbesserung der Kommunikation und des miteinander Lernens. Hamburg 1995.

Kuhnt, Beate / Robert R. Müllert: Moderationsfibel Zukunftswerkstätten: verstehen – anleiten – einsetzen; das Praxisbuch zur sozialen Problemlösungsmethode Zukunftswerkstatt. Münster 1996.

Philipp, E.: Teamentwickung in der Schule. Konzepte und Methoden. Weinheim und Basel 1996.

Pühl, Harald: Angst in Gruppen und Institutionen. Bielefeld 1994.

Richter, Horst E.: Die Gruppe. Hoffnung auf einen neuen Weg sich selbst und andere zu befreien. Reinbek 1972.

Rosenberg, Marshall B.: Gewaltfreie Kommunikation. Paderborn 2002.

Schulz von Thun, Friedemann: Miteinander reden 1–3. Reinbek 2001.

Stahl, Eberhard: Dynamik in Gruppen. Handbuch der Gruppenleitung. Weinheim und Basel 2002.

Standhard, Rüdiger / Cornelia Löhmer (Hrsg.): Zur Tat befreien. Gesellschaftspolitische Perspektiven der TZI-Gruppenarbeit. Mainz 1994.

Thomann, Christoph / Friedemann Schultz von Thun: Klärungshilfe. Handbuch für Therapeuten, Gesprächshelfer und Moderatoren in schwierigen Gesprächen. Reinbek 1993.

Vopel, Klaus W.: Handbuch für Gruppenleiter/innen. Salzhausen 2000.

Internet

Vernetzung von Schulen
• Schulweb
www.schulweb.de
• Schulen ans Netz e.V.
www.san-ev.de
• Deutscher Bildungs-Server (DBS)
http://dbs.schule.de
• Offenes Deutsches Schulnetz
www.be.schule.de

Bildungsserver der Länder
• Baden-Württemberg
http://lbs.bw.schule.de
• Bayern
www.schule.bayern.de
• Berlin
http://bebis.cidsnet.de
• Brandenburg
http://bebis.cidsnet.de
• Bremen
www.schule.bremen.de
• Hamburg
http://lbs.hh.schule.de
• Hessen
www.bildung.hessen.de
• Niedersachsen
http://nibis.ni.schule.de
• Nordrhein-Westfalen
www.learn-line.nrw.de
• Rheinland-Pfalz
http://bildung.rp.schule.de
• Sachsen
www.sn.schule.de
• Sachsen-Anhalt
http://lbs.st.schule.de
• Schleswig-Holstein
www.lernnetz-sh.de
• Thüringen
www.thueringen.de/tkm

Politische Bildung
• Politische Bildung
www.politische-bildung.de
• Bundeszentrale für politische Bildung
www.bpb.de
• Landeszentrale für politische Bildung Baden-Württemberg
www.lpb.bwue.de
• Bayerische Landeszentrale für politische Bildungsarbeit
www.km.bayern.de/blz/index.htm
• Brandenburgische Landeszentrale für politische Bildung
www.politische-bildung-brandenburg.de/
• Landeszentrale für politische Bildungsarbeit Berlin
www.berlin.de/landeszentrale-politische-bildung
• Landeszentrale für politische Bildung Bremen
www.lzpb-bremen.de
• Landeszentrale für politische Bildung Hamburg
www.hamburg.de/Behoerden/Landeszentrale/welcome.htm
• Hessische Landeszentrale für politische Bildung
www.hlz.hessen.de
• Landeszentrale für politische Bildung Mecklenburg-Vorpommern
www.lpp.mvnet.de
• Niedersächsische Landeszentrale für politische Bildung
www.nlpb.de
• Landeszentrale für politische Bildung Nordrhein-Westfalen
www.lzpb.nrw.de
• Landeszentrale für politische Bildung Rheinland-Pfalz
www.politische-bildung-rlp.de
• Landeszentrale für politische Bildung Saarland (LPM)
www.lpm.uni-sb.de/lpb/
• Sächsische Landeszentrale für politische Bildung
www.slpb.de
• Landeszentrale für politische Bildung des Landes Sachsen-Anhalt
www.lpb.sachsen-anhalt.de
• Landeszentrale für politische Bildung Schleswig-Holstein
www.politische-bildung.schleswig-holstein.de
• Landeszentrale für politische Bildung Thüringen
www.thueringen.de/lzt
• Liste mit Links zur politischen Bildung:
www.lpb.bwue.de

Computerspiele
• Datenbank Search and Play
www.bpb.de/snp

Globales lernen
• Gemeinsame Einstiegsseite der Eine-Welt-Internet-Konferenz
www.eine-welt-netz.de
• Zeitschrift „Global lernen“ und mehr
www.global-lernen.de
• Hamburger Schulberatungsstelle Globales Lernen und Geografie
www.hh.schule.de/globern

E-Mail-Projekte (Informationen über)
• Goethe Institut, Deutschland:
www.goethe.de/z/ekp/deindex.htm
• Das transatlantische Klassenzimmer (TAK), Deutschland
www.tak.schule.de
• St. Olaf College, USA (Intercultural Email Classroom Connections):
www.stolaf.edu/network/iecc
• Intercultural E-Mail Classroom Connections
www. iecc.org
• Global SchoolNet, USA
www.gsn.org
• School Gate von Windows on the World
www.wotw.org.uk

Jugendschutz
• Jugendschutz der Ministerien und Behörden
www.jugendschutz.net
• Internet Medienrat
www.eco.de
• Freiwillige Selbstkontrolle der Multimedia-Anbieter
www.fsm.de
• Selbstkontrolle Unterhaltungssoftware
www.usk.de
• Freiwillige Selbstkontrolle Fernsehen
www.fsf.de
• Freiwillige Selbstkontrolle der Filmwirtschaft
http://spielfilm.com/organe/fsk.html

Register

Alphabetisches Register

Mögliche Lernleistungen

Aussagenprüfen

Eigene Empfindungen formulieren

Register

Eigene Entscheidungen treffen

Folgen vorausdenken

Handeln ermöglichen

Informationen beschaffen

Standpunkte entwickeln